KB139609

함수형 언어 산책

함수형 언어 산책

© 2019. 이동규 All Rights Reserved.

1쇄 발행 2019년 12월 5일

지은이 이동규
펴낸이 장성두
펴낸곳 제이펍

출판신고 2009년 11월 10일 제406-2009-000087호
주소 경기도 파주시 회동길 159 3층 3-B호
전화 070-8201-9010 / **팩스** 02-6280-0405
홈페이지 www.jpub.kr / **원고투고** jeipub@gmail.com
독자문의 readers.jpub@gmail.com / **교재문의** jeipubmarketer@gmail.com

편집부 이종무, 이민숙, 최병찬, 이 슬, 이주원 / **소통·기획팀** 민지환, 송찬수 / **회계팀** 김유미
진행 및 교정·교열 이주원 / **내지디자인** 성은경 / **표지디자인** 미디어픽스
용지 신승지류유통 / **인쇄** 해외정판사 / **제본** 광우제책사

ISBN 979-11-88621-70-5 (93000)
값 24,000원

제이펍은 독자 여러분의 아이디어와 원고 투고를 기다리고 있습니다. 책으로 펴내고자 하는 아이디어나 원고가 있는 분께서는
책의 간단한 개요와 차례, 구성과 저(역)자 약력 등을 메일로 보내주세요.
jeipub@gmail.com

함수형 언어 산책

이동규 지음

차 례

머리말

함수형 프로그래밍이 각광받기 시작한 지도 제법 시간이 지났습니다. 그래서 이제는 많은 프로그래밍 언어들이 함수형 프로그래밍을 문법적으로 지원하게 되었습니다. 그러나 아직도 많은 개발자들이나 컴퓨터학을 공부하는 학생들이 '함수형 프로그래밍은 수학과 얽혀 있어 어렵고 복잡한 것'이란 선입견을 가지고 있지는 않은지요? 이 책은 함수형 프로그래밍을 마치 여행지를 산책하듯이 가벼운 마음으로 입문할 수 있도록 구성하였습니다.

이 책에서 몇 가지 독특한 시도를 했습니다. 첫 번째는 도커를 통해 테스트가 완료된 실습 환경을 제공한다는 점입니다. 독자 여러분들이 보유한 실습 환경, 즉 운영체제의 종류나 버전에 상관없이 바로 실습에 임할 수 있습니다.

두 번째는 여러 함수형 프로그래밍 언어를 다루는 점입니다. 1958년에 발표된 리스프에서부터 2011년에 발표된 엘릭서까지 60살의 나이 차이가 나는 함수형 언어들을 함께 다루며, 그 안에 일관적으로 녹아 있는 함수형 프로그래밍의 원리를 다룹니다.

세 번째는 오픈 소스 빅 데이터 처리 프레임워크를 다루는 점입니다. 빅 데이터의 중요성이 대두되면서 떠오른 아파치 하둡, 아파치 스파크, 아파치 플링크를 다룰 때 사용되는 함수형 프로그래밍에 대해 알아봅니다.

이 책은 함수형 프로그래밍의 가장 핵심이 되는 개념들을 반복적으로 다루어 독자 여러분들의 탄탄한 기초 실력을 키우는 것에 초점을 맞췄습니다. 또한, 되도록 많은 도구와 언어를 사용해 볼 수 있도록 구성하였기에 이 책 한 권만으로도 개발자로서의 실무 역량을 크게 향상시킬 수 있을 것입니다.

첫 저서인 만큼 많은 욕심과 기획을 품고 집필을 시작하였습니다. 생각했던 모든 것을 다 담지 못한 아쉬움도 있지만, 향후 독자 반응에 따라 다양한 주제의 개발서를 추가로 집필할 계획도 있습니다. 모쪼록 이 책이 프로그래밍의 재미를 느끼고 보다 나은 개발자로 성장하는 데 도움이 되기를 바랍니다. 책 제목처럼 가벼운 마음으로 산책 나왔다가 생각지도 못한 값진 경험을 쌓게 되기를 바랍니다.

이동규

시작하며

이 책은 함수형 언어와 빅 데이터 처리 프레임워크를 입문하기 위한 실습형 안내서다. 최초의 함수형 언어인 리스프(LISP)부터 시작해서, 리스프를 바탕으로 만들어진 강력한 에디터인 이맥스(Emacs), JVM 위에 되살아난 현대판 리스프인 클로저(Clojure), 순수 함수형 언어인 하스켈(Haskell), 객체지향과 함수형 패러다임을 조합한 스칼라(Scala), 얼랭(Erlang) 위에 핀 모던한 언어인 엘릭서(Elixir)에 이르기까지 과거와 현대를 아우르는 함수형 언어들을 실습해 볼 수 있도록 구성했다.

이렇게 함수형 언어를 실습한 뒤에 여러분들은 최첨단 테크닉으로 무장된 빅 데이터 처리 프레임워크 사용법도 실습해 볼 것이다. 함수형 언어로부터 많은 영감을 받은 아파치 하둡 맵리듀스(Apache Hadoop MapReduce), 메모리를 활용하여 고속으로 분산 병렬 처리를 수행하는 아파치 스파크(Apache Spark), 차세대 스트리밍 처리 프레임워크로 떠오르고 있는 아파치 플링크(Apache Flink)를 다룬다. 이 3개의 빅 데이터 처리 프레임워크는 모두 함수형 언어와 밀접하게 연관되어 있다.

실습은 도커를 기반으로 진행한다. 여러분의 컴퓨터에 도커를 설치하고, 도커 허브(Docker Hub)에 등록된 도커 이미지를 다운로드하는 것만으로 실습을 위한 모든 준비가 끝난다. 도커 이미지에는 모든 실습 환경이 저장되어 있으므로 책이 출간되고 시간이 한참 지나도 소프트웨어 버전 문제로 책의 내용을 실습하지 못하게 되는 불상사는 발생하지 않을 것이다. 도커와 각 프로그래밍 언어가 제공하는 REPL(대화형 프로그래밍 환경)을 기반으로 핸즈온 방식으로 실습하다 보면 자연스레 여러 프로그래밍 테크닉과 개념들을 쉽게 익힐 수 있을 것이다.

이 책의 내용을 디자인할 때 머릿속에 떠오른 생각은 바로 '유럽 여행'이다. 유럽은 개성이 강한 여러 나라가 붙어 있어 볼거리가 풍부하다. 여러분이 만약 석 달간 유럽 여행을 떠난다고

하면 어떻게 계획을 짤 것인가? 아마 최대한 여러 나라를 방문하면서 각 나라의 고유한 개성을 느낄 수 있도록 계획을 짜려 할 것이다. 마찬가지로, 이 책도 최대한 각 언어의 고유한 개성을 느낄 수 있도록 다음과 같이 각 언어의 독특한 기능에 초점을 맞추어 책을 구성하였다.

언어	주요 특징
리스프	S-표현식, 재귀 함수, 람다 함수, 고차 함수, 리스트 처리
이맥스	에디터 사용법, Elisp로 확장 커맨드 작성
클로저	게으른 평가(Lazy Evaluation), 동시성
하스켈	정적 타입 시스템
스칼라	Akka 액터 시스템
엘릭서	파이프 연산자, 패턴 매칭, Flow 병렬 처리

함수형 프로그래밍의 기본 뼈대가 되는 테크닉은 리스프와 이맥스에서 주로 다룬다. 그리고 클로저부터는 보다 심화된 주제를 다루는데, 게으른 평가를 통한 큰 파일 처리와 웹 서버 환경에서의 동시성을 실습해 보게 된다. 그리고 하스켈에서는 타입과 함수형 언어의 관계에 대해 살펴본다. 스칼라에서는 Akka 라이브러리를 다루는데, 스파크나 플링크와 같은 분산 병렬 처리 프레임워크를 사용할 때 자주 등장하는 Akka의 정체가 궁금했던 독자라면 이번 기회에 확실히 알게 될 것이다. 그리고 엘릭서에서는 Flow 라이브러리를 사용한 병렬 처리를 다룬다.

이 책에서는 꽤 많은 언어를 다루는데, 이 책의 내용을 이해하기 위해서 각각의 언어에 대한 사전 지식을 요구하지는 않는다. 즉, 해당 언어의 이름조차 들어본 적이 없는 사람도 실습해 나갈 수 있도록 기초부터 시작한다. 여러 함수형 언어를 기초부터 실습해 보면서 여러분은 함수형 언어들에 공통으로 존재하는 기본 구조와 패턴을 알게 될 것이다. 그리고 책을 덮을 즈음에는 어떤 함수형 언어도 두렵지 않다는 자신감이 생기게 될 것이다.

그리고 이 책의 후반부에서는 빅 데이터 프레임워크를 다루는데, 이들이 얼마나 함수형 언어의 영향을 받았는지를 중점적으로 다뤘다. 그래서 함수형 언어를 이해하는 것이 최신 기술을 이해하는 데 얼마나 크게 도움이 되는지 체감할 수 있을 것이다.

여행의 목적은 무엇보다도 재미다. 이 책을 통해 새로운 프로그래밍 언어와 프레임워크를 공부하는 것에 재미를 느끼게 되기를 바라는 마음이다. 새로운 언어와 프레임워크에 관심을 가지고 그 안에 흐르는 원리에 흥미를 가지는 것보다 더 바람직한 자세는 없을 것이다.

대상 독자

이 책은 여러 함수형 언어를 다루지만 각 언어에 대한 사전지식을 요구하지는 않는다. 따라서 한 개 이상의 범용 언어(자바, C, 파이썬, C# 등)를 다룰 수 있고, 함수형 언어에 이제 막 입문하고자 하는 독자에게 이 책이 가장 적합하다. 또한, 이 책의 내용을 실습하기 위해서는 리눅스의 기본 조작법을 알아야 한다. 그리고 도커에 대한 간단한 소개를 담았으나 가상 환경에 대한 기본적인 이해가 있다면 더 쉽게 접근할 수 있을 것이다.

이 책을 읽는 법

먼저, 함수형 언어 입문을 읽어서 함수형 언어를 공부하는 데 꼭 필요한 배경지식을 이해하고 시작하기 바란다. 그리고 되도록 1장부터 순서대로 공부해 나갈 것을 추천한다. 초반에 다루는 함수형 언어의 기초가 뒤에 나오는 심화된 주제를 이해하는 데 도움이 되기 때문이다.

실습은 주로 각 언어의 REPL(Read Eval Print Loop)을 활용한다. 하지만 경우에 따라서는 파일에 코드를 작성하고 빌드하여 실행하는 경우도 있다. 이때 각 언어의 빌드 도구를 사용하게 된다.

책에서는 리눅스 터미널에서 내리는 명령과 REPL에서 실행할 코드를 다음과 같이 프롬프트 ($과 >)와 배경색으로 구분하여 표기하였다.

```
$ LINUX Terminal Command
```

```
> REPL CODE
```

따라서 >로 시작하는 코드는 반드시 REPL에서 실습을 하면서 진행하기 바란다. 그리고 파일을 작성하면서 실습을 할 때는 다음과 같이 실습에 필요한 파일의 경로를 상단에 표시하였다.

▶ **[/workspace/haskell/hello_haskell.hs]**

```
main = putStrLn "Hello Haskell"
```

여러분들은 컨테이너의 /workspace 이하에서 각 코드 위에 적힌 경로에 파일을 작성하면서 실습을 진행하면 된다. 그리고 완성된 소스 코드는 컨테이너의 /ref 이하의 같은 경로에 존재한다. 실습을 진행하다 참고가 필요한 경우에는 /ref 이하를 확인하기 바란다.

베타리더 후기

김용현(마이크로소프트 MVP)

C 혹은 자바를 알고 있으면서 함수형 언어에 호기심이 있는 독자라면, 이 책은 가장 좋은 선택이 될 것입니다. 대표적인 함수형 언어인 리스프, 클로저, 스칼라, 엘릭서를 두루 살펴보면서 함수형 언어에 대한 중요한 감각을 익히고, 리스프와 일심동체인 이맥스, 하둡과 맵리듀스, 아파치 스파크 및 플링크를 살펴보면서 실무에 바로 활용할 수 있는 기본 지식을 배양합니다. 다양한 언어의 환경은 이미 도커로 구축되어 당장 실습할 수 있습니다.

김지훈(삼성SDS)

책 제목과는 달리 간단하게 읽히는 책은 아닙니다. 오히려 계속 생각하게 만들고, 심지어 연습문제도 있습니다! 함수형 언어들 기반으로 함수와 리스트 처리에 대한 설명이 주를 이루며, 더 나아가 빅 데이터 처리 프레임워크와 관련된 내용도 학습할 수 있습니다. 이런 경우 실습이 어렵다고 느낄 수 있는데, 도커 기반이기에 걱정할 필요가 없습니다. 함수형 프로그래밍을 배우고 싶다면, 이 책을 추천합니다.

이현수(무스마 기술연구소)

이 책을 다 읽고 수록된 예제를 실습해 보는 데는 며칠이 걸리지 않았지만, 평소에 다가가지 못했던 새로운 내용을 흥미롭게 배울 수 있었습니다. 무겁고 깊이 있는 주제를 다루기보다는 '함수형 프로그래밍 언어에 이런 것들이 있고, 모양은 이렇게 생겼구나' 하고 경험해 볼 수 있도록 실습 위주로 알차게 구성되어 있습니다. 실습을 위해 이것저것 찾아서 설치하는 과정도 실습용 도커 컨테이너를 활용해서 생략할 수 있어 예제를 간편하게 따라해 볼 수 있습니다.

최용호(넥슨 코리아)

저와 같이 함수형 언어에 관심은 있지만 실무에서 사용하지 않아서 시작하지 못하고 계신 분들이 많을 것입니다. 게다가 함수형 언어의 종류도 다양하므로 공부를 시작할 언어를 선택하는 것조차 쉽지 않습니다. 이 책에서는 모든 함수형 언어의 공통적인 기초 지식부터 시작하여 여러 언어를 접할 수 있는 기회를 제공합니다. 그러므로 이 책을 통해 자신에게 필요한 언어를 선택하여 지식을 확장해 나가는 것도 좋은 공부 방법이 될 것입니다. 개인적으로는 책의 실습이 짤막하게 분할되어서 함수형 언어의 문법들을 하나씩 따라 해보며 결과를 바로 확인할 수 있어서 이해가 더욱 잘 되었습니다.

제이펍은 책에 대한 애정과 기술에 대한 열정이 뜨거운 베타리더들로 하여금
출간되는 모든 서적에 사전 검증을 시행하고 있습니다.

0

실습 환경 구축하기

이 책의 실습 환경은 도커 이미지로 제공된다. 여러분의 컴퓨터에 도커만 설치하면,

더 이상 번거로운 개별 소프트웨어의 설치 과정 없이 곧바로 지은이가 테스트한 환경

과 동일한 환경에서 실습을 진행할 수 있다. 이번 장에서는 도커를 설치하는 방법과

기본 조작 방법에 대해 알아보도록 하자.

도커 설치 방법

도커(Docker)는 특정 애플리케이션이 돌아가기 위해 필요한 모든 환경(운영체제, 소프트웨어, 환경 변수 및 설정값, 파일 등)을 이미지로 만들어 어떤 환경에서도 동일하게 구동할 수 있도록 해주는 도구다. 소프트웨어는 늘 변화하기 때문에 책을 출간할 때는 돌아가던 코드가 출간 후에 독자의 컴퓨터에서 돌려보면 잘 안 돌아가는 경우가 발생한다는 것이 기술 서적의 딜레마다. 운영체제의 종류와 버전, 설치한 소프트웨어의 버전 및 환경 변수에 따라 안 돌아가는 경우가 발생하기 때문이다. 하지만 도커를 사용한다면 그러한 스트레스에서 벗어날 수 있다. 여러분의 컴퓨터에 도커만 잘 설치한다면 아무리 시간이 지나도 이 책의 내용을 실습하는 데 문제가 없을 것이며, 지은이가 전하고 싶은 핵심 개념을 실습하며 익힐 수 있을 것이다.

도커 툴박스

집필 시점에서 가장 최근에 나온 도커 설치 도구는 도커 데스크탑(Docker Desktop)이다. 그러나 윈도우에서 이를 사용하기 위해서는 윈도우10 프로(혹은 엔터프라이즈나 교육용) 이상이어야 하며, SLAT(Second Level Address Translation)을 지원하는 64비트 CPU를 사용하고, BIOS에서 하드웨어 가상화 지원 기능을 활성화시켜야 한다. 그리고 맥의 경우는 2010년 이후 출시된 기종에, macOS 10.13 이상이어야 한다. 반면 도커 데스크탑 이전에 많이 사용된 도커 툴박스(Docker Toolbox)는 오라클 버추얼박스(Oracle VirtualBox)를 기반으로 하며 윈도우7, macOS 10.8 이상에서 설치할 수 있다. 따라서 보다 많은 독자들의 개발 환경에서 설치할 수 있도록 이 책에서는 도커 툴박스를 설치하는 방법을 소개하도록 하겠다.

도커 홈페이지에 방문하여 인스톨러를 다운로드하도록 한다.

- 도커 홈페이지: URL https://www.docker.com/
- Docker Toolbox for Mac: URL https://docs.docker.com/toolbox/toolbox_install_mac/
- Docker Toolbox Release: URL https://github.com/docker/toolbox/releases

도커 툴박스의 깃헙 릴리즈 페이지에서 윈도우의 경우는 exe로 끝나는 최신 설치 파일(예 DockerToolbox-19.03.1.exe)을 다운받고 맥의 경우는 pkg로 끝나는 최신 설치 파일(예 DockerToolbox-19.03.1.pkg)을 다운받아 실행하도록 한다.

설치가 완료되면 다음과 같이 세 개의 프로그램이 설치된다.

- 도커 퀵스타트 터미널(Docker Quickstart Terminal)
- 카이트메틱(Kitematic)
- 오라클 버추얼박스(Oracle Virtualbox)

도커 퀵스타트 터미널(Docker Quickstart Terminal)을 기동한다. 그러면 다음과 같은 콘솔 화면이 준비된다.

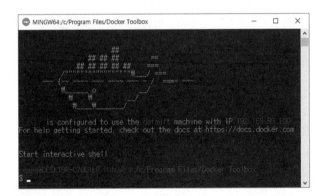

처음 설치되는 가상 머신에는 할당되는 리소스가 적다. 실습 중에 병렬 처리하는 코드가 있는데, 이를 위해서는 적어도 2개의 CPU가 할당되어야 성능 효과를 확인해 볼 수 있다.

먼저, 다음과 같이 default라는 이름으로 최초로 만들어진 가상 머신을 삭제한다.

```
$ docker-machine rm default
```

이어서 다음과 같이 가상 머신에 할당할 리소스를 지정하여 가상 머신을 만든다.

```
$ docker-machine create -d virtualbox --virtualbox-cpu-count=2 --virtualbox-
memory=4096 --virtualbox-disk-size=30000 default
```

컴퓨터의 사양에 따라 따라 파라미터를 조정해야 하는데, 적어도 2개의 CPU, 4GB의 메모리, 30GB의 디스크를 사용하는 것이 좋다.

이어서 다음과 같이 가상 머신을 종료한다.

```
$ docker-machine stop
$ exit
```

그리고 도커 퀵스타트 터미널을 다시 기동한다.

▐ 도커 머신에 ssh 접속하기

도커 퀵스타트 터미널에는 가상 머신을 관리하기 위한 docker-machine이라는 도구가 준비되어 있다.

```
$ docker-machine
Usage: docker-machine.exe [OPTIONS] COMMAND [arg...]
Create and manage machines running Docker.
```

앞서 기본으로 만들어진 가상 머신을 지우고 새롭게 만드는 데 이미 사용했었다. 이번에는 해당 머신에 ssh로 접속해 보도록 하자.

```
$ docker-machine ssh
   ( '>')
  /) TC (\   Core is distributed with ABSOLUTELY NO WARRANTY.
 (/-_--_-\)            www.tinycorelinux.net
docker@default:~$
```

생성한 가산 머신에 접속했다. 여기서 CPU의 개수나 메모리를 확인해 보면 앞서 생성할 때 지정한 값이 출력되는 것을 알 수 있다.

```
$ cat /proc/cpuinfo | grep cores
cpu cores : 2
```

```
$ free -h | grep Mem
Mem: 3.9G 76M 3.5G 229M 274M 3.5G
```

▌ 윈도우에서 putty로 접속하기

윈도우에서는 putty 같은 전문 터미널 소프트웨어를 사용하여 도커를 다루는 것이 좋다. 먼저, 다음 페이지에서 putty.exe를 다운로드하도록 한다.

> **URL** https://www.chiark.greenend.org.uk/~sgtatham/putty/latest.html

도커 퀵스타트 터미널에서 다음 명령어를 입력하여 접속 정보를 확인한다.

```
$ docker-machine ip
192.168.99.100
```

출력된 IP 정보와 22번 포트를 사용하여 putty로 접속한다.

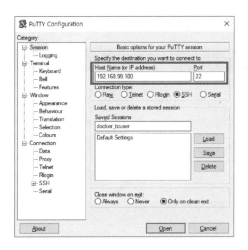

이때 사용자 이름은 docker이며, 비밀번호는 tcuser다.

▌ 기본적인 도커 사용법

도커를 사용하면 운영체제와 소프트웨어 그리고 환경 설정까지를 포함해서 하나의 이미지로 만들어 공유할 수 있다. 도커 허브에는 다양한 이미지가 공개되어 있는데, 어떤 이미지가 있는지를 보려면 다음과 같이 검색하면 된다. 예를 들어 우분투(Ubuntu)에 대해 검색해 보자.

```
$ docker search ubuntu
```

그러면 ubuntu와 관련된 이미지 리스트가 출력된다. 사람들이 '좋아요'를 표시한 Star 지수나 공식적인 이미지 여부를 의미하는 Official이란 항목이 함께 표시되므로 참고하여 다운로드 할 이미지를 선택한다. 우리는 ubuntu:16.04를 다운로드해 보자.

```
$ docker pull ubuntu:16.04
```

그러면 여러분의 컴퓨터에 ubuntu:16.04의 이미지가 다운로드된다. 로컬에 저장된 도커 이미지 리스트를 확인하는 방법은 다음과 같다.

```
$ docker images
```

이어서 다운로드한 이미지를 바탕으로 컨테이너를 생성하자. 이미지는 멈춰 있는 프로그램이라 한다면, 컨테이너는 돌아가는 프로그램이라고 볼 수 있다. docker run 명령어를 사용하면 지정한 이미지를 바탕으로 컨테이너가 생성된다.

```
$ docker run -it --name hello-docker ubuntu:16.04 /bin/bash
```

위 명령어는 도커 이미지 ubuntu:16.04를 기반으로 hello-docker라는 이름의 컨테이너를 만들면서 -it 옵션을 부여하여 표준 입출력이 가능한 터미널을 할당해 /bin/bash를 실행한 것이다. 즉, 위 명령어를 통해 컨테이너의 터미널로 접속할 수 있다. 자, 이제 컨테이너의 세상이다. 루트 폴더를 탐색해 보자.

```
$ ls /
```

여러분이 사용 중인 물리 컴퓨터의 파일 시스템과 전혀 다른 파일 시스템이 출력될 것이다.

그러면 컨테이너 내에서 다음과 같이 파일을 작성해 보자.

```
$ echo "Hi" >> /text.txt
$ cat /test.txt
Hi
```

그리고 컨테이너의 터미널을 빠져나간다.

```
$ exit
```

현재 시스템에 있는 모든 컨테이너의 정보를 확인하려면 다음과 같이 명령어를 입력한다.

```
$ docker ps -a
```

그러면 이번에 만든 컨테이너의 정보가 보일 것이다. 그런데 컨테이너의 상태(STATUS)가 Exit 라고 출력되고 있을 것이다. 해당 컨테이너에 다시 접속하기 위해서는 다음과 같이 컨테이너를 재시작하고 접속해야 한다.

```
$ docker restart hello-docker
$ docker attach hello-docker
```

아까 작성한 test.txt를 출력해 보자.

```
$ cat /test.txt
Hi
```

이처럼 컨테이너를 나갔다가 다시 시작해도 이전에 저장했던 파일이 남아 있다. 즉, 컨테이너는 삭제되기 전까지 컨테이너에서 수행한 정보를 유지한다. 따라서 여러분이 실습할 때는 하나의 컨테이터에서 작업을 진행하면 된다. 그러면 이전에 중단한 작업에 이어서 실습을 진행할 수 있기 때문이다. 그러다가 아예 처음부터 새로운 환경에서 시작하고 싶은 경우에는 새로운 컨테이너를 만들어 진행하면 된다.

컨테이너의 포트 열기

컨테이너 내에서 웹 서버를 돌리거나 할 때는 외부에서 접속하기 위해 포트를 개방할 필요가 있다. 이를 위해서는 -p 옵션을 사용한다.

```
$ docker run -p 80:80 -p 8080:8080 -it  --name port-open-test ubuntu:16.04 /bin/bash
```

위 예에서는 -p 옵션을 통해 컨테이너의 80과 8080 포트를 각각 호스트의 80과 8080 포트에 연결했다.

실습 이미지 다운로드하기

도커의 기본 사용법에 대해 알아봤으니 이 책의 실습을 위해 지은이가 업로드한 이미지를 다운로드하자.

```
$ docker pull everypreciousday/functionalbigdata:latest
```

다운로드하는 데 제법 시간이 걸릴 것이다. 하지만 한번 다운로드하면 이후 컨테이너를 띄울 때는 1초 이내로 빠르게 실행된다. 다운로드가 완료되면 이미지가 정상적으로 다운로드되었는지 다음 명령어를 통해 확인한다.

```
$ docker images | grep functionalbigdata
```

이미지가 있으면 다음과 같이 컨테이너를 기동한다.

```
$ docker run -it --name fpstudy everypreciousday/functionalbigdata:latest /bin/bash
```

실습을 진행하다 중간에 컨테이너를 빠져나왔더라도 마지막 상태 그대로 이어서 실습을 진행할 수 있다. 다음과 같이 컨테이너를 재시작하고 접속하면 된다.

```
$ docker restart fpstudy
$ docker attach fpstudy
```

함수형 프로그래밍 입문

모든 프로그래밍 패러다임에는 원칙과 철학이 존재한다. 그러한 철학을 제대로 이해하지 않은 채로 프로그램을 작성하면 패러다임이 제공하는 장점을 충분히 살리지 못한 코드를 작성하게 된다. 패러다임이 생기고 널리 사용되는 데는 그 나름의 배경과 이유가 존재하기 때문에 이를 올바르게 이해하는 것이 눈앞의 문법을 익히는 것보다 훨씬 중요하다. 우리가 배울 함수형 프로그래밍은 수학적 함수를 모티프로 삼았다. 여기서 '수학'이라는 단어에 지레 겁먹을 필요는 없다. 단순한 규칙과 개념을 이해하는 것으로 충분하다. 이번 장의 내용을 충분히 이해하고 이어지는 실습을 진행하면 많은 개발자들이 낯설고 어렵게 생각하는 함수형 프로그래밍을 온전히 이해하고 적재적소에 활용할 수 있게 될 것이다.

수학에서의 함수

지은이가 고등학생이던 시절에는 《**수학의 정석**》이란 책을 가지고 수학 공부를 하는 것이 말 그대로 **정석**이었다. 성경책처럼 꽤 두꺼운 책이었던 걸로 기억하는데, 많은 친구들의 책이 앞 부분만 때가 타서 검었다. 큰마음 먹고 공부를 시작했다가 얼마 안 가 포기하기를 반복한 흔 적인 것이다. 당시 《수학의 정석》의 1장은 집합이었다. 그러다 보니 당시 대한민국의 고등학생 중에는 집합만큼은 자신 있는 학생들이 꽤 많았다.

다행히도 함수형 언어의 개념을 이해하는 데 필요한 수학적 지식은 《수학의 정석》 앞부분 에 많이 모여 있다. 구체적으로 다음 내용에 대해 알면 함수형 언어를 이해하는 데 도움이 된다.

1. 집합
2. 함수
3. 수열
4. 귀납적 증명

이 중에서도 가장 중요한 것은 **집합과 함수의 정의**다.

집합이란, 서로 다른 원소의 모임이다. 즉, 하나의 집합에는 동일한 원소가 존재할 수 없다. 이러한 성질은 프로그래밍에서 중복 제거를 위한 자료 구조로 많이 사용되기도 한다.

한편, 함수란 임의의 집합 X와 Y가 있을 때 집합 X의 모든 요소 각각에 대해 집합 Y의 한 요 소로 대응시키는 규칙을 말한다. 그림으로 표현하면 다음과 같다.

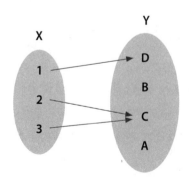

여기서 중요한 부분은 다음과 같다.

1. 집합 X의 모든 요소에 대해 매핑 규칙이 있어야 한다. 즉, 어느 한 요소에 대해서도 누락이 있어서는 안 된다. 앞의 그림에서는 X의 요소 1, 2, 3 모두에 대해 집합 Y로 향하는 화살표가 있어 함수의 조건을 만족한다. 한편, 집합 Y에는 A나 B처럼 대응되지 않는 요소가 있어도 무방하다.

2. X의 한 개의 요소가 Y의 2개 이상의 요소로 매핑되어서는 안 된다. 다음 그림처럼 X의 요소 하나가 Y의 요소 2개로 매핑된다면 이것은 함수 정의에 어긋난다. 한편 앞 그림에서 **2, 3**이 동일하게 C로 매핑되고 있는데, 이것은 집합의 정의에 어긋나지 않으므로 괜찮다.

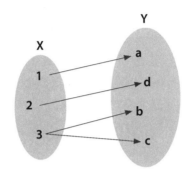

수학에서의 집합과 함수의 정의를 알아봤는데, 이를 모티브로 삼은 함수형 언어는 함수가 다음 조건을 충족해야 함을 강조한다.

- 동일한 입력에 대해 출력값이 언제나 같아야 한다.

함수가 동일한 입력에 대해 언제나 같은 출력값을 반환하기 위해서는 함수의 **부작용(Side Effect)**이 없어야 한다.

부작용이란?

함수의 부작용이란, 함수 내부에서 외부에 있는 상태를 참조하거나 외부에 있는 상태에 변화를 가하는 것을 말한다. 여기서 외부에 있는 상태란, 쉽게는 함수 외부에 정의된 변수를 생각해 볼 수 있다. 즉, 함수 내부에서 전역 변수를 참조하여 출력값을 내놓는다면, 같은 입력값이라 하더라도 전역 변수의 값에 따라 다른 값을 반환할 수 있어 수학적 함수의 요건을 만족할 수 없게 된다. 한편, 함수 내에서 외부 변수를 바꾸는 일은 질이 매우 안 좋은 부작용이다. 함수가 입력을 받아서 출력을 반환하는 것 이외에 다른 일을 하면 할수록 코드의 가독성은 떨어지게 되며, 디버깅도 그만큼 어려워지기 때문이다.

또한 객체지향 언어에서는 객체의 내부 상태에 따라 다른 출력값을 내놓는 함수(메소드)가 일반적인데, 이것도 부작용을 포함한 함수의 대표적인 예가 된다. 따라서 객체지향 패러다임은 본질적으로 함수형 패러다임과 상충되는 부분이 있다고 볼 수 있다.

그리고 입출력(I/O)은 대표적인 부작용이다. 예를 들면, 네트워크를 통해 데이터를 주고받는 일, 로그를 파일이나 화면에 출력하는 일도 부작용인 것이다. 네트워크 통신은 그렇다 쳐도 콘솔에 로그를 출력하는 것조차 부작용이라니 다소 엄격한 기준으로 보일 수도 있다. 하지만 로그를 출력하면 콘솔에 보이는 글자가 변한다. 즉, 함수 내부에서 외부 세계를 변화시켰다고 볼 수 있는 것이다.

한편, 오해해서 안 되는 것은 함수형 언어가 부작용이 불가능한 언어는 아니라는 점이다. 하스켈을 포함한 모든 함수형 언어가 콘솔/파일/네트워크 입출력 기능을 제공한다. 다만, 함수형 언어의 이론적 이상향은 함수 내에서는 부작용을 일으키지 않는 것이며, 이를 위하여 다양한 개념과 문법들이 탄생하였다.

순수 함수

앞서 설명한 부작용이 없는 함수를 **순수 함수(Pure Function)**라고 한다. 순수 함수는 입력값을 출력값으로 변환하는 일만을 하며, 이때 외부에 변화를 가하거나, 외부의 상태를 참조하는 것과 같은 부작용을 포함하지 않는다. 따라서 수학에서의 함수와 같이 동일한 입력에 대해 언제나 같은 결과를 반환한다. 입력값이 같다면 어제 밤에 호출했을 때와 오늘 호출했을 때의 결과가 같다. 이처럼 함수가 호출될 때의 외부 상황에 따라 다른 결과를 내놓지 않는다는 것은 함수의 동작을 신뢰할 수 있음을 의미한다. 그래서 순수 함수의 개념을 알고 적극적으로 사용한다면 함수형 언어가 아닌 다른 언어에서도 보다 좋은 코드를 작성할 수 있게 된다. 일단 순수 함수는 입력에 의해서만 출력이 결정되므로 입력 인자와 출력 인자만 봐도 이 함수가 어떤 역할을 수행하는지 예측하기가 쉽다. 함수의 동작을 파악하기 위해 스파게티 면을 휘젓듯이 코드를 여기저기 뒤적여 보지 않아도 되기 때문이다. 또한, 유닛 테스트를 작성하면서 신뢰성 있는 프로그램을 작성하기도 쉬워진다.

변경 불가 변수

순수 함수와 함께 함수형 언어의 핵심 개념을 구성하는 것이 **변경 불가 변수(Immutable Variable)**다. 변경 불가 변수는 한번 값을 할당하면 값을 바꿀 수 없는 변수를 말한다. 사실, 이 개념은 컴퓨터의 기본 동작 원리와 상충하는 개념이다. 프로그램은 필요한 데이터를 메모리에 적절히 기록하고 그 값을 바꿔가면서 동작하게 되어 있기 때문이다. CPU의 기본 동작도 레지스터라는 공간에 값을 기록하고 업데이트하면서 동작을 수행한다. 이러한 컴퓨터의 물리적 동작 원리를 바탕으로 만들어진 절차 지향 언어의 입장에서 보면 변경 불가 변수는 터무니없는 말과 같다. const나 final과 같은 키워드를 사용하여 변수를 변경 불가하게 만들 수 있지만, 기본 철학은 변경 가능 변수에 기반한다.

그러나 함수형 언어에서는 변경 불가 변수가 기본 사양인 경우가 대부분이다. 그래서 변수에 값을 재할당하려고 하면 컴파일 에러가 발생한다. 이는 함수형 언어가 수학에서의 **식, 값, 그리고 이들이 평가되는 방식**을 모사한 프로그래밍 언어이기 때문이다. 그래서 함수형 언어에서의 **함수란 식**이고, **입력값과 결합하여 새로운 식이 되거나 최종값이 도출**되는 형태로 전개된다.

이에 따라, 함수형 언어에서의 변수란 식에 값을 바인딩하는 목적으로 사용된다. 이를테면 수학에서 수식 $f(x) = x + 1$이 있을 때, $x = 3$으로 바인딩하고 식을 평가하여 4란 값을 도출해내는 것과 함수형 언어의 기본 동작 방식이 같다. 그런데 $x = 3$으로 바인딩해서 4라는 값이 도출되는 중간에 x의 값이 바뀌면 어떻게 될까? f라는 함수는 $x = 3$일때 4라는 결과를 내놓는 줄 알았는데 나중에 보니 입력값인 x가 전혀 다른 값인 5가 되어 있었다고 한다면, 어떤 천재 수학자가 봐도 어리둥절할 수밖에 없다. 어디로 튈지 전혀 예측할 수 없기 때문에 수학적 논리가 엉망진창, 뒤죽박죽이 되고 마는 것이다. 또한, 함수형 언어에서 그토록 부르짖는 순수 함수도 성립할 수 없다. 그래서 함수형 언어에서는 순수 함수가 성립할 수 있도록 변경 불가 변수가 기본이다. 특히 함수가 연달아 적용되는 중간에 초기 입력 인자의 값이 바뀐다면, 값의 변화를 추적하는 게 무척 어려워지므로 프로그래머에게는 재앙과도 같은 일이 될 것이다.

변경 불가 변수는 특히 현대 프로그래밍 언어에서 주목받고 있다. 변경 불가 변수는 본질적으로 멀티 스레드 프로그래밍에 유리하며, 코드를 분석할 때도 값의 변경을 추적하는 범위를 좁혀 주는 효과가 있기 때문이다.

절차 지향 언어 vs 선언형 언어

앞에서도 설명했지만, 함수형 언어는 물리적 컴퓨터의 동작이 아닌 수학에서의 함수와 식을 모사한 언어다. 반면, 물리적 컴퓨터의 동작을 모사한 언어가 바로 **절차 지향 언어(Procedure Oriented Language)**로, 컴퓨터의 내부 동작을 프로그래머가 이해한 상태에서 순서대로 어떻게 동작해야 할지 일일이 지시해 주는 프로그래밍 모델을 따른다.

절차 지향 언어에서는 코드 한 줄 한 줄을 실행문 혹은 명령문이라고 한다. 컴퓨터가 실제 해야 할 동작(명령)을 알려 주는 코드이기 때문이다. 반면, 함수형 언어에서의 **코드 한 줄 한 줄은 식**이다. 수학에서의 식, 즉 값이 적용되어 평가되어야 할 요소인 것이다. 함수형 언어의 프로그래머는 이 식이 어떤 값으로 변할지를 컴퓨터가 계산해 주기를 원하지, 컴퓨터가 내부적으로 어떻게 동작하는지까지는 알고 싶지도 않고 지시하지도 않는 것이다. 이처럼 실제 물리적인 컴퓨터의 동작을 순서대로 지시하는 것이 아니라, 우리가 원하는 것을 컴퓨터에 요구하는 방식의 프로그래밍 언어를 **선언형 언어(Declarative Language)**라고 한다.

선언형 언어 중에 대표적인 것으로 데이터베이스를 위한 SQL이 있다. SQL을 작성해서 DB에 던지면 수많은 동작이 데이터베이스 시스템에서 일어나서 그 결과를 반환해 준다. 그러나 SQL 언어를 작성하는 사람은 그 내부 동작을 일일이 지시하지 않고 오직 원하는 결과를 명시할 뿐이다.

언어의 발전은 절차 지향 언어에서 선언형 언어로 발전했다. 우리가 컴퓨터를 이해하는 단계에서 컴퓨터가 우리가 원하는 것을 이해하는 식으로 발전해 나가고 있는 것이다.

람다 대수

함수형 언어의 역사를 따라가다 보면 그 시초에 **람다 대수(Lambda Calculus)**가 존재한다. 람다 대수는 컴퓨터의 역사에서도 중요한 위치를 차지한다. 컴퓨터의 역사는 **람다 대수**와 **튜링 기계**, 이 두 가지 이론적 배경에서 발전해 왔다고 볼 수 있기 때문이다. 마치 아이폰과 안드로이드폰이 거의 유사한 기능을 제공하지만 서로 다른 철학과 아키텍처로 지금까지 발전해 왔듯이, 람다 대수와 튜링 기계도 제공하는 기능은 동일하지만 철학과 구현 방식이 상당히 다르다. 하지만 결국 어느 쪽 언어를 사용하더라도 동일한 동작을 수행하는 프로그램을 작성할 수 있다는 것이 증명되었다.

람다 대수라고 하면 꽤나 어려울 거 같은 느낌을 주지만, 실상은 매우 **단순한 규칙에 따라 치환하는 것**이 전부다. 가장 간단한 람다식을 한번 해석해 보자.

> λx.x + 1

1. λ 기호 옆에 기재된 x가 변수고, x + 1이 식이다.

2. x를 임의의 문자로 바꿔도 람다식이 의미하는 것은 동일하다.

   > λy.y + 1
   > λz.z + 1

3. 위 식에 값을 적용하는 방법은 다음과 같다.

   > (λx.x + 1)1
   > 1 + 1
   > 2

   먼저 람다식을 괄호로 묶었고, 그 옆에 1을 적었다. 이는 람다식에 1이란 값을 적용하겠다는 의미다. 그러면 변수 x에 1이 적용되어 식에서 x에 해당하는 부분이 1로 치환된다. 그래서 식이 1 + 1이 되었고, 이것이 계산되어 2가 되었다.

위 예에서는 람다식에 1이라는 값을 적용했는데, 값이 아니라 람다식 자체를 적용할 수도 있다. 이때도 단순한 치환의 규칙이 적용될 뿐이다.

> (λx.x + 1)(λy.y - 3)

이 식이 평가되는 과정을 따라가 보자.

먼저 (λx.x + 1)의 괄호가 사라지면 다음과 같이 된다.

> λx.x + 1

λx.가 사라지고,

> x + 1

x에 (λy.y - 3)이 대입된다.

> (λy.y - 3) + 1

위 예에서 람다식에 람다식을 적용하여 새로운 람다식이 나왔다. 이것이 함수형 언어에 있는 고차 함수(Higher-order Function)의 근간이 되는 개념이다. 고차 함수란, 인자로 함수를 받아들이거나 함수를 반환하는 함수를 말한다. 함수형 언어에서 함수는 인자로 전달될 수도 있고, 결과로 반환될 수도 있으며, 변수에도 저장할 수 있다. 이렇게 함수를 마치 일반 데이터 타입처럼 다룰 수 있는 프로그래밍 언어의 특질을 **'함수가 1급 시민'**으로 취급된다고 표현한다.

마무리

여기까지 함수형 언어의 입문을 위해 꼭 알아야 하는 개념인 순수 함수와 부작용, 변경 불가 변수와 람다 대수에 대해 알아봤다. 함수형 언어에서 함수란 식이며, 입력값을 출력값으로 바꾸는 일만을 해야 한다. 이를 위해 부작용은 허용되지 않으며, 변경 불가 변수가 기본적으로 사용된다. 그리고 함수형 언어의 역사적 뿌리에는 람다 대수가 있다. 이외에도 함수형 프로그래밍을 공부하다 보면 더 많은 개념과 용어들이 등장하지만, 모두 앞서 말한 네 가지가 뼈대가 되어 탄생한 개념들이라 볼 수 있다. 위 내용들을 잘 숙지하고 이제 본격적으로 함수형 언어들을 실습해 보도록 하자.

02

함수형 언어의 증조 할아버지
리스프

우리의 첫 번째 실습 대상은 **리스프(LISP)**다. 존 매카시(John McCarthy)에 의해 1958년에 만들어진 리스프는 모든 함수형 언어의 증조할아버지 격에 해당한다. 무려 60여 년 전에 만들어진 프로그래밍 언어로 포트란(Fortran)에 이어 가장 오래된 고급 프로그래밍 언어다. 이렇게 오래된 언어를 왜 배워야 할까? 당연히 실무에 적용하기 위해서는 아니다. 옛말에 온고지신(溫故知新)이란 말이 있다. '옛것을 익히고 그것을 통해 새것을 안다'는 《논어》에 나오는 공자의 말이다. 이 말처럼 아직도 많은 사람들에게 사랑받고 있는 첫 함수형 언어에 대해 알아봄으로써 프로그래밍 두뇌를 각성할 수 있으리라 생각한다. 또한, 리스프를 배우면 이맥스(Emacs)와 클로저(Clojure)에 쉽게 입문할 수 있어 여러분이 얻는 것은 생각보다 클 것이다. List Processing의 약자인 리스프를 통해 우리는 재귀 함수를 통한 리스트 처리라는 함수형 프로그래밍의 기초가 되는 테크닉에 대해 배워볼 것이다.

도커 컨테이너 접속

실습을 위해 도커를 사용하는 방법은 0장의 '기본적인 도커 사용법' 절을 참고하기 바란다. 커맨드만을 정리하면 다음과 같다.

먼저, 도커 이미지를 다운로드한다.

```
$ docker pull everypreciousday/functionalbigdata:latest
```

다운로드한 이미지를 바탕으로 컨테이너를 기동한다.

```
$ docker run -it --name fpstudy everypreciousday/functionalbigdata:latest /bin/bash
```

리스프 실행 방법 - REPL

실습을 위한 도커 이미지에는 CLISP 및 REPL 환경이 설치되어 있다. REPL은 'Read Eval Print Loop'의 약자다. REPL을 사용하면 코드를 한 줄씩 입력하고 그 결과를 즉각적으로 확인할 수 있다. 즉, 마치 컴퓨터와 대화하듯이 한 문장씩 주고받을 수 있어서 프로그래밍 언어를 익힐 때 유용하다. 이 책에서 다루는 모든 함수형 언어들이 REPL을 지원하며, CLISP의 REPL을 기동하는 방법은 다음과 같다.

```
$ clisp
```

그럼 다음과 같은 화면이 출력되고 이제 본격적으로 리스프를 실습해 볼 수 있다.

```
  i  i i i i i i       00000     0        0000000    00000    00000
  | | | | | | |      8     8    8              8    8     8   o    8
  | W `+'  / |       8          8              8    8     8        8
  W  `-+-` /         8          8              8    00000   80000
   `--|--`           8          8              8          8   8
        |            8     o    8              8   o      8   8   8
 -------+------        00000    8000000    0008000    00000    8

Welcome to GNU CLISP 2.49 (2010-07-07) <http://clisp.cons.org/>

Copyright (c) Bruno Haible, Michael Stoll 1992, 1993
Copyright (c) Bruno Haible, Marcus Daniels 1994-1997
Copyright (c) Bruno Haible, Pierpaolo Bernardi, Sam Steingold 1998
Copyright (c) Bruno Haible, Sam Steingold 1999-2000
Copyright (c) Sam Steingold, Bruno Haible 2001-2010

Type :h and hit Enter for context help.

[1]>
```

간단히 다음 표현식을 입력해 보자.

```
> (+ 3 5)
```

직관적인 독자라면 예상이 가능했겠지만 8이 출력된다.

▌REPL 종료 방법

REPL을 나가는 방법은 다음과 같다.

```
> (quit)
Bye.
```

▌S-표현식

(+ 3 5)를 입력했을 때 8이 출력되는 건 쉽게 예상해 볼 수 있었을 것이다. 처음 보는 사람에게는 매우 생소할 이 표기법을 **S-표현식(Symbolic Expression)**이라 부른다. S-표현식은 xml, json이나 yaml처럼 데이터를 표현하는 포맷 중 하나다. 리스프는 특이하게도 데이터를 표현하는 포맷을 프로그래밍의 문법으로 채택한 것이다. 이는 마치 xml로 프로그래밍을 작성하는 것과 비슷하다고 볼 수 있다. 다만, S-표현식은 매우 단순한 규칙을 따르기 때문에 다른 데이터 포맷보다는 훨씬 더 프로그래밍 언어에 적합하다. 리스프에서 S-표현식을 사용하여 프로그래밍을 작성할 때는 다음 규칙을 따른다.

▌ (함수 인자1 인자2 ...)

> **규칙1.** 하나의 표현식은 괄호로 시작하고 괄호로 끝난다.
> **규칙2.** 기본적으로 괄호의 첫 번째 요소는 함수의 이름이고, 이어지는 값들은 함수에 전달되는 인자들이다.
> **규칙3.** S-표현식은 식이다. 따라서 리스프 인터프리터에 의해 평가되어 값이 반환된다.

첫 번째 규칙은 괄호 지옥을 만들어 리스프가 읽고 쓰기에 어려운 프로그래밍 언어라는 인상을 준다. 그러나 들여쓰기를 포함해서 몇 가지 규칙에 익숙해지면, 여느 프로그래밍 언어 못지않게 빠르게 프로그램을 작성하고 읽을 수 있다. 이에 대해서는 다음 절에서 자세히 살펴볼 것이다.

괄호를 기반으로 한 리스프의 코딩 규칙은 얼핏 보면 매우 원시적인 인상을 주기도 하지만, 매우 직관적이고 효율적이며 아름다운 문법이다(리스퍼들은 아름답다는 표현을 많이 사용한다). 왜냐하면 함수형 언어에서는 함수의 결과를 다른 함수에 넣는 일이 빈번하게 발생하는데, S-표현식을 사용하면 이 관계를 효과적으로 표현할 수 있기 때문이다. 또한, 리스프가 처음 만들어진 시절을 생각해 보면 상당히 제약된 컴퓨팅 리소스만 이용할 수 있었을 것이다. 그러므로 함수형 언어를 표현하는 데 이보다 더 단순하고 효율적인 표현은 없었을 것이다.

두 번째 규칙은 **전위 표기법(Prefix Notation)**이라 한다. 전위 표기법에 익숙해지는 데는 약간의 노력이 필요하다. 어느 정도 익숙해지기 전까지는 코드를 작성할 때 본능적으로 중위 표기법을 사용하는 자신을 발견하게 될 것이다. 하지만 이 규칙도 익숙해지기만 하면 코드를 작성하거나 분석할 때 꽤 효율적인 구조라는 것을 깨닫게 된다.

세 번째 규칙은 함수형 언어의 기본에 해당하는 부분이다. 1장 '함수형 언어 입문'에서도 다루었지만, 함수형 언어는 수학에서의 **식, 값, 그리고 이들이 평가되는 방식**을 모사한 프로그래밍 언어다. 따라서 리스프의 S-표현식은 식이며, 인터프리터는 해당 식에 인자의 값을 적용하여 평가를 수행하고 결과로 값을 도출해 낸다. 그래서 REPL에서 S-표현식을 입력하면 print 함수를 사용하지 않더라도 반드시 평가 결과가 출력된다.

▌ S-표현식의 들여쓰기 규칙

리스프에서 S-표현식을 작성할 때 들여쓰기를 쓰지 않는다고 해서 에러가 발생하지는 않지만, 그만큼 가독성이 상당히 나빠진다. 아무리 능숙한 리스퍼라고 해도 다음과 같이 들여쓰기가 전혀 안 된 S-표현식을 파악하는 것을 달가워하지는 않을 것이다.

▌ (/ (* 10 (+ 2 3)) 5)

위 식을 보면서 느껴지는 답답함은 중위 표현식을 바탕으로 한 정규 교육을 마친 사람이라면 모두가 똑같이 느낄 것이다. 그러나 사실 한 가지 요령만 숙지하면 위 식을 풀어낼 수는 있다. 그 요령은 바로 **가장 길이가 짧은 괄호를 찾아서 연산 결과를 치환해 나가는 것**이다. 위 예에서의 시작점은 (+ 2 3)이다. 괄호의 시작과 끝의 길이가 가장 짧기 때문이다. 그러면 다음과 같이 치환할 수 있다.

▌ (/ (* 10 (+ 2 3)) 5) → (/ (* 10 5) 5)

이번에는 (* 10 5)의 길이가 가장 짧으니 이에 대해 치환한다.

```
(/ (* 10 5) 5) → (/ 50 5)
(/ 50 5) → 10
```

괄호의 길이가 제일 짧은 것을 우선적으로 치환하여 S-표현식을 직접 계산해냈다. 그러나 위와 같은 방법을 사용하여 복잡한 로직이 구현된 프로그래밍 코드를 분석한다고 생각하면 끔찍할 것이다. 따라서 S-표현식을 작성할 때는 들여쓰기가 필수다. S-표현식을 들여쓰는 규칙은 다음의 세 가지가 있다.

1. 중첩 괄호가 없는 간단한 구조의 경우에는 한 줄에 작성한다. 예를 들어, (+ 1 2 3 4 5)에 대해 들여쓰기를 수행해서

   ```
   (+ 1
      2
      3
      4
      5)
   ```

   와 같이 기술할 필요는 없다는 것이다.

2. 중첩 괄호가 나오는 위치에서 다음 줄에 작성하되, 동일한 입력 인자들 간의 들여쓰기 레벨을 맞추도록 한다. 예를 들어, (+ 1 (+ 2 3))의 경우는 다음과 같이 들여쓰기를 한다.

   ```
   (+ 1
      (+ 2 3))
   ```

   그러면 맨 처음 나오는 +라는 함수의 입력 인자가 1과 (+ 2 3)임을 알 수 있다.

   또한, (+ (+ 1 2) (+ 3 4))의 경우는 다음과 같이 들여쓰기를 해준다.

   ```
   (+
    (+ 1 2)
    (+ 3 4))
   ```

   그러면 맨 처음에 나오는 +라는 함수의 입력 인자가 (+ 1 2)와 (+ 3 4)임을 알 수 있다.

3. 닫는 괄호에 대해서는 들여쓰기를 하지 않는다. 예를 들면 다음과 같이 마지막 괄호를 다음 줄에 표시하지 않아야 한다.

   ```
   (+ 1
    (+ 1 2)
    )
   ```

   쓸데없이 코드의 길이를 길어지게 만들므로 닫는 괄호는 다음과 같이 함께 모아서 작성한다.

```
(+ 1
  (+ 1 2))
```

위 규칙에 따라 들여쓰기가 되어 있지 않은 S-표현식에 들여쓰기를 적용해 보면 다음과 같다.

```
; 들여쓰기 전
(+ 1 (+ 2 (+ 3 4)))

; 들여쓰기 후
(+ 1
  (+ 2
    (+ 3 4)))
```

```
; 들여쓰기 전
(+ (+ (+1 2) (+3 4) 5))

; 들여쓰기 후
(+
 (+
  (+ 1 2)
  (+ 3 4))
 5)
```

이처럼 들여쓰기가 된 S-표현식을 빠르게 파악하는 요령은 다음과 같다.

첫 번째 요령은 가장 오른쪽으로 깊이 들어가 있는 요소를 먼저 평가하여 치환해 나가면 된다는 점이다. 위 첫 번째 예에서는 (+ 3 4)가 이에 해당한다.

두 번째 요령은 같은 들여쓰기 레벨의 요소는 하나의 함수에 대한 입력 인자라는 것을 기억하는 것이다. 그러면 함수와 인자들 간의 관계를 보다 쉽게 파악할 수 있다. 위 두 번째 예에서는 (+ 1 2)와 (+ 3 4)가 같은 깊이에 있어 그 위의 함수 +의 인자임을 쉽게 파악할 수 있다.

이상으로 S-표현식을 작성하고 파악하는 방법에 대해 알아봤다. S-표현식에 익숙해진다는 것은 기존의 익숙함에서 벗어나 새로운 시각을 탑재하는 일에 해당한다. 대부분의 개발자들이 괄호로 점철된 리스프 코드를 보고 구토 증상을 일으킬 때 우리는 차분히 해당 식의 구조를 파악할 수 있다는 것은 은근히 멋진 일이다. 이 외에도 함수형 언어를 공부하다 보면 새로운 시각과 능력을 탑재하게 되어 차별화된 개발자가 될 수 있다.

함수 정의

함수형 언어에서 가장 중요한 건 역시 함수다. 다른 문법보다 먼저 함수를 정의하는 방법부터 알아보자. 리스프에서 함수를 정의할 때는 defun이라는 키워드를 사용한다.

```
(defun 함수_이름
  (인자1 인자2...)
  "주석"
  함수_정의)
```

함수를 정의할 때도 괄호로 시작하고 괄호로 끝난다. 리스프에서는 예외 없이 모든 것이 괄호로 시작하고 괄호로 끝난다고 생각하면 된다. 그럼, 함수를 정의하는 예를 살펴보자.

```
> (defun sum
    (x y)
    "sum x and y"
    (+ x y))
```

입력 인자 2개를 받아서 더한 값을 반환하는 함수 sum을 정의했다. 이 sum을 사용하는 코드는 다음과 같다.

```
> (sum 1 2)
3
```

여기서 짚고 넘어가야 할 점이 두 가지가 있다.

첫째는 함수를 정의할 때 인자의 타입을 지정하지 않은 점이다. 다른 말로 표현하자면, 리스프는 **동적 타이핑 언어**다. 변수의 타입을 일일이 기재하지 않아도 돼서 코드를 짤 때는 편하지만, 의도하지 않은 타입의 인자가 넘어오는 것을 컴파일러가 미리 확인해 주지 않기 때문에 **실행 시간 오류(Runtime Exception)**에 대비하는 것은 개발자의 몫이 된다. 예를 들면, 다음과 같이 sum 함수에 문자열을 넣는 일이 발생할 수 있는 것이다.

```
> (sum "Hi" 3)
```

6장에서 배울 하스켈의 경우는 강력한 **정적 타이핑 언어**로서, 개발자의 타입 사용에 문제가 있으면 컴파일이 이루어지지 않는다. 여기서 잠시 타이핑 시스템에 대한 이야기를 나눠 보자.

타이핑 시스템은 타입에 대한 검사를 수행하는 시점에 따라 크게 정적 타이핑과 동적 타이핑이 있다. 실행 시간에 타입을 검사하는 동적 타이핑 언어로는 파이썬, 자바스크립트, 리스프, 클로저, 엘릭서가 등이 있고, 컴파일 단계에서 타입을 검사하는 정적 타이핑 언어로는 C, 자바, 하스켈, 스칼라 등이 있다. 동적 타이핑 언어는 프로그램을 빠르고 편하게 작성할 수 있어 정적 타이핑 언어에서 넘어온 개발자라면 일종의 해방감을 느낄 수 있다. 그러나 앞의 예에서처럼 개발자가 잘못된 타입을 사용함으로써 실행 시간에 에러가 발생할 수 있다는 맹점이 있다. 이러한 버그는 대게 꽁꽁 숨어 있다가 (개발자 머피의 법칙에 따라) 이제 휴가를 가려는 찰나에 수면으로 드러나서 휴가지에서 원격으로 코딩해야 하는 불상사가 생기게 하는 주범이기도 하다.

개발자들 사이에서 어떤 타이핑 언어가 우월한지에 대한 논쟁이 자주 벌어지곤 하는데, 여러분이라면 어떤 언어를 선택하겠는가? 평소 빨리 개발하고 퇴근할 수 있게 해줄 동적 타이핑 언어를 선택할 것인가? 아니면 평온한 휴가를 보장해 줄 정적 타이핑 언어를 선택할 것인가? 재미를 위해 극단적으로 표현했지만, 두 타이핑 방식에 우열을 가리는 것은 큰 의미가 없다. 다만, 각각의 장단점을 정확하게 이해해서 적절히 선택하고 보완할 수 있어야 한다. 빠른 개발 생산성이 중요한 프로젝트가 있을 수 있고, 개발자의 실수로 인한 에러를 최대한 억제해야 하는 프로젝트가 있을 수 있다. 예를 들어, 데이터 과학자가 데이터를 탐색할 때는 혼자서 다양한 코드를 작성하고 돌려 보게 된다. 이렇게 혼자서 코드를 빠르게 작성하는 민첩함이 중요한 경우에는 동적 타이핑 언어가 적합하다. 한편, 많은 사람이 함께 개발하는 대형 프로젝트라면 동적 타이핑 언어를 사용하는 데 주의를 기울여야 한다. 개발자 A가 작성한 함수의 타입을 개발자 B가 오해하여 잘못 사용하지 않도록 네이밍 룰, 주석, 문서화, 단위 테스트 등을 철저히 갖추어야 할 것이다. 하지만 참여하는 개발자들 간의 습관과 스타일, 역량이 다를 수밖에 없기 때문에 애초에 동적 타이핑 언어보다는 정적 타이핑 언어를 선택하는 것이 안전하고 현명한 선택이다.

타이핑에 대한 이야기는 여기에서 마치고 다시 본론으로 돌아와 리스프에서의 함수에 대한 이야기를 이어 가자. 리스프에서의 함수는 하나의 값을 반환하는 것이 기본 전제다. 이것은 함수형 언어의 공통된 특징으로, **함수는 반드시 하나의 값을 반환한다.** 이는 함수형 언어가 수학에서의 함수에 기초하기 때문이다. 다음과 같은 수학에서의 함수를 생각해 보자.

▌ $f(x) = x + 1$

좀 더 복잡한 함수도 있다.

▌ $g(x) = x^2 + 3x + 3$

두 함수 모두 x에 값이 주어지면 하나의 값을 반환한다.

```
f(1) = 1 + 1 = 2
g(1) = 1² + 3*1 + 3 = 1 + 3 + 3 = 7
```

수학에서는 이렇게 함수에 값이 적용되면, 식이 전개되어 최종적으로 마지막 값이 도출된다. 함수형 언어에서의 함수도 정확히 이 개념을 따른다. 따라서 모든 함수는 반드시 하나의 출력값이 있다는 것을 전제로 한다.

반면 절차 지향적인 언어에서의 함수는 그렇지 않다. 그저 여러 줄의 코드를 묶어서 함수로 정의해 놓고, 필요할 때 호출하면 해당 코드가 수행되는 것이 절차 지향 언어에서의 함수다. 거기에도 입력과 출력의 개념이 있지만, 어디까지나 필수적인 요소가 아닌 선택적 요소일 뿐이다.

함수형 언어에서의 함수는 다른 말로 표현식이라고도 한다. 즉, 식인 것이다. 수학에서도 식에 입력값을 적용하면 식의 모양이 바뀐다. 마찬가지로 함수형 언어에서도 함수에 입력값을 적용하면 식이 바뀌다가 결국 최종 값을 반환하게 된다.

하지만 모든 프로그래밍 언어에는 굳이 값을 반환할 필요가 없는 함수가 존재할 수밖에 없다. 예를 들면, print 같은 함수가 그렇다. 그러나 함수형 언어에서는 이때도 무언가 출력값을 반환한다. 이는 리스프의 REPL에서 확인해 볼 수 있다.

```
> (+ 1 2)
3

> (print "Hi")

"Hi"
"Hi"
```

REPL에서 (+ 1 2)를 입력하면 출력하라고 하지도 않았는데 3이 출력되었다. 모든 표현식은 하나의 값을 반환한다는 전제가 있기 때문에 출력된 것이다. 한편, print 함수의 경우 "Hi"가 두 번이나 출력되었다. 첫 번째 Hi는 print의 동작으로 인해 찍힌 것이고, 두 번째는 print 함수가 Hi를 반환했기 때문에 찍힌 것이다.

이번에는 표현식을 줄줄이 수행하는 progn이라는 키워드를 사용한 예를 살펴보자.

```
> (progn
    (print "Hello")
    (print "World"))
```

출력 결과는 다음과 같다.

```
"Hello"
"World"
"World"
```

Hello는 한 번밖에 출력되지 않았지만, World가 두 번 출력되었다. 맨 마지막 표현식인 (print "World")의 반환값이 progn의 반환값이 되기 때문이다.

여기까지 리스프에서 함수를 정의하는 방법에 대해 알아보았고, 두 가지 특별한 성질에 대해 알아봤다. 첫 번째는 리스프가 동적 타이핑 언어라는 점이고, 두 번째는 함수형 언어에서의 함수는 반드시 출력값이 있다는 점이다.

변수

전역 변수에 값을 설정하기 위한 defvar와 defparameter, 그리고 지역 변수를 정의하기 위해 사용하는 let과 let*에 대해 알아보자.

defvar과 defparameter

defvar은 한번 값을 할당하면 값에 대한 재할당이 무시된다.

```
> (defvar *x* 123)
> *x*
123

>(defvar *x* 500)
> *x*
123
```

x에 123이란 값을 설정한 후 500이란 값을 재설정했지만 무시된 것을 알 수 있다. 반면, defparameter는 할당된 값을 자유롭게 바꿀 수 있다.

```
> (defparameter *y* 123)
> (defparameter *y* 500)
```

```
> *y*
500
```

한 번 전역 변수를 정의하면 어디에서도 사용할 수 있다.

```
> (+ *x* 3)
126

> (+ *y* 3)
503
```

█ let과 let*

let을 사용하면 지역 변수를 정의할 수 있다. 하나의 지역 변수를 사용하는 예는 다음과 같다.

```
> (let ((x 1))
    (+ x 1))
2
```

x라는 지역 변수에 1이란 값을 대입했고, 그 밑의 식에서 x라는 변수를 사용했다. 한편, let 문을 벗어난 곳에서는 x를 사용할 수 없다.

```
> x
*** - SYSTEM::READ-EVAL-PRINT: variable X has no value
```

2개 이상의 지역 변수를 선언하는 예는 다음과 같다.

```
> (let ((x 1)
        (y 2))
    (+ x y))
3
```

한편, let*를 사용하면 지역 변수에 값을 할당 시 다른 지역 변수 값을 상호 참조할 수 있다.

```
> (let* ((x 1)
         (y x))
    (print y))
1
```

지역 변수 x에 1을 대입했고, 이어 y에는 x에 3을 더한 값인 4가 대입되었다.

조건 분기

if 표현식

if에 의한 분기는 다른 언어들과 비슷하다.

```
(if (조건식)
    (true일 때)
    (false일 때))
```

전역 변수를 정의하고 그 값에 대한 조건식으로 분기하는 코드는 다음과 같다.

```
> (defvar x 123)
> (if (> x 3)
        "Yes!"
        "No!")
"Yes!"
```

이번에는 함수 내에서 if 분기를 사용해 보자.

```
> (defun compare3 (x)
    (if (> x 3)
        "bigger"
        "smaller"))

>(compare3 5)
bigger

>(compare3 2)
smaller
```

● progn

지금까지 살펴본 if 표현식에는 한 가지 맹점이 있다. 바로, true에 대해 2개 이상의 표현식을 넣을 수 없다는 것이다. 조건식이 참인 경우 2개의 표현식을 연달아 평가받고 싶어 다음과 같이 코드를 작성하면 에러가 발생한다.

```
> (defvar x 123)
> (if (> x 3)
      (print "yes")
      (print "and this too!")
      (print "no"))
 - EVAL: too many parameters for special operator IF
```

```
The following restarts are available:
ABORT  :R1   Abort main loop
```

이와 같이 리스프 REPL을 사용하다가 에러에 빠졌을 때는 Abort main loop에 해당하는 옵션을 선택하면 다시 코드를 입력할 수 있게 된다. 위와 같이 출력된 경우에는 :R1을 입력하면 된다.

이 코드처럼 if 표현식이 참일 때, 2개 이상의 표현식을 지정하고 싶은 경우는 어떻게 해야 할까? 이때는 progn이란 키워드를 사용하여 2개의 표현식을 하나의 표현식으로 묶으면 된다.

progn은 여러 표현식을 순서대로 평가한 후에 마지막 표현식의 결괏값을 반환한다.

```
> (defvar x 123)
> (if (> x 3)
      (progn
          (print "yes")
          (print "and this too!"))
      (print "no"))
```

● cond

조금 복잡한 조건 분기를 기술하다보면 다음과 같이 if 표현식이 중첩된다.

```
> (if (> x 0)
    (if (> x 10)
        "over10"
        "between 0 and 10")
    "minus"))
```

if문이 중첩되면 가독성이 떨어지기 때문에 cond라는 키워드를 사용하는 것이 좋다.

```
> (defvar x 12)
> (cond
      ((< x 0) "minus")
      ((> x 10) "over 10")
      (t "else"))
```

다른 프로그래밍 언어에서의 switch문과 비슷하다. 한 가지 주의해야 할 점은 위에서부터 차례대로 true 여부를 확인하므로 조건식을 나열하는 순서가 중요하다는 점이다. 또한, 관례적으로 조건식의 마지막에는 (t "else")처럼 else에 해당하는 평가식을 기재한다.

리스트

리스프(LISP)라는 이름은 **LISt Processing**의 약자다. 리스트 처리가 리스프의 핵심 목표였음이 분명하다. 리스트는 복수의 데이터가 줄줄이 연결된 자료 구조다. 매우 단순한 구조이지만 컴퓨터 공학에서 차지하는 비중이 매우 높으며, 특히 함수형 언어를 이해하고 연습하는 데 중요한 자료 구조이니 그 개념을 확실히 익혀 자유자재로 활용할 수 있게 되기를 바란다.

▌ 리스트 표현식

다음은 리스트 표현식의 예다.

```
> '(1 2 3 4 5)
```

괄호 안에 데이터를 넣고 그 앞에 '(쿼트)를 넣어 주면 리스트 데이터로 인식된다. REPL에서 위 식을 입력하면 다음 내용이 출력된다.

```
> '(1 2 3 4 5)
(1 2 3 4 5)
```

한편, 지금까지 우리가 사용해 온 S-표현식의 일반적인 형태는 다음과 같다.

▌ (함수_이름 인자1 인자2 ...)

가만 보니 **S-표현식 자체가 리스트다**. 오호라! 과연 리스프의 이름에 리스트가 들어 있는 이유가 있었다. **리스프의 코드 자체가 리스트**인 것이다.

이처럼 코드와 데이터가 같은 방식으로 기술되고 처리되는 특징을 **code as data** 혹은 **동형성(Homoiconicity)**이라고 표현한다. 여기서 homo는 '같은'이라는 뜻이고, icon은 '표현'이라는 뜻이다.

리스프의 이러한 특징은 데이터를 코드로 바꿔서 즉석에서 실행할 수 있게 해준다. 즉, 예를 들면 리스프로 웹 서버를 만들었다고 하자. 사용자가 HTTP 요청으로 리스프 코드를 전달하면, 해당 코드를 즉석에서 평가하여 수행하는 것이 가능하다(물론 이러한 웹 서버는 보안에 매우 취약하기 때문에 만들어서는 안 된다). 더 간단하게는 사용자의 표준 입력을 받아들여서 그것을 리스프의 코드로 실행하는 것도 가능하다. 다음 한 줄의 코드를 살펴보자.

```
> (loop (print (eval (read))))
```

이 코드를 실행하면 사용자의 입력을 읽어서 해당 내용을 평가한 결과를 출력해 준다. 직접 사용해 보자.

```
> (loop (print (eval (read))))
(+ 1 2)
3
(defun addone (x) (+ x 1))
ADDONE
(ADDONE 1)
2
```

완벽한 리스프 인터프리터 위의 또 다른 인터프리터다. 코드가 어떻게 동작하는지 분석하기 위해 들여쓰기를 수행하면 다음과 같다.

```
(loop
   (print
      (eval
         (read))))
```

가장 들여쓰기 깊이가 깊은 read가 먼저 수행된다. read는 사용자의 입력을 기다렸다가 반환하는 함수다. 이어서 해당 입력값을 eval이 평가하고 평가 결과를 print가 화면에 출력해 준다. 이 과정을 loop를 통해 무한 반복하고 있다.

▌콘즈셀과 CAR, CDR

리스프의 리스트는 **링크드 리스트**(Linked List)다. 링크드 리스트는 메모리상에서 서로 떨어진 공간에 위치하는 복수의 데이터를 연결하여 표현한 자료 구조로, 하나의 요소가 다음 요소에 대한 링크를 가지는 구조다.

리스프에서는 리스트의 각 요소를 **콘즈셀**(Cons Cell)이라 부르고, 그 요소의 데이터를 가리키는 포인터를 CAR, 다음 콘즈셀을 가리키는 포인터를 CDR이라고 한다. CAR과 CDR은 오래된 IBM 704의 컴퓨터 용어에서 유래하여 용어 자체의 의미가 크지 않기 때문에 우리는 다음과 같이 외우자.

- **CAR**: 알파벳순으로 A가 먼저 나오니 데이터를 가리키는 포인터
- **CDR**: 알파벳순으로 D가 뒤에 나오니 다음 콘즈셀을 가리키는 포인터

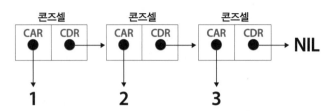

'(1 2 3)

리스프에서 NIL은 빈 리스트를 의미한다. 모든 콘즈셀의 CDR은 자기 뒤에 달려있는 리스트를 가리키고 있다고 볼 수 있는데, 마지막 콘즈셀의 CDR은 빈 리스트인 NIL을 가리키고 있는 것이다.

한편, CAR과 CDR은 리스프의 기본 함수이기도 하다.

```
> (CAR '(1 2 3)) ; 첫 번째 요소를 반환
1
> (CDR '(1 2 3)) ; 첫 번째를 제외한 나머지 리스트
(2 3)
```

그럼, (1 2 3)이라는 리스트에서 두 번째 요소를 얻으려면 어떻게 해야 할까? 먼저, CDR를 통해 (2 3)을 얻고 거기에 CAR을 적용하여 2를 얻으면 된다.

```
> (CAR
   (CDR
    '(1 2 3)))
2
```

한편, (1 2 3)에서 마지막 요소를 얻는 방법은 어떻게 될까? CDR를 통해 (2 3)을 얻고 여기에 다시 CDR을 적용해서 (3)을 얻은 후에 CAR을 적용하면 된다.

```
> (CAR
   (CDR
    (CDR
     '(1 2 3))))
3
```

리스트를 CAR(첫 번째 요소)과 CDR(나머지 리스트)로 나눠서 생각하는 것은 모든 함수형 프로그래밍에서 반복적으로 나타나는 개념이다. 또한, 리스트의 각 요소가 CAR과 CDR로 구성되

어 줄줄이 비엔나 소시지처럼 연결되었다는 것은 리스트에 대한 재귀 함수를 정의하는 데 도움이 된다.

cons와 append 함수

리스트에 값을 추가할 때는 크게 cons와 append 함수를 사용한다. cons는 리스트의 첫 번째 위치에 요소를 하나 추가할 때 사용한다.

```
> (cons 1 '(2 3))
(1 2 3)
```

한편, append 함수는 리스트와 리스트를 합쳐서 하나의 리스트로 만들 때 사용한다.

```
> (append '(1 2) '(3 4))
(1 2 3 4)
```

cons로 리스트와 리스트를 하나로 합치면 다음과 같이 중첩된 리스트로 합쳐진다.

```
> (cons '(1 2) '(3 4))
((1 2) 3 4)
```

리스트의 첫 요소를 반환하는 CAR, 나머지 리스트를 반환하는 CDR, 그리고 첫 부분에 요소를 삽입하는 cons 함수는 리스프뿐만 아니라 모든 함수형 언어에서 리스트를 재귀적으로 다룰 때 많이 활용된다. 리스프를 실습하면서 여러분이 반드시 익숙해져야 하는 개념들이다.

리스트와 재귀 함수

일반적인 절차 지향 언어에서는 리스트를 처리할 때 for문을 많이 사용한다. 예를 들면, 다음과 같다.

```
list = [1, 2, 3, 4, 5]
for (int i = 0; i < list.length, i++) {
    print(list[i])
}
```

이러한 for문은 i라는 변수의 값을 바꿔가면서 수행된다는 측면에서 함수형 언어의 원리에 어긋난다. **함수형 언어에서는 반복문을 재귀 함수로 구현할 수 있다.** 먼저, 재귀 함수의 정의에 대해서 알아보자.

▌재귀 함수의 정의

어느 학생이 교수님께 찾아가서 다음과 같이 물었다.

"재귀 함수란 무엇인가요?"

"잘 들어 보게. 사실, 예전에 한 학생이 찾아와서 나에게 물었다네.

'재귀 함수란 무엇인가요?' 그래서 이렇게 답해 줬지.

'잘 들어 보게. 사실, 예전에 한 학생이 찾아와서 나에게 물었다네.

'재귀 함수란 무엇인가요?' 그래서 이렇게 답해 줬지.

'잘 들어 보게. 사실, 예전에....'"

재귀 함수의 정의를 물었다가 영원히 끝나지 않을 것 같은 교수님의 설명이 시작되었다. 재귀 함수의 본질을 잘 반영한 재미있는 문답이다.

재귀 함수란, 함수의 정의 내에서 자기 자신을 호출하는 함수를 말한다. 다음은 그 예다.

```
> (defun myself (x)
      (if (> x 10)
          "finish"
          (progn
              (print x)
              (myself (+ 1 x)))))
```

함수의 마지막 줄을 보면 자기 자신인 myself를 호출하고 있다. 이 함수는 입력 인자가 10보다 크면 "finish"라는 문자열을 반환하고, 그렇지 않으면 현재 인잣값을 출력한 후 거기에 1을 더해서 자기 자신을 호출한다. 실행해 보면 다음과 같이 출력된다.

```
>(myself 0)
0
1
2
3
4
5
6
7
8
9
10
"finish"
```

여기서 재귀 함수의 조건 세 가지를 확인할 수 있다.

첫째, 재귀 함수는 자기 자신을 호출해야 한다. 재귀 함수의 정의에 해당하는 부분이다.

둘째, 재귀 함수는 종료 조건이 있어야 한다. 앞서 나온 예에서는 입력값이 10보다 크면 종료하게 되어 있었다.

셋째, 재귀 함수가 종료 조건에 수렴하기 위해서는 반드시 자기 자신에게 전달된 입력값과 다른 값을 사용해서 자기 자신을 호출해야 한다. 함수형 프로그래밍의 원리에 따르면 함수 내에서는 외부 변수에 접근하지 않는 것이 좋다. 따라서 재귀 함수의 종료 조건은 **입력 인자를 참조하지 않을 수가 없다.** 그러므로 입력 인자가 없는 함수는 재귀 함수에 적합하지 않다. 또한, 현재 입력 인자의 값과 동일한 값으로 재귀 함수를 호출하게 되면 무한 루프에 빠지게 될 뿐이다. 재귀 함수에 관해 설명하는 교수님의 이야기처럼 말이다.

재미 삼아 재귀 함수에 대해 설명하는 교수님을 리스프 코드로 작성해 보자.

```
(defun what-is-recursive? ()
    (print "One day a student asked professor. 'What is recursive function? So he
answered like this ")
    what-is-resursive?)
```

이 코드의 문제점은 일차적으로 재귀 함수인데 입력 인자가 없다는 점이다. 함수형 프로그래밍의 철학에 따르면 함수 내부에서 외부의 변수를 참조할 수 없으므로, 입력 인자가 없는 재귀 함수는 적절한 종료 조건을 지정하기가 어렵다. 그래서 앞의 함수도 종료 조건이 없어 무한 루프에 빠지게 된다. 이 코드를 수정해서 실제 돌릴 수 있는 코드로 변경해 보자.

```
> (defun what-is-recursive? (i n)
    (if (>= i n)
        (print "I said enough, didn't I?")
        (progn
            (print "One day a student asked professor. 'What is recursive function?
So he answered like this ")
            (what-is-recursive? (+ 1 i) n))))
```

입력 인자와 종료 조건을 추가했다. 다음과 같이 실행해 보면 5번만 출력되고 종료된다.

```
> (what-is-recursive? 0 5)
```

피보나치 수 구하기

피보나치 수(Fibonacci numbers)는 첫째 및 둘째 항이 1이고, 이어지는 숫자는 바로 앞 두 항의 합인 수열이다. 따라서 세 번째 항은 1+1=2이고, 네 번째 항은 1+2=3이 된다. 값을 일부 나열해 보면 다음과 같다.

> 1, 1, 2, 3, 5, 8, 13...

피보나치 수의 규칙을 일반화하면 다음과 같다.

> 첫 번째 항은 1이다.
> 두 번째 항도 1이다.
> 이어지는 n번째 항은 n-1번째 항과 n-2번째 항의 합이다.

위 규칙을 그대로 코드로 옮기면 피보나치 수열의 n번째 값을 구하는 재귀 함수가 완성된다.

```
> (defun fibo (n)
    (cond
        ((= n 1) 1)
        ((= n 2) 1)
        (t (+
            (fibo (- n 1))
            (fibo (- n 2)))))))
```

이 함수를 실행하는 방법은 다음과 같다.

```
> (fibo 10)
 55
```

여기서 n이 1이거나 2인 경우가 종료 조건에 해당한다. 그리고 이 종료 조건에 수렴하도록 입력 인자에서 1과 2를 뺀 값을 인자로 재귀 호출하고 있다. 하지만 만약에 초기 입력 인자가 -1과 같은 음수값일 경우, 재귀 호출 시의 입력 인자가 절대 양수가 될 수 없기 때문에 무한 루프에 빠지게 된다. 좀 더 안전한 코드를 작성하고 싶다면, n이 0보다 작은 경우에 대한 종료 조건을 작성하는 것도 좋다. 하지만 여기서는 n이 자연수라는 가정이 있고, 재귀 함수를 사용하면 코드가 매우 간결해진다는 것을 보여 주기 위해 해당 조건을 생략했다.

피보나치 수열을 통해 재귀 함수의 본질에 대해 한 가지 더 고찰해 본다면 다음과 같은 특징을 발견할 수 있다. 바로, 재귀 함수가 성립하기 위해서는 재귀 함수의 입력 인자들과 그 출력값들 사이에 일정한 관계가 있어야 한다는 점이다. 피보나치 수열에서는 fibo(n)

= finb(n-1) + fibo(n-2)이 바로 그 규칙에 해당한다. 여기에 구체적 값인 5를 넣어 보면 fibo(5) = fibo(5-1) + fibo(5-2)가 된다. 따라서 재귀 함수를 작성할 때는 구체적인 입력 인자를 하나 선택해서(이를 테면 n = 5) 다른 입력 인자들(n = 4, n = 3)과의 관계로 수식화할 수 있다면 재귀 함수로 표현하기 쉬워진다.

▌ 재귀 함수를 작성하는 요령

재귀적으로 문제를 푸는 것은 for문을 사용하는 것보다 직관적이지 않은 것이 사실이다. 작성할 때도 코드를 읽을 때도 한번 곰곰이 생각해 봐야 하는데, 구체적으로는 다음과 같은 순서로 생각을 전개해 나가면 된다.

첫째, 우리가 원하는 결괏값을 반환해 줄 재귀 함수의 이름과 그 입력과 출력이 각각 무엇이 되어야 할지 명확히 한다(예 fibo라는 이름의 함수는 자연수 n을 입력으로 받으면 n번째 피보나치 수열의 값을 반환한다).

둘째, 구체적인 입력 인자를 하나 선택한다(예 n = 3).

셋째, 선택한 입력 인자(n = 3)의 함숫값(fibo(3))과 다른 입력 인자의 함숫값과의 관계를 찾아 수식화한다. 예를 들면, fibo(3) = fibo(2) + fibo(1)와 같다.

넷째, 위에서 얻은 구체적인 입력값에 대한 식을 일반화된 식(fibo(n) = fibo(n-1) + fibo(n-2))으로 확장한다.

다섯째, 일반화된 관계식에서 종료 조건에 해당하는 입력 인자를 선정한다(fibo에서는 n = 1 및 n = 2에서 재귀 호출을 종료한다).

여섯째, 일반화된 관계식과 종료 조건을 재귀 함수로 코딩한다.

재귀 함수를 작성했으면, 모든 유효한 입력 인자에 대해 종료 조건에 수렴하는지 확인하고, 무한 루프에도 빠지지 않는지 철저히 검토할 필요가 있다.

이 요령을 바탕으로 재귀 함수를 통해 리스트를 다루는 방법을 알아보자.

▌ 리스트의 합을 구하는 재귀 함수

이번에 우리가 만들 함수는 리스트의 합을 구하는 재귀 함수다. 리스트는 재귀 함수와 궁합이 잘 맞는다. 그 이유를 직접 작성하면서 살펴보도록 하자. 위에서 살펴본 재귀 함수를 작성하는 요령을 그대로 따라 보자.

첫째, 함수의 이름은 sum-of-list로 하고, 길이가 n인 리스트를 입력으로 받아 그 총합을 반환하는 함수를 작성할 것이다.

둘째, 구체적인 입력 인자로 [1, 2, 3]과 같이 세 개의 값으로 구성된 리스트를 생각해 보자.

셋째, sum-of-list([1, 2, 3]) = 1 + sum-of-list[2, 3]이다.

넷째, 위 식을 일반화하면 다음과 같이 된다.

sum-of-list(list) = list의 첫 번째 요소 + sum-of-list(list의 첫 번째 요소를 제외한 리스트)

다섯째, 종료 조건은 입력 인자가 빈 리스트일 때 0을 반환하면 된다.

여기까지의 내용을 코드로 작성하면 다음과 같다.

```
> (defun sum-of-list (input-list)
    (if (null input-list)
        0
        (+
         (CAR input-list)
         (sum-of-list (CDR input-list)))))
```

앞서 정의한 sum-of-list 함수를 다음과 같이 실행해 보자.

```
> (sum-of-list '(1 2 3))
6
```

함수의 정의를 살펴보면, 제일 먼저 null이라는 내장 함수로 인자로 전달된 리스트가 빈 리스트인지를 확인한다.

```
(if (null input-list)
    0
```

빈 리스트면 0이라는 값을 반환하고, 그렇지 않으면 현재 리스트의 첫 번째 값(CAR)과 나머지 리스트(CDR)를 인자로 재귀 호출하여 얻은 값을 더하여 리턴한다.

```
(+
 (CAR input-list)
 (sum-of-list (CDR input-list)))))
```

여기서 CAR과 CDR이 사용되었는데, CAR은 리스트의 첫 번째 값을 반환하며, CDR은 리스트의 첫 번째 요소를 제외한 리스트를 반환한다.

```
> (CAR '(1 2 3))
1
> (CDR '(1 2 3))
(2 3)
```

리스트가 재귀 함수로 다루기가 쉬운 이유는 리스트의 모든 요소가 **CAR**(첫 번째 요소)과 **CDR**(나머지 리스트)로 구성되어 있기 때문이다. 따라서 재귀 함수의 종료 조건은 입력 리스트가 빈 리스트일 때로 하고, 재귀 호출을 할 때는 CDR(나머지 리스트)을 인자로 넘기면 리스트를 쉽게 전부 탐방할 수 있다. 앞서 함수형 언어에서는 for문 대신에 재귀 함수를 사용한다고 했는데, for문처럼 리스트를 전부 출력하는 재귀 함수는 다음과 같다.

```
> (defun print-all (input-list)
    (if (null input-list)
        "finish"
        (progn
          (print (CAR input-list))
          (print-all (CDR input-list)))))
> (print-all '(1 2 3))
1
2
3
"finish"
```

위 코드에서도 확인할 수 있듯이, 재귀 함수로 리스트를 다룰 때는 다음 두 가지 규칙을 기억하면 된다.

첫째, 종료 조건은 입력 리스트가 빈 리스트일 때로 한다.

둘째, 입력 리스트의 CDR을 인자로 재귀 호출한다.

▌ 리스트의 최댓값 구하기

이번에는 주어진 리스트의 최댓값을 구하는 함수를 작성해 보자. 이 문제는 앞서 배운 재귀 함수를 작성하는 요령을 따르지 않을 경우 생각보다 작성하기 어렵다. 따라서 요령에 따라 문제를 차근차근 풀어 보자.

첫째, 함수의 이름은 max-of-list로 하고, 길이가 n인 리스트를 입력으로 받아 그 최댓값을 반환하는 함수를 작성할 것이다.

둘째, 구체적인 입력 인자로 [1, 2, 3]과 같이 세 개의 값으로 구성된 리스트를 생각해 보자.

셋째, max-of-list([1, 2, 3]) = max(1, max-of-list([2, 3])다.

넷째, 위 식을 일반화하면 다음과 같이 된다.

max-of-list(list) = max(list의 첫 번째 요소, max-of-list(list의 첫 번째 요소를 제외한 리스트))

다섯째, 종료 조건은 길이가 1인 리스트에 대해 하나 있는 그 요소를 반환하면 된다.

여기까지의 내용을 코드로 작성하면 다음과 같다.

```
> (defun max-of-list (input-list)
   (cond
     ((null input-list) "NON SENSE")
     ((= 1 (list-length input-list)) (CAR input-list))
     ((< 1 (list-length input-list))
      (max
       (CAR input-list)
       (max-of-list (CDR input-list)))))))
```

다음과 같이 코드의 동작을 확인해 보자.

```
> (max-of-list '(3 1 8 2 6))
8
```

> **연습문제**
>
> ❶ 리스트와 임의의 숫자를 입력으로 받아 해당 숫자가 리스트에 있으면 "yes" 없으면 "no"를 반환하는 재귀
> 함수 **is-exist**를 작성하라. 입력과 출력 예는 다음과 같다.
>
> ```
> > (is-exist '(1 2 3) 3)
> "yes"
> > (is-exist '(1 2 3) 4)
> "no"
> ```

▌리스트를 반환하는 재귀 함수

지금까지 살펴본 재귀 함수의 반환값은 전부 숫자였다. 하지만 함수형 언어에서는 리스트를 인자로 받아서 새로운 리스트를 반환하는 재귀 함수 패턴도 많이 사용된다. 간단한 예를 살펴보자. 리스트의 모든 요소에 1을 더한 새로운 리스트를 반환하는 재귀 함수의 코드는 다음과 같다.

```
> (defun add-one-to-list (input-list)
    (if (null input-list)
        NIL
```

```
    (cons
     (+ 1 (CAR input-list))
     (add-one-to-list (CDR input-list)))))
```

먼저, 종료 조건은 기존과 동일하게 null 함수를 통해 주어진 리스트가 빈 리스트이면 NIL을
반환하도록 했다.

```
(if (null input-list)
    NIL
```

이어서 입력 리스트가 빈 리스트가 아닐 때는 cons 함수를 사용해서 반환할 리스트를 구성
한다.

```
(cons
 (+ 1 (CAR input-list))
 (add-one-to-list (CDR input-list)))))
```

이처럼 리스트에 재귀 함수를 적용해서 새로운 리스트를 반환하는 코드를 작성하는 요령은
다음과 같다.

- 종료 조건은 입력 리스트가 빈 리스트일 때로 한다.
- cons 함수를 사용해서 리스트의 첫 번째 요소를 가공한 값을 재귀 호출하여 얻은 리
  스트에 추가한다.

위 두 규칙을 참고하여 연습문제로 다음 문제를 직접 풀어 보기 바란다.

연습문제

❶ 입력 리스트의 각 요소를 중복 삽입한 리스트를 반환하는 재귀 함수 duplicate-elem을 작성하라. 입력과
   출력 예는 다음과 같다.

```
> (duplicate-elem '(1 2 3))
(1 1 2 2 3 3)
```

❷ 숫자로 구성된 리스트를 입력으로 받아 짝수인 숫자만 포함된 리스트를 반환하는 재귀 함수 filter-odd를
   작성하라. 입력과 출력 예는 다음과 같다.

```
> (filter-odd '(1 2 3 4 5))
(2 4)
```

람다식

모든 함수형 언어는 **람다식(Lambda Expressions)**을 통해 익명 함수를 만들어 변수처럼 다룰 수 있다. 변수처럼 다룰 수 있다는 것을 '1급 시민'이라고 표현한다. 리스프에서의 람다식은 다음과 같은 문법으로 작성할 수 있다.

```
> (lambda (x) (+ x 1))
```

이는 람다 대수의 다음 식과 동일하다.

▌ λx.x+1

값을 적용해 보자.

```
> ((lambda (x) (+ x 1)) 1)
2
```

위 표현식은 람다 대수의 다음 식과 동일하다.

▌ (λx.x+1) 1

고차 함수

고차 함수(Higher-Order Function)는 함수를 인자로 받아들이거나 반환하는 함수를 말한다. 리스프의 대표적인 고차 함수로는 mapcar, remove-if, reduce가 있다. mapcar는 함수와 리스트를 인자로 받아들여서 리스트의 각 요소에 함수를 적용한 결과값으로 구성된 리스트를 반환한다.

```
> (mapcar
    (lambda (x) (+ x 1))
    '(1 2 3)))
(2 3 4)
```

한편, remove-if 함수는 함수와 리스트를 인자로 받아들이고 리스트의 각 요소에 함수를 적용해서 결과값이 true인 요소를 제외한 리스트를 반환한다.

```
> (remove-if
    (lambda (x) (= x 2))
    '(1 2 3))
(1 3)
```

마지막으로, reduce도 역시 함수와 리스트를 인자로 받아들이는데, 두 고차 함수와는 조금 다르게 동작한다. 두 고차 함수는 함수가 요소 하나에 대해 적용되어 그 결과로 구성된 리스트를 반환하였는데, reduce는 두 개의 요소씩 적용되어 최종적으로 하나의 값을 반환한다. 제일 먼저 리스트의 가장 왼쪽에 있는 두 요소에 대해 람다식이 적용되고, 그 결과와 다음의 요소가 적용되는 것이 반복된다. 따라서 reduce의 인자로 사용되는 함수는 두 개의 인자를 받아들이는 함수여야 한다.

```
> (reduce
    (lambda (x y) (+ x y))
    '(1 2 3 4 5))
15
```

위 예에서는 x와 y, 즉 두 개의 인자를 받아들이는 람다 함수가 사용되었으며, 리스트 (1 2 3 4 5)에 대해 다음과 같이 적용되어 최종값이 도출되었다.

```
(1 2 3 4 5) -> (3 3 4 5)
(3 3 4 5) -> (6 4 5)
(6 4 5) -> (10 5)
(10 5) -> 15
```

마무리

우리는 이번 장을 통해 리스프의 S-표현식을 포함한 기초 문법에 대해 살펴보고, 재귀 함수를 중심으로 리스트를 처리하는 방법과 람다식과 고차 함수에 대해 알아봤다. S-표현식은 이어지는 이맥스와 클로저 실습에서도 사용되기 때문에 읽고 해석하는 요령에 대해 충분히 다루었다. 그리고 재귀 함수, 람다식, 고차 함수를 통한 리스트 처리는 함수형 프로그래밍의 기초 테크닉에 해당한다. 이 책에서 다루는 다른 함수형 언어에서도 반복해서 맞이하게 될 것이다. 특히, 재귀 함수는 자료 구조와 알고리즘을 공부할 때 중요하게 사용되는 테크닉이므로 이번 기회에 잘 마스터해 두는 것이 좋다. 한편, 람다식과 고차 함수를 통한 리스트 처리는 함수형 언어뿐만 아니라, 하둡, 스파크, 플링크와 같은 빅 데이터 처리 프레임워크에서도 일관되게 사용되는 데이터 처리 인터페이스다.

03

즐겁고 재밌는 에디터
이맥스

이맥스는 리스프를 기반으로 만들어진 에디터다. 따라서 이번 장은 리스프를 실용적으로 연습해 볼 수 있는 최고의 장이다. 그러나 전통적인 이맥스 매니아들은 이맥스를 단순한 에디터 정도로 생각하는 것을 넘어, 운영체제 바로 위에 얹힌 통합 작업 환경으로 인식했다. 왜냐하면 이맥스를 사용하면 문서 편집뿐만 아니라, 메일, 웹 브라우징, 게임 등을 실행할 수 있었기 때문이다. 풍부한 기능과 강력한 확장성으로 지금도 전 세계의 해커들에게 사랑받는 이맥스를 통해 함수형 언어의 세계에 한 발짝 다가가 보도록 하자.

이맥스를 배워야 하는 이유

에디터를 자유자재로 다루는 것은 높은 생산성과 직결되므로 개발자들에게는 필수적인 능력이다. 요즘에는 서브라임 텍스트(Sublime Text), 비주얼 스튜디오 코드(Visual Studio Code), 아톰(Atom) 등의 훌륭한 새 에디터들이 많지만, 개발자에게는 여전히 빔(Vim)이나 이맥스(Emacs)가 필수다. 그 이유를 두 가지만 들어 보자면 다음과 같다.

첫째, 이들은 리눅스 콘솔에서 사용할 수 있는 대표적인 에디터이므로 리눅스에 터미널로 접속하여 설정 파일을 수정하거나, 개발을 진행할 때 두 에디터 중 하나를 능숙하게 다룰 수 있어야 한다.

둘째, 이들만의 독특하고 탁월한 단축키 체계가 여러 프로그램에서 계속 활용되고 있으므로 한번 익숙해지면 각종 에디터, IDE, 웹 브라우저 등에서도 매우 능률적으로 작업할 수 있다. 특히, 크롬에 vimium을 설치하면 Vim 단축키를 사용하여 웹 브라우징을 빠르게 해낼 수 있다. 그리고 이맥스의 단축키는 MacOS 및 리눅스 터미널에서 특별한 설정 없이 기본으로 사용할 수 있으며, **AutoHotKey**라는 매크로 도구를 설치하면 윈도우에서도 사용할 수 있다. AutoHotKey에 대해서는 부록을 참고하기 바란다.

지은이의 경험상 Vim을 사용하는 개발자는 많았지만 이맥스를 사용하는 개발자는 비교적 적었다. 이맥스는 기능이 복잡하고 많아서 초기 진입 장벽도 높고, 제대로 다루려면 생소한 리스프 문법도 알아야 하기 때문이다.

하지만 이맥스는 이런 높은 문턱에도 불구하고 단순한 에디터 이상의 풍부한 기능이 있으며, 이것을 하나씩 알아가는 재미도 있어 개발자에게는 떼려야 뗄 수 없는 에디터다. 일단 업무 중에 이 책에서 소개하는 기본 기능을 바탕삼아 조금씩 사용해 보자. 필요한 기능을 검색하면서 활용도를 조금씩 높이다 보면 어느새 이맥스 매니아가 되어 있을 것이다. 익숙해지는 데 시간이 다소 걸릴 수 있으나, 그 시간이 결코 지루하지 않다.

이 책에서 이맥스를 다루는 가장 중요한 이유는 **이맥스의 확장 기능을 만들 때 앞 장에서 배운 리스프를 사용하기 때문이다.** 오래된 언어인 리스프를 배운 김에 이맥스도 함께 다룰 수 있게 된다면 무협지에 흔히 나오는 클리셰처럼 오래된 무공서를 익혀 고수가 되는 느낌이 무엇인지를 알게 될 것이다. 참고로 이맥스는 1976년에 탄생했으며, 리처드 스톨먼과 자바를 만든 제임스 고슬링이 개발에 참여했다. 사진만 봐도 심상치 않은 내공을 풍기는 인물들이다.

리처드 스톨먼   제임스 고슬링

도커 컨테이너 접속

이맥스는 윈도우와 맥 버전이 모두 있지만, 실습은 도커의 리눅스 환경에서 진행하겠다. 리스프를 실습할 때와 동일한 컨테이너를 사용하면 된다. 도커를 사용하는 방법은 0장에서 설명하는 기본적인 도커 사용법을 참조하기 바란다. 리스프를 실습한 도커 컨테이너가 있다고 가정하면 다음 커맨드를 통해 재접속할 수 있다.

```
$ docker restart fpstudy
$ docker attach fpstudy
```

이맥스의 단축키 표기법

이맥스에서 사용하는 단축키는 크게 Ctrl 키와 메타(Meta) 키가 있다. 여기서 메타 키란, 윈도우 키보드에서는 Alt, 맥에서는 Option 키를 의미한다. 한편, 맥에서는 터미널의 설정에 의해 메타 키가 Option이 아닌 Esc 키로 설정됐을 수 있다. 이때는 환경 설정에서 Option 키를 메타로 설정하는 것이 좋다. 많이 사용되는 iTerm2에서는 Preferences, Profiles, Keys에서 설정할 수 있다. 한편, 이맥스의 단축키를 표기할 때는 일반적으로 다음과 같이 표기한다.

단축키	동작
C–x	Ctrl을 먼저 누른 상태에서 x를 누른다.
C–x, C–f	Ctrl-x를 누르고 손을 뗀 다음, Ctrl-f 키를 누른다.
M–x	메타(Alt 혹은 Esc) 키를 누른 후 x 키를 누른다.

위 단축키 표기법은 이맥스 공식 문서 및 커뮤니티에서 사용되므로 익숙해질 필요가 있다.

이맥스 켜고 끄기

이맥스를 사용하기 위해 제일 먼저 알아 두어야 할 것은 이맥스를 켜고 끄는 법이다. 리눅스 커맨드라인에서 다음과 같이 입력하면 이맥스가 실행된다.

```
$ emacs
```

그러면 다음과 같은 화면이 나타날 것이다.

일단 켜고 끄는 것부터 익숙해지자. 이맥스를 켰으면 다른 일을 하지 말고 곧바로 끄자.

이맥스를 끄는 방법은 C-x, C-c다. 혹시 Vim 사용자의 경우 Esc 키를 습관적으로 눌렀다면 C-x, C-c를 눌러도 안 닫힐 수 있다. 이맥스에서 Esc 키는 메타 키로 사용되기 때문이다. 이 럴 때는 C-g를 눌러서 Esc 키를 취소하고 C-x와 C-c를 누르도록 하자.

이맥스로 파일 열기

다시 한번 이맥스를 기동하자. 이번에는 파일 이름을 같이 입력한다. 그러면 해당 파일이 열 린 채로 기동된다.

```
$ emacs a.txt
```

만약 a.txt가 현재 폴더에 없다면 해당 파일에 대한 버퍼가 만들어지고 나중에 저장할 때 지정한 파일 이름으로 저장된다.

이맥스는 Vim처럼 명령 모드와 입력 모드가 나뉘어 있지 않았다. 따라서 키를 입력하면 버퍼에 그대로 입력된다. 중간에 버퍼의 내용을 디스크에 저장하고 싶으면 C-x, C-s를 입력한다.

단축키 – 저장	C-x, C-s

그러면 이맥스 창 하단의 미니 버퍼라는 공간에 Wrote /a.txt라는 메시지가 출력된다. 중간에 다른 파일을 열고 싶으면 C-x, C-f를 입력한다.

단축키 – 파일 열기	C-x, C-f

그러면 역시 미니 버퍼에 Find file: /가 출력되고 여기서 열려고 하는 파일의 경로를 지정하면 된다.

커서 이동

Vim에서는 h, j, k, l 키를 통해 커서를 좌/아래/위/아래로 이동할 수 있다. 이 기능을 사용하면 작업 중 손의 움직임을 최소화할 수 있어 고속으로 작업하는 데 큰 도움이 된다. 지은이도 설치 가능한 모든 IDE나 에디터에 Vim 확장팩을 설치하고 크롬에는 vimium을 설치해서 잘 사용하고 있다. 그러나 Vim 단축키의 단점이 하나 있는데, 입력 모드와 명령 모드로 분리될 수 없는 환경에서는 사용할 수 없다는 점이다. 예를 들면, 리눅스 터미널에서 명령어를 입력할 때는 입력 모드와 명령 모드를 분리할 수 없다. 따라서 Vim 단축키를 사용할 수 없다. 반면, 이맥스는 특수 키(Ctrl, Alt 등)와 조합하여 사용하므로 리눅스 터미널이나 모든 텍스트 입력 환경에서 사용할 수 있다. MacOS는 기본으로 이맥스 단축키가 지원되며, 윈도우에서는 AutoHotKey를 사용하면 된다.

Vim과 마찬가지로 이맥스에서도 커서를 이동하는 단축키를 마스터하는 것이 초기 진입에 있어 가장 중요하다. 제일 먼저 커서를 아래, 위로 이동하는 단축키에 익숙해 질 것을 추천한다.

단축키 – 커서를 한 줄 아래로 이동	C-n

단축키 – 커서를 한 줄 위로 이동	C-p

이맥스의 경우 Vim과 달리 단축키에 의미가 담겨 있어 외우기 쉽다. n은 next-line, p는 previous-line의 약자다. 이어서 커서를 좌우로 이동하는 단축키는 다음과 같다.

단축키 – 커서를 한 글자 앞으로 이동	C-f

단축키 – 커서를 한 글자 뒤로 이동	C-b

각각은 forward-char와 backward-char의 약자다. 이맥스는 단축키에 의미가 있어 외우기가 쉽지만, 손가락의 동선이 vi처럼 최적화되어 있지는 않다. 그래서 양손을 사용해야 하며, 손가락도 많이 벌려야 한다.

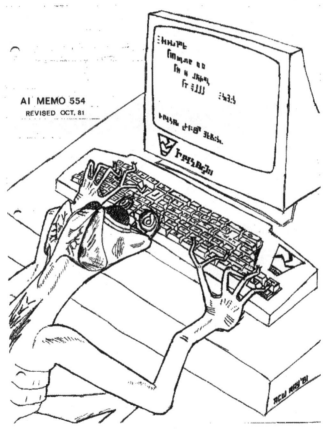

※ 이맥스 사용자의 손가락을 재미있게 묘사한 초기 이맥스 매뉴얼의 표지
(출처: https://www.gnu.org/software/emacs/further-information.html)

여기까지의 기능이 익숙해졌다면, 더욱 편리한 커서 이동 기능을 익혀 보자. 공백을 기준으로 커서를 앞, 뒤로 이동하려면 메타 키를 사용한다.

단축키 – 커서를 다음 공백으로 이동	M-f

단축키 – 커서를 이전 공백으로 이동	M-b

공백 위주로 이동을 하면 한 칸씩 이동하는 것보다 더 빠르게 이동할 수 있다.

현재 줄의 시작과 끝으로 이동하는 단축키는 다음과 같다.

단축키 – 커서를 줄의 시작으로 이동	C-a

단축키 – 커서를 줄 끝으로 이동	C-e

여기까지 살펴본 8개의 커서 이동 단축키는 리눅스 터미널에서 사용할 수 있으니, iTerm이나 putty 등에서 확인해 보기 바란다. 또한, MacOS에서는 위 단축키를 기본으로 사용할 수 있다.

region 선택하기

Vim에서 v 키를 통해 영역을 설정할 수 있는 것처럼 이맥스에도 비슷한 기능이 있다. 다음 키를 누르고 나서 커서를 이동하면 영역을 선택할 수 있다.

단축키 - 영역 선택	C-space	C-@

영역에 대한 선택을 취소하려면 Ctrl+g를 입력한다.

복사/잘라내기/붙여넣기

앞서 살펴본 방법으로 region을 선택한 후 **복사/잘라내기/붙여넣기**를 실행할 수 있다. 이맥스에서는 우리가 소위 '잘라내기'라고 하는 동작을 kill이라 한다. 그리고 잘라낸 텍스트가 저장되는 공간을 kill ring이라 하고, kill ring에 있는 텍스트를 버퍼에 붙여 넣는 것을 yank라고 한다.

각각의 단축키는 다음과 같다.

단축키 - 복사/잘라내기/붙여넣기	
C-w	kill-ring-save(잘라내기)
M-w	kill-ring-save(복사하기)
C-y	yank(붙여넣기)

지우기

현재 커서의 문자를 지울 때는 C-d를 입력한다. 그리고 정말 많이 사용하는 기능 중에 하나가 현재 커서에서부터 현재 줄의 마지막까지 잘라내는 단축키인 C-k다. 한 줄을 통째로 지우려면 먼저 커서를 맨 앞으로 이동한 후(C-a) 잘라내야(C-k) 한다. vi에서 dd를 통해 한 줄을 지울 수 있었던 것에 비해 다소 불편하다. 이에 대해서는 전용 커맨드를 직접 만들어 볼 것이다.

단축키 - 지우기	
C-d	한 문자 삭제
C-k	현재 위치부터 줄의 마지막까지 삭제

버퍼, 화면 분할

서브라임 텍스트나 다른 에디터를 사용할 때 여러 파일을 열어 놓고 탭으로 선택해서 편집을 하는 것처럼 이맥스에도 이에 대응하는 개념이 있는데, 바로 **버퍼(Buffer)**다. 버퍼를 만들어 작업하다가 다른 버퍼로 이동해서 작업을 하기도 하며, 버퍼에 작업한 내용은 파일에 저장할 수도 있고, 그냥 지워버릴 수도 있다.

그래서 보통 이맥스를 처음 기동하면, 제일 먼저 하게 되는 일이 버퍼를 바꾸는 일이다. C-x, b를 입력하면 미니 버퍼에 다음과 같은 내용이 출력되어 기존 버퍼나 새로운 버퍼를 만들어 전환할 수 있다.

> Switch to buffer (default *GNU Emacs*):

새로운 이름을 입력하면 해당 이름으로 버퍼가 만들어진다. hello라는 이름의 버퍼를 만들어
보자. 그러면 빈 버퍼가 만들어지는데 여기에 Hello, Emacs!라고 입력해 보자.

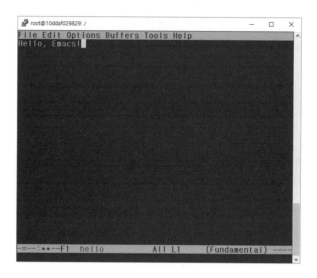

지금은 화면 가득히 하나의 버퍼만을 보고 있는데, 다음의 단축키를 이용하면 이 화면을 분
할할 수 있다.

단축키 – 화면 분할	
C-x, 2	위/아래로 화면 분할
C-x, 3	좌/우로 화면 분할

화면 사이를 이동하려면, C-x, o(소문자)를 입력한다. 그리고 분할된 화면을 닫는 단축키는 다음과 같다.

단축키 - 분할된 화면 닫기	
C-x, 0	현재 포커스 중인 화면을 닫음
C-x, 1	현재 포커스 중인 화면만 남기고 모두 닫음

버퍼를 닫고 싶으면 C-x, k를 입력하고, 닫고 싶은 버퍼의 이름을 입력하면 된다.

이맥스 커맨드 사용하기

이맥스의 커맨드(Command)를 사용하기 위해서는 M-x를 입력한 후, 커맨드의 이름을 입력하면 된다. 이맥스에서의 커맨드가 무엇인지 감을 잡기 위해 먼저 다음 실습을 따라해 보기 바란다.

▌FORWARD-CHAR

순서1. 임의의 글자를 입력한다. 예 Hello Emacs World!

순서2. 커서를 입력한 문자의 중간쯤으로 이동한다. 예 E가 있는 곳

순서3. M-x를 입력한다.

순서4. forward-char를 입력한다.(입력 중간에 tab을 누르면 자동 완성된다)

위 실습을 수행하면 커서가 한 칸 뒤로 옮겨간다. 고작 커서를 한 칸 옮기기 위해 이런 귀찮은 작업을 한 것인가라고 생각할 수도 있겠지만, 이 실습을 통해 강조하고 싶었던 것은 **우리가 배우고 사용한 단축키가 사실은 이맥스 커맨드와 연결되어 있다는 사실이다.** 이맥스 커맨드는 단축키에 매핑하는 것이 가능하다.

단축키 - 단축키 바인드 조회하기	C-h, b

C-h, b를 눌러 이맥스에 매핑된 단축키의 정보를 확인해 보자. 우리가 배웠던 몇 가지 단축키의 이맥스 커맨드명을 살펴보면 다음과 같다.

단축키	커맨드
C-n	next-line
C-p	previous-line
C-y	yank
C-k	kill-line

이처럼 이맥스는 커맨드로 구성되어 있는데, 몇 가지 실습을 통해 유용한 이맥스 커맨드의 사용법을 알아보자.

█ CAPITALIZE-REGION

순서1. 소문자로 구성된 임의의 단어를 3개 이상 입력한다. 예 hello emacs world!

순서2. 커서를 문장의 맨 앞으로 이동한다(단축키: C-a).

순서3. C-@를 입력하여 region 선택을 시작한다.

순서4. 커서를 문장의 맨 뒤로 이동한다(단축키: C-e).

순서5. M-x를 입력한다.

순서6. capitalize-region을 입력한다.

결과 단어의 첫 글자가 대문자가 되어 Hello Emacs World!가 된다.

█ REPLACE-STRING

순서1. 임의의 글자를 입력한다. 예 hello emacs world!

순서2. M-x를 입력한다.

순서3. replace-string을 입력한다.

순서4. 바꿀 대상 문자열과 바꿀 문자열을 차례로 입력한다. 예 hello를 hi로 바꾼다

결과 hello가 hi로 바뀐 것을 확인한다.

█ REPLACE-REGEXP

순서1. 다음과 같이 텍스트를 입력한다.

```
1. Hello Emacs world!
2. Emacs is beautiful!
3. Lisp is beautiful!
```

순서2. M-x를 입력한다.

순서3. replace-regexp를 입력한다.

순서4. Replace regexp에 '^'을 입력하고 바꿀 문자열을 '-'라고 입력한다.

결과 정규식에 해당하는 각 줄의 첫 번째 문자가 –로 변환되었음을 확인한다.

```
-Hello Emacs World!
-Emacs is beautiful!
-Lisp is beautiful!
```

몇 가지 유용한 이맥스 커맨드를 사용해 보았다. 이맥스에는 유용한 커맨드가 풍부하게 준비되어 있으니 스스로 찾아서 실무에 활용해 보기 바란다. 설령 본인이 원하는 커맨드가 없다고 하더라도 커맨드를 직접 만드는 것이 가능하므로 걱정할 필요는 없다. 이맥스 커맨드를 만들기 위해서는 먼저 이맥스에서 Elisp를 사용하는 법을 알아야 한다.

Elisp 평가하기

Elisp는 이맥스에서 사용되는 리스프의 방언이다. 먼저, 간단히 실습해 보자.

Elisp 사용해 보기

순서1. 현재 버퍼에 다음과 같은 리스프 표현식을 입력한다.

```
(+ 1 2)
```

순서2. 커서가 마지막 괄호 오른쪽에 있는 상태에서 C-x, C-e를 입력한다.

결과 미니 버퍼에 3이 출력되는 것을 확인한다.

이맥스에서 Elisp 사용하는 방법

앞선 실습에서 확인했듯이 이맥스에서는 현재 편집 중인 텍스트에 있는 리스프 표현식을 평가할 수 있다. 이 외에도 이맥스에서 리스프를 평가하는 방법이 몇 가지 더 있는데, 정리해 보면 다음과 같다.

● **이맥스에서 리스프를 평가하는 방법**

- 'Alt + :'을 입력한 후 미니 버퍼에 리스프 표현식을 입력한다.
- 커서를 리스프 표현식의 끝으로 이동한 후 C-x, C-e를 누르면 미니 버퍼에 평가 결과가 출력된다.

- 'M-x'를 입력 후 ielm을 입력하면 Interactive Emacs-Lisp Mode가 기동된다. REPL처럼 리스프를 평가할 수 있다.

1장에서 배운 리스프를 여기서 마음껏 테스트해 볼 수 있다. 이어서 Elisp에서 함수를 정의하고 사용하는 방법에 대해 알아보자.

▌ Elisp 함수 정의

순서1. 버퍼에 다음과 같이 함수 정의를 입력한다. 입력 인자에 1을 더한 결과를 반환하는 함수다.

```
(defun add-one (x) (+ 1 x))
```

순서2. 커서를 마지막의) 뒤로 이동한 후 C-x, C-e를 입력하여 Elisp을 평가한다. 이때, 미니 버퍼에 add-one이 출력되면 정상적으로 함수가 등록된 것이다.

순서3. M-:을 입력하면 미니 버퍼에 Eval:이란 글자가 출력된다. 다음과 같이 리스프 코드를 입력하여 결과가 출력됨을 확인한다. 등록한 함수를 사용할 수 있음을 알 수 있다.

```
(add-one 1)
```

순서4. 정의한 함수가 이맥스 커맨드에도 있는지 확인하기 위해 M-x를 입력한 후 add-one을 입력한다.

순서5. No match로 찾을 수 없음을 확인한다. Elisp 함수는 아직 이맥스 커맨드가 아니다.

이 실습을 통해 Elisp 함수를 정의하면 이후 Elisp를 사용할 때 함수를 사용하는 것이 가능해지나, 그렇다고 이맥스의 커맨드가 된 것은 아니란 것을 알게 되었다. 그렇다면 이번에는 이맥스 커맨드를 만드는 방법을 알아보자.

나만의 이맥스 커맨드 만들기 – 기초편

Elisp로 함수를 정의할 때 interactive라는 키워드를 사용하면 이맥스 커맨드가 된다. 이맥스 커맨드가 되면 M-x로 호출할 수 있고, 단축키 매핑도 가능해진다. 먼저, 간단한 이맥스 커맨드를 만들어 보자.

█ 첫 번째 이맥스 커맨드

순서1. 임의의 버퍼에 다음과 같이 함수 정의를 입력한다.

```
(defun my-first-command()
    (interactive)
    (message "Hello Emacs"))
```

순서2. 마지막 괄호에 커서를 이동한 후 C-x, C-e를 입력하여 함수를 평가한다.

순서3. 미니 버퍼에 my-first-command가 출력됨을 확인한다.

순서4. M-x를 입력한 후 my-first-command를 입력한다.

순서5. 미니 버퍼에 Hello Emacs가 출력됨을 확인한다.

Elisp의 함수가 이맥스 커맨드가 되기 위해서는 함수의 본문 이전에 (interactive)라는 키워드가 있어야 한다. 이때, interactive와 함께 문자를 지정하면 입력 인자와 관련된 속성을 지정할 수 있다.

문자	의미
i	인자를 받지 않음을 의미한다.
n	숫자를 미니 버퍼를 통해 입력받는다.
p	숫자로 된 인자를 프리픽스(Prefix) 형태로 받는다.
s	문자열을 미니 버퍼를 통해 입력받는다.
f	존재하는 파일 이름을 입력받는다.
b	버퍼 이름을 입력받는다.
r	선택한 region의 시작 위치와 끝 위치를 인자로 받는다.

그러면 실제 예를 통해 인자의 속성을 지정하는 방법에 대해 알아보도록 하자.

█ 문자열을 입력받는 커맨드

순서1 버퍼에 다음과 같이 함수 정의를 입력한다.

```
(defun string-arg-command(arg)
    (interactive "sName?")
    (message "Hello %s" arg))
```

위 코드에서는 interactive에 이어 "sName?"이라고 지정했다. 여기서 첫 번째 글자 s가 문자열(String)을 입력받겠다고 지정한 것이고, 나머지는 미니 버퍼에 프롬프트로 출력된다.

순서2. 마지막 괄호로 커서를 이동한 후 C-x, C-e를 입력하여 함수를 평가한다.

순서3. 미니 버퍼에 string-arg-command가 출력됨을 확인한다.

순서4. M-x에 이어 string-arg-command를 입력한다.

순서5. 미니 버퍼에 Name?이 출력되면 이름을 입력한다.

순서6. 입력한 이름이 Hello 뒤에 출력되는 것을 확인한다.

▌ Region을 입력받는 커맨드

순서1. 버퍼에 다음과 같이 함수 정의를 입력한다.

```
(defun region-arg-command (start end)
    (interactive "r")
    (message "From %d to %d" start end))
```

위 코드에서는 interactive에 이어 "r"을 지정했다. 선택한 영역의 시작 오프셋과 끝 오프셋이 함수의 인자로 전달된다.

순서2. 마지막 괄호에 커서를 이동한 후 C-x, C-e를 입력하여 함수를 평가한다.

순서3. 미니 버퍼에 region-arg-command가 출력됨을 확인한다.

순서4. C-@로 영역을 선택한 후 M-x를 입력하고 region-arg-command를 입력한다.

순서5. 미니 버퍼에 시작 position과 끝 posion이 출력되는 것을 확인한다.

나만의 이맥스 커맨드 만들기 – 응용편

간단한 이맥스 커맨드를 만들 수 있게 되었으니 이번엔 조금 더 복잡한 기능을 만들어 보자. 그리고 단축키에도 매핑하여 쉽게 사용할 수 있도록 할 것이다.

▌ 한 줄 지우기

Vim에서는 d를 두 번 누르면 한 줄이 지워진다. 이맥스에서는 커서를 맨 앞으로 옮기고(C-a), 삭제해야 한다(C-k). 이때 개행 문자는 지워지지 않으므로 결국 다음과 같이 단축키를 세 번 눌러야 한 줄이 삭제된다(C-a, C-k, C-k).

보다 편리하게 한 줄을 지우기 위해 커맨드를 만들어 보자면 다음과 같다.

```
(defun delete-current-line ()
    (interactive)
```

```
    (beginning-of-line)
    (kill-line)
    (kill-line))
```

beginning-of-line 함수는 커서를 현재 줄의 맨 앞으로 이동한다. 그리고 kill-line을 두 번
수행하여 한 줄을 지웠다.

이 커맨드를 다음과 같이 단축키로 등록할 수 있다.

```
(global-set-key
    (kbd "C-x C-d")
    delete-current-line)
```

▌ 여러 줄 복사

이맥스에서는 현재 줄 삭제와 비슷하게 여러 줄을 복사할 때도 조금 번거롭다. 줄의 처음으
로 이동하고(C-a), 영역 설정을 시작한 후(C-@), 영역을 선택한 다음에 복사해야 한다(M-w).
이를 위해 다음과 같은 커맨드를 정의할 수 있다.

```
(defun copy-line (arg)
  "Copy lines"
  (interactive "p")
  (kill-ring-save
    (line-beginning-position)
    (line-beginning-position (+ 1 arg)))
  (message "copied"))
```

이 커맨드는 interactive와 함께 p라는 문자를 지정함으로써 프리픽스로 숫자를 인자로 받
아들이게 된다. 이맥스에서는 커맨드를 실행할 때 C-u를 통해 프리픽스 인자를 지정할 수
있다.

▌ C-u, 10, M-x, copy-line

이와 같이 실행하면 copy-line 커맨드에 10이라는 값이 인자로 전달되어 10줄을 복사하게
된다.

▌ 단어 빈도 세기

이번엔 다소 난이도가 높은 Elisp 프로그래밍에 도전해 보자. 현재 버퍼에 있는 모든 단어의

빈도를 출력해 주는 커맨드를 만들어 보겠다. 지난 장에서 리스프를 통해 배웠던 재귀 함수와 람다 함수에 대한 온전한 이해가 있어야만 완성할 수 있을 것이다.

먼저, 이맥스에는 버퍼의 내용을 문자열로 반환해 주는 내장 함수가 존재한다. 바로 buffer-substring이란 함수다. 이 함수를 호출할 때 인자로 시작 글자와 끝 글자의 위치를 지정하면 그 사이의 문자열을 반환해 준다. 그래서 먼저 우리는 다음과 같이 버퍼의 모든 글자를 반환해 주는 함수를 정의할 것이다.

```
(defun get-content ()
    (buffer-substring 1 (buffer-size)))
```

여기서 (buffer-size)는 현재 버퍼의 글자 수를 반환해 준다. 이어서 문자열을 단어 단위로 분리해서 리스트로 만드는 함수 get-word-list를 정의한다.

```
(defun get-word-list ()
    (split-string (get-content)))
```

split-string이란 함수는 입력으로 주어진 문자열을 공백을 기준으로 분리하여 리스트에 담아 반환한다. 예를 들면, "aa bb cc"를 ("aa" "bb" "cc")로 반환해 준다.

한편, 단어별로 출현 빈도를 저장하기 위해서는 **해시 테이블(Hash Table)**이란 자료 구조를 사용할 필요가 있다. 해시 테이블은 (키, 값) 단위로 데이터를 넣고 조회할 수 있는 기능을 제공한다. 사용하기 위해서는 먼저 make-hash-table이란 내장 함수로 테이블을 생성해야 한다.

```
(setq myHash (make-hash-table :test 'equal))
```

myHash란 변수에 빈 해시 테이블을 저장했다. 해시 테이블에 키와 값을 저장하기 위해서는 puthash란 함수를 사용한다.

```
(puthash "jack" 1 myHash)
```

그리고 키에 연결된 값을 읽기 위해서는 gethash를 사용한다.

```
(gethash "jack" myHash)
1
```

그러면 단어와 해시 테이블을 입력으로 받아서 해당 단어가 이미 있으면 값을 1만큼 증가시키고, 없으면 값을 1로 초기화하는 함수를 정의하자.

```
(defun updateMap (word hashmap)
   (if (null (gethash word hashmap))
      (puthash word 1 hashmap)
      (puthash word (+ 1 (gethash word hashmap)) hashmap)))
```

이어서 단어의 리스트를 입력으로 받아서 각 단어의 출현 빈도를 해시 테이블로 반환하는 함수 get-word-count-table을 정의하자.

```
(defun get-word-count-table (word-list result)
   (cond
      ((null word-list) result)
      ((< 0 (length word-list))
         (updateMap (car word-list) result)
         (get-word-count-table (cdr word-list) result))))
```

get-word-count-table은 리스트를 입력으로 받는 재귀 함수다. 먼저, 종료 조건은 입력 리스트가 빈 리스트일 때다. 그때는 result를 그대로 반환한다. 반면, 리스트의 길이가 1 이상이면 car를 통해 첫 번째 요소를 얻어서 map을 업데이트하고, cdr을 인자로 삼아 함수를 재귀적으로 호출한다.

한편, 해시 테이블을 리스트로 변환해 주는 함수는 다음과 같다.

```
(defun xah-hash-to-list (hash-table)
  (let (result)
    (maphash
      (lambda (k v) (push (list k v) result))
      hash-table)
  result))
```

여기서 maphash는 리스트에 대한 고차 함수 mapcar의 해시 테이블 버전이다. 즉, 해시 테이블에 있는 모든 (키, 값) 쌍에 대해 함수를 적용한 결과를 반환하는 고차 함수다. 따라서 lambda 함수는 두 개의 입력 인자를 받는다.

그럼 지금까지 정의한 함수들을 모두 사용해서 하나의 이맥스 커맨드로 만들어 보자.

```
(defun my-word-count ()
  (interactive)
```

```
(message "%s"
 (xah-hash-to-list
   (get-word-count-table
     (get-word-list)
     (make-hash-table :test 'equal)))))
```

이 코드를 해석해 보자. 리스프 코드는 들여쓰기가 깊은 표현식부터 해석하되, 같은 들여쓰기 레벨은 동일한 함수의 인자다. 따라서 해당 코드를 보고 제일 먼저 get-word-count-table 함수의 인자로 (get-word-list)와 (make-hash-table :test 'equal')이 들어간다는 것을 알 수 있다. get-word-count-table은 입력 리스트의 단어별 빈도수에 대한 해시 테이블을 반환한다.

이어서 xah-hash-to-list를 통해 해시 테이블이 리스트로 반환되고 해당 내용이 message 함수를 통해 미니 버퍼에 출력된다.

우리가 작성한 이 단어 빈도 세기 커맨드에는 해시 테이블, 재귀 함수, 람다 함수, 고차 함수의 개념이 골고루 사용되었다. 이 정도 프로그램을 스스로 작성할 수 있다면 함수형 프로그래밍의 세계에 무사히 입문했다고 봐도 무방할 것이다.

마무리

이맥스의 기본적인 조작 방법과 커맨드를 작성하는 방법에 대해 살펴봤다. 이맥스의 기능은 무척 방대하기 때문에 여기서 다룬 내용은 사실 빙산의 일각에 불과하다. 그래도 이제 이맥스의 커맨드를 작성할 수 있게 되었으니, 그 나머지 기능들을 전부 탐험할 수 있는 기본 역량을 갖추게 되었다고 봐도 무방할 것이다. 지금부터 틈틈이 시간이 날 때마다 이맥스의 방대한 세계를 탐험해 보기 바란다.

04

자바 세상에 나타난 현대판 LISP
클로저

클로저(Clojure)는 쉽게 말해 자바 가상 머신(JVM) 위에 구현된 리스프다. 1958년에 만들어진 리스프가 2007년에 JVM상에서 부활한 것이다. 단순히 옛 언어를 재현한 수준에 불과한 것이 아니라, 각종 모던한 프로그래밍 언어의 특질을 풍부하게 갖추어 많은 프로그래밍 언어 애호가들의 찬사를 받았다. 클로저를 사용하면 긴 시간 업계 표준 플랫폼으로 성장해 온 JVM이 제공하는 신뢰성과 풍부한 자바 라이브러리를 활용할 수 있을 뿐만 아니라, 프로그래밍 언어계의 라틴어라 할 수 있는 리스프의 문법을 사용하여 매우 현실적이고 재미있는 프로그램을 작성할 수 있다. 리스프와 이맥스를 거쳐 온 우리에게 매우 실용적인 도구가 되어 줄 것이다.

도커 컨테이너 접속

리스프와 이맥스를 실습할 때와 동일한 컨테이너에서 실습을 진행하면 된다.

```
$ docker restart fpstudy
$ docker attach fpstudy
```

실행 방법

▌Leiningen

우리는 Leiningen을 사용하여 클로저를 실습할 것이다. Leiningen은 클로저 빌드 도구로서 프로젝트 생성, 외부 라이브러리 관리 및 REPL 실행 기능을 제공해 준다. Leiningen의 공식 홈페이지는 다음과 같다.

URL https://leiningen.org/

▌REPL

콘솔에서 다음과 같이 입력하여 클로저 실습을 위한 REPL을 기동한다.

```
$ lein repl
```

그러면 대화형 프롬프트가 기동된다. 리스프와 이맥스를 통해 제법 익숙해진 S-표현식을 입력해 보자.

```
user=> (+ 1 2)
3
```

반갑게도 우리의 리스프 표현식을 이해하고 결과를 내놓는다. 현대 프로그래밍 언어에서 S-표현식을 사용할 수 있다는 것은 참 재밌는 일이다. S-표현식을 고대 언어의 화석으로 남겨놓지 않고, 자바 플랫폼 위에 모던하고 세련된 디자인과 철학으로 부흥시킨 리치 히키 (Rich Hickey)의 작업은 가치 있는 시도 중의 하나였다고 볼 수 있다.

REPL에서 나오려면 Ctrl + d를 누르면 된다.

▌ Project 만들고 실행하기

lein 도구를 사용하면 gradle이나 maven처럼 프로젝트를 만들고 의존 라이브러리를 관리,
실행할 수 있다. my-app이라는 이름의 프로젝트를 만드는 방법은 다음과 같다.

```
$ cd /workspace/clojure
$ lein new app my-app
```

그러면 다음과 같은 파일들이 자동으로 생성된다.

```
$ ls -al ./my-app
-rw-r--r-- 1 root root   766 Dec 29 00:19 CHANGELOG.md
-rw-r--r-- 1 root root 14199 Dec 29 00:19 LICENSE
-rw-r--r-- 1 root root   975 Dec 29 00:19 README.md
drwxr-xr-x 2 root root  4096 Dec 29 00:19 doc
-rw-r--r-- 1 root root   390 Dec 29 00:19 project.clj
drwxr-xr-x 2 root root  4096 Dec 29 00:19 resources
drwxr-xr-x 3 root root  4096 Dec 29 00:19 src
drwxr-xr-x 3 root root  4096 Dec 29 00:19 test
```

이 중에서 가장 중요한 파일은 project.clj과 src 밑에 자동으로 생성된 src/my_app/core.clj
파일이다. 먼저, project.clj부터 살펴보자. 중요한 부분만 간추려 보면 다음과 같다.

▶ [/workspace/clojure/my-app/project.clj]

```clojure
(defproject my-app "0.1.0-SNAPSHOT"
  :dependencies [[org.clojure/clojure "1.9.0"]]
  :main ^:skip-aot my-app.core
```

defproject 키워드로 my-app을 정의하고 있는데, 이 중 신경 써야 할 부분은 :dependencies
와 :main이다. :dependencies에는 외부 라이브러리를 지정한다. 이 책의 실습 과정 중에 외부
라이브러리를 사용할 기회가 있을 것이다. 그리고 :main에는 프로젝트의 시작 함수인 -main
함수가 정의된 네임스페이스를 지정한다.

한편, src/my_app/core.clj에는 다음과 같은 내용이 기재되어 있다.

▶ [/workspace/clojure/my-app/src/my_app/core.clj]

```clojure
(ns my-app.core
  (:gen-class))

(defn -main
```

```
    "I don't do a whole lot ... yet."
    [& args]
    (println "Hello, World!"))
```

위 코드는 클로저의 Hello World 프로그램이라 할 수 있다. 첫 줄의 ns를 통해 네임스페이스를 my-app.core라고 지정하고, 이어서 -main이란 이름의 함수를 정의했다. 이 -main에서는 println 함수로 Hello World를 출력하고 있다.

이 프로젝트를 실행시키는 방법은 다음과 같다.

```
$ lein run
Hello, World!
```

변수 정의

클로저에서 변수를 정의할 때는 def를 사용한다. 리스프에서의 **defparameter**와 동일하다.

```
> (def x 12)
> x
12

> (def x 15)
> x
15
```

지역 변수 정의

지역 변수를 정의할 때는 let을 사용한다.

```
> (let [x 1 y 2]
    (+ x y))
```

let문 안에서만 유효한 지역 변수, x=1, y=2를 선언하고 사용하였다. 한편, 다음 두 식은 동일한 효과를 가진다.

```
> (let [x 1 y 2]
    (+ x y))
3
```

```
> (let [[x y] [1 2]]
    (+ x y))
3
```

조건 분기

if 조건 분기

클로저의 REPL에서 다음과 같이 입력해 보자.

```
> (doc if)
-------------------------
if
  (if test then else?)
Special Form
  Evaluates test. If not the singular values nil or false,
  evaluates and yields then, otherwise, evaluates and yields else. If
  else is not supplied it defaults to nil.

  Please see http://clojure.org/special_forms#if
```

이와 같이 doc 매크로를 사용하면 알고 싶은 클로저의 문법에 대한 도큐먼트를 읽을 수 있다. 위 설명에도 나왔듯이, 클로저에도 if를 사용한 조건 분기를 표현할 수 있다. 사용 예는 다음과 같다. if 조건식이 true면 첫 번째 표현식이 평가되고, false면 두 번째 표현식이 평가되어 그 결괏값이 반환된다.

```
> (let [x 6]
    (if (> x 5)
        "big"
        "small"))
"big"
> (let [x 4]
    (if (> x 5)
        "big"
        "small"))
"small"
```

● case

case는 자바나 c의 switch-case문과 비슷하다.

```
> (let [x 2]
    (case x
        1 "one"
        2 "two"
        3 "three"
        "otherwise"))
```

함수 정의

클로저에서 함수를 정의할 때는 defn을 사용한다.

```
(defn funtion-name [arg1 arg2 ...]
  expr-1
  expr-2
  ..
  expr-n
)
```

리스프와 거의 유사하다. 리스프에서의 함수 정의와 비교해 보자.

```
(defun sum (x y) (+ x y)) ; 리스프
(defn  sum [x y] (+ x y)) ; 클로저
```

defun이 defn이 되었고, 인자 목록이 대괄호로 바뀌었다.

람다 함수

람다 함수는 람다 대수에서부터 시작되었으며, 쉽게 말하면 이름이 없는 함수다. 클로저에서
는 람다 함수를 정의할 때 fn이라는 키워드를 사용한다. 먼저, 이름이 있는 함수를 정의해 보
자. 바로 위에서 설명했듯이 defn을 사용한다.

```
> (defn sum [x y] (+ x y))
```

여기서 이름을 지워버리고, defn을 fn으로 바꿔 버리면 람다 함수가 된다.

```
> (fn [x y] (+ x y))
```

람다 함수에 값을 적용해 보자.

```
> ((fn [x y] (+ x y)) 1 2)
3
```

람다 함수에 1과 2라는 인자를 적용해서 3이 나왔다. 람다 함수는 변수에 저장할 수 있고, 함수의 인자로 넘기거나 결과로 반환될 수 있다. 람다 함수를 변수에 저장하는 예는 다음과 같다.

```
> (def f (fn [x] (+ x 1)))
```

f라는 변수에 (fn [x] (+ x 1))라는 람다 함수를 저장했다. 람다 함수가 저장된 변수에 값을 적용하면 다음과 같다.

```
> (f 1)
2
```

한편, 다음은 람다 함수를 반환하는 함수의 예다.

```
> (defn f [x] (fn [y] (+ x y)))
```

f라는 함수를 정의했는데, f는 람다 함수를 반환한다. 그래서 (f 1)과 같이 인잣값을 적용하면, (fn [y] (+ 1 y))라는 **함수가 반환된다.** 따라서 반환된 함수에 값을 적용해야 최종값이 계산된다.

```
> ((f 1) 2)
3
```

마지막으로 다음은 함수를 인자로 받아들이는 함수의 예다.

```
> (defn f [fp] (fp 1))
```

f라는 함수를 정의했는데, 이 함수는 fp라는 인자를 하나 받아들인다. 동적 타이핑 언어라 fp가 어떤 타입인지에 대한 정보가 없지만, 함수의 본문을 보면 (fp 1)가 같이 작성되어 있다. **즉, 함수가 있어야 할 위치에 fp 변수가 기재되어 있어 fp가 함수여야 함을 알 수 있다.** 만약에 fp에 함수가 아닌 가령 숫자가 들어오면 에러가 발생한다. 그러면 다음과 같이 람다 함수를 인자로 넘겨보자.

```
> (f (fn [x] (+ x 1)))
2
```

(fn [x] (+ x 1))라는 람다 함수가 f라는 함수의 인자로 대입되고 1이 입력 인자로 평가되어
최종적으로 2가 반환되었다.

리스트와 벡터

클로저도 리스프에서처럼 괄호 앞에 쿼트(')를 붙이고 값을 나열하면 리스트가 된다. 그리고
이 리스트는 리스프에서와 마찬가지로 링크드 리스트(Linked List)다. 한편, C 언에에서의 배열
과 비슷하게 메모리의 연속 공간에 값을 할당하는 벡터라는 자료 구조도 있다. **벡터(Vector)**
는 대괄호를 사용하는데, 어쩐지 낯이 익을 것이다. 바로, 함수를 정의할 때와 let문에서 사
용했기 때문이다.

> 리스트 '(a b c)
> 벡터 [a b c]

한편, 클로저에도 리스프에서의 CAR이나 CDR과 비슷한 함수가 존재한다. 바로 first와
rest다.

```
> (first '(1 2 3))
1
> (rest '(1 2 3))
(2 3)
```

벡터에도 동일하게 적용할 수 있다.

```
> (first [1 2 3])
1
> (rest [1 2 3])
(2 3)
```

first와 rest 함수를 사용하면 리스트에 대한 재귀 함수를 만들 수 있다. 리스프에서 만들었
던 함수들을 클로저에서도 만들어 보기 바란다. 동일한 문제를 여러 언어로 풀어 보는 것은
새로운 언어를 익히는 데 좋은 방법이며, 여러 언어를 다룰 수 있는 폴리글랏(polyglot) 프로그
래머가 되는 지름길이다.

❶ 리스트의 합을 구하는 재귀 함수 sum-of-list의 본문을 완성하라(아래는 참고 코드).

```
> (defn sum-of-list [list]
    (본문))
> (sum-of-list '(1 2 3 4 5))
15
```

❷ 리스트의 최댓값을 구하는 재귀 함수 max-of-list의 본문을 완성하라(아래는 참고 코드).

```
> (defn max-of-list [list]
    (본문))
> (max-of-list '(4 3 2 5 1))
5
```

❸ 함수와 리스트를 입력으로 받아 리스트의 각 요소에 함수를 적용한 결과를 리스트로 반환하는 고차 함수인
my-map을 재귀적으로 작성하여 본문을 완성하라(아래는 참고 코드).

```
> (defn my-map [fp list]
    (본문))
> (my-map (fn [x] (+ x 1)) '(1 2 3))
(2 3 4)
```

리스트에 고차 함수 적용

리스트에 대한 고차 함수인 map, reduce, filter를 사용하여 람다 함수를 적용하는 것은 함
수형 언어의 기본 테크닉이자 빅 데이터 처리 프레임워크에서도 사용되는 데이터 처리 테크
닉이다.

다음 기본 사용 예를 참고하여 연습문제를 풀어 보기 바란다.

```
> (map (fn [x] (* x x)) '(1 2 3))
(1 4 9)

> (reduce (fn [x y] (+ x y)) '(1 2 3))
6

> (filter (fn [x] (> x 2)) '(1 2 3 4 5))
(3 4 5)
```

반복문

dotimes

이번 절에서는 반복문을 수행하기 위한 방법을 소개하겠다. 첫 번째 방법은 dotimes 매크로를 사용하는 방법이다. dotimes의 사용 예는 다음과 같다.

```
> (dotimes [x 5]
    (println x))
0
1
2
3
4
nil
```

x의 값이 0에서부터 시작해서 4가 될 때까지 dotimes의 내부에 있는 표현식이 반복 수행된다. 명령형 언어에서의 for문과 매우 유사한 구조다.

```
for (int i = 0; i < 5; i++) {
    System.out.println(i);
}
```

차이점은 dotimes는 무조건 0부터 시작한다는 점과, 내부에서 index 변수의 값을 바꾸는 것이 불가능하다는 점이다. 명령형 언어에서는 다음과 같이 사용하는 것이 가능하다.

```
for (int i = 3; i < 5; i++) {
    System.out.println(i);
    i++;
}
```

이 코드에서는 i가 3에서부터 시작했으며, for문 내에서 i의 값을 변경하고 있는데, dotimes 에서는 이러한 사용이 불가능하다.

▌ loop와 recur

dotimes보다 더 복잡한 루프를 구성하고 싶은 경우에는 loop와 recur를 사용한다. 먼저, 사 용 예를 살펴보자.

```
> (loop [x 1 ret 0]
    (if (> x 10)
        ret
        (recur (inc x) (+ ret x))))
55
```

첫 줄에서 x=1와 ret=0이라는 값으로 시작했다. 이후 이어지는 표현에서 recur를 만나면 recur로 전달된 인자로 loop 이하가 평가된다. 즉, 위 예에서는 (recur (inc x) (+ ret x))이 므로 x=2와 ret=2로 loop 이하 표현식이 다시 평가되는 것이다. 이렇게 반복 평가되다가 종료 조건이라 할 수 있는 x가 10보다 커지면, 그때의 ret 값인 55를 반환하고 종료된다. 가만 보 면 loop와 recur는 재귀 함수와 구조적으로 매우 유사하다. recur문을 만나면 loop라는 함 수를 재귀 호출한다고 봐도 되기 때문이다. factorial 함수를 재귀 함수와 recur로 각각 구 현해 보자.

```
> (defn factorial [n]
    (if (= 1 n) 1
        (* n (factorial (dec n)))))
> (defn factorial [x]
    (loop [n x prod 1]
        (if (= 1 n) prod
            (recur (dec n) (* prod n)))))
```

비슷하면서도 묘하게 다른데, 클로저에서는 재귀 함수보다는 loop와 recur의 사용을 더 권장 한다. recur을 사용한 경우는 클로저가 **꼬리재귀 최적화**(Tail Call Optimization)를 수행해 주기 때문이다. 꼬리재귀 최적화란 재귀 함수가 스택을 과도하게 사용하지 않도록 내부적으로 비 재귀코드로 변환하는 컴파일러의 최적화를 말한다.

파일 읽기

이제 조금 실용적인 코드를 배워 보자. 디스크에 저장된 파일을 읽는 것이다. 가장 쉬운 방법은 slurp라는 함수를 사용하는 것이다. 그러면 파일의 내용을 전부 메모리에 읽어 들인다. 먼저, 읽어 들일 파일을 준비하자. 다음과 같이 textfile이란 이름으로 파일을 작성한다. 도커 이미지에는 실습을 위한 해당 파일이 준비되어 있다.

▶ **[/textfile]**

```
I like functional programming.
Do you like functional programming too?
```

그러면 REPL에서 다음과 같이 slurp 함수를 써서 파일의 내용을 읽을 수 있다.

```
> (def content (slurp "/textfile"))
> (type content)
java.lang.String
```

파일의 내용을 전부 읽어서 String 변수의 content에 넣어 놓았다. 한걸음 더 나아가서 이 String을 한 줄씩 쪼개어 리스트로 바꿔 보자. 그러기 위해서는 clojure.string 라이브러리를 import해야 한다. 클로저에서는 require를 사용하여 라이브러리를 import할 수 있다.

```
> (require '[clojure.string :as str])
```

그러면 다음과 같이 str/split을 써서 문자열을 개행 문자(\n)단위로 분리할 수 있다.

```
> (def line_list (str/split content #"\n"))
```

line_list라는 변수에 파일의 내용을 줄 단위로 분리하여 얻은 리스트를 대입했다. 이제 리스트가 되었으니 우리에게 익숙한 map과 reduce를 적용할 수 있겠다.

단어 세기

앞서 파일의 내용을 읽어 줄 단위로 분리하여 리스트에 저장했었다. 이어서 이 리스트에 대해 map과 reduce를 사용하여 단어 세기를 해보자. 이맥스에서도 다뤘지만, 단어 세기는 함수형 프로그래밍을 사용하여 데이터를 처리하는 방법을 배울 수 있는 매우 좋은 예제다. 그 원리는 빅 데이터 프레임워크의 기본 동작을 이해하는 데도 도움이 되니 원리를 제대로 이해하고 구현에도 익숙해지는 것이 좋다.

▍mapcat

여기서는 map 대신에 mapcat이라는 함수를 사용할 것이다. mapcat은 흔히 flatMap이라고 알려진 기능을 수행한다. map처럼 리스트의 각 요소에 함수를 적용해 새로운 리스트를 반환해주지만, 하나의 요소에 대한 적용 결과가 리스트라면 그 리스트를 풀어서 최종 결과가 하나의 리스트가 되도록 해준다. 즉, 다음 그림의 왼쪽을 보면 (1 2 3)이라는 리스트에 f라는 함수를 map을 통해 적용하면 ((1 1) (2 2) (3 3))가 반환되었다. 즉, **리스트의 리스트**가 반환된 것이다. 그러나 오른쪽 그림을 보면 map에서 mapcat으로 바꿨을 뿐인데 리스트 안에 있는 요소들이 바깥으로 나와서 최종적으로 하나의 리스트가 반환된 것을 알 수 있다.

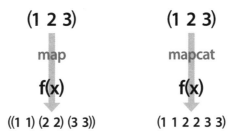

```
> (require '[clojure.string :as str])

> (map
      (fn [line] (str/split line #" "))
      '("a b", "c d"))
(["a" "b"] ["c" "d"])

> (mapcat
      (fn [line] (str/split line #" "))
      '("a b c", "d e f"))
("a" "b" "c" "d" "e" "f")
```

위 예에서 map을 사용한 결과 벡터의 리스트가 나온 반면, mapcat을 사용하면 하나의 리스트가 나온 걸 알 수 있다.

그러면 mapcat을 사용하여 줄 단위로 분리된 리스트를 단어 단위로 분리해 보자. 다음은 앞서 진행했던 코드다.

```
> (require '[clojure.string :as str])
> (def content (slurp "/textfile"))
> (def line_list (str/split content #"\n"))
```

이어서 다음과 같이 mapcat을 사용하여 단어 단위로 쪼개도록 한다.

```
> (def word_list
    (mapcat
      (fn [line] (str/split line #" "))
      line_list))

> word_list
("I" "like" "functional" "programming." "Do" "you" "like" "functional" "programming"
"too?")
```

이제 이 워드리스트에 대해 각 단어별 출현 횟수를 센다. 최종 결과는 다음과 같이 나와야
한다.

```
{
  "I" 1,
  "like" 2,
  "functional" 2,
  "programming." 1,
  "Do" 1,
  "you" 1,
  "programming" 1,
  "too?" 1
}
```

결과를 보고 떠오르는 자료 구조는 해시 맵일 것이다. 클로저에서 해시 맵을 사용하는 방법
에 대해 알아보자.

▌해시 맵과 변경 불가 속성

클로저에서 해시 맵을 사용하는 방법은 파이썬의 dictionary나 자바스크립트의 JSON Object
와 유사하게 {}를 사용한다. 빈 해시 맵을 만들고 싶으면 그저 {}를 입력하면 된다.

```
> (def mymap {})
```

키, 값 쌍을 지정하여 초깃값을 줄 수도 있다.

```
> (def mymap {:key1 "val1" :key2 2})
```

여기서 짚고 넘어가야 할 부분이 두 가지 있다. 예리한 독자라면 :key1과 :key1의 정체가 궁금했을 것이다. 이들은 정수도 아니고 문자열도 아니기 때문이다. 클로저에서는 이를 **키워드 (Keyword)**라고 부르는데, 콜론(:)으로 시작하는 문자열은 **그 이름이 곧 값인 변수**다. 주로 해시 맵에서의 키로 사용된다.

두 번째로 짚고 넘어가야 할 부분은 해시 맵의 키와 값에 다양한 타입이 사용될 수 있다는 점이다. 예를 들어 {1 "v"}는 1이 키고 "v"가 값인 맵이다. 참고로 타입에 민감한 하스켈의 경우는 맵에서 하나의 타입만 다룰 수 있다.

해시 맵에서 키에 대한 값을 얻으려면 get 함수를 사용한다.

```
> (get mymap :key1)
"val1"
```

해시 맵을 정의하고 값을 읽어 오는 방법까지 알아보았다. 그런데 한번 정의한 키와 값의 내용을 바꾸고 싶은 경우가 있을 것이다. 이럴 때는 어떻게 해야 좋을까? 일단 assoc라는 함수가 있으니 사용해 보도록 하자.

```
> (assoc mymap :key1 "new_key1")
{:key1 "new_key1", :key2 2}
```

:key1라는 키에 "new_key1"이라는 값이 무사히 업데이트된 것 같다. 확인차 mymap의 값을 다시 조회해 보자.

```
> mymap
{:key1 "val1", :key2 2}
```

어라? 분명히 :key1에 "new_key1"을 넣었는데 **업데이트되지 않았다.** 몇 번을 반복해도 마찬가지다. 해시 맵의 값을 업데이트하는 함수는 assoc말고도 update라는 함수도 있다. update 함수는 값에 적용할 함수를 지정한다. 예를 들면, 다음과 같다.

```
> (update mymap :key2 inc)
{:key1 "val1", :key2 3}
```

:key2의 값 2에 inc라는 함수를 적용해서 3이 되었다. 이름이 update니까 이번엔 값이 갱신되지 않았을까? 곧바로 확인해 보자.

```
> mymap
{:key1 "val1", :key2 2}
```

:key2는 2로 여전히 바뀌지 않았다. 절망감이 감돈다. 한번 정의한 해시 맵의 값은 절대 바뀌지 않으며, 이러한 성질을 **변경 불가(Immutable)**라 한다. 해시 맵의 키, 값 쌍이 업데이트되지 않는다니 매우 당황스러운 일이다. 키와 값을 업데이트할 수 없는 해시 맵은 있으나 마나한 존재 아니겠는가? 그러나 사실은 클로저의 모든 자료 구조는 기본적으로 할당된 값을 변경할 수 없다. 또한, 이것은 함수형 언어들이 공통적으로 가지는 특징이기도 하다.

현대 컴퓨터의 물리적인 구조는 폰 노이만 아키텍처를 따른다. 이 구조를 그대로 모사한 튜링 머신 계열의 절차/명령형 언어들은 메모리에 값을 기재하고 그 값을 바꿔가면서 프로그램을 작성하는 패러다임을 따른다. 즉, 메모리에 공간을 만들고 거기에 기재된 값을 바꾸는 일을 프로그래밍 언어를 통해 하나하나 기술해 주는 것이다.

이러한 프로그래밍 모델은 단일 스레드 구조와 컴퓨팅 자원이 열악한 환경에서는 컴퓨터가 효율적으로 동작하도록 일일이 지시해 줄 수 있어서 지금까지 컴퓨터 프로그래밍의 세계를 점령해왔다. 사람이 컴퓨터를 조금 더 이해해서 구체적으로 명령을 내리는 것이다. 대부분의 프로그래머들도 튜링 머신 계열의 언어에 익숙할 것이고, 응당 그래야 한다.

반면에, 람다 대수 계열의 함수형 언어들은 수학적 함수의 정의와 함수의 적용을 콘셉트로 프로그래밍하기 때문에 밑바닥의 **메모리 사용에 대해 일일이 기술하거나 지시하지 않는다**. 이러한 언어를 **선언형 언어**라고 한다. "나는 폰 노이만 아키텍처 같은 건 잘 모르겠지만, 이런 수학적 수식을 정의했으니 입력에 따라 계산해서 결과를 내놓도록 해."라고 말할 수 있게 만들어진 언어가 바로 함수형 언어인 것이다.

이러한 함수형 언어에서의 변수는 수학 시간에 많이 들었던 "자, 지금부터 x를 3이라고 해보자, 그럼 이 식에서 x는 3으로 바꿀 수 있겠지?"라는 말과 맥락이 같다. **x를 3이라고 했으면 그게 유효한 공간에서는 x는 3이어야 한다**. 즉, 마음껏 값을 변경하기 위해 존재하는 x가 아니라, 하나의 값을 묶기 위해 존재하는 x다. 이에 따라 함수형 언어에서의 변수들은 기본적으로 변경 불가한(Immutable) 성질을 가진다.

이러한 변경 불가의 개념은 의도치 않게도 멀티 스레드 환경에서 프로그래밍하는 데 유리하게 작용한다. 함수형 언어가 처음 고안될 당시에 멀티 스레드 환경을 고려하지는 않았을 것 같은데 참 신기한 일이다.

다시 본론으로 돌아와서 클로저에서 해시 맵에 키, 값 쌍을 갱신하려면 어떻게 해야 할까? assoc이나 update가 반환하는 해시 맵을 기존 변수에 다시 할당해야 한다.

```
> (def mymap (assoc mymap :key "new_key1"))
```

그런데 이렇게 업데이트를 하다 보면 메모리가 남아날지 의문이 들 것이다. 클로저에서는 **영속 자료 구조(Persistent Collection)**라고 하여 전체 복사(Full Copy)가 일어나지 않고 변경 부분만 추가되도록 최적화되어 있다.

reduce

앞서 우리는 test.txt에 있는 문자열을 공백 단위로 쪼개서 단어의 리스트를 만들었었다.

```
word_list ("I" "like" "functional" "programming." "Do" "you" "like" "functional"
"programming" "too?")
```

그러면 이 리스트에 있는 단어들의 수를 세는 방법은 어떻게 될까? reduce 고차 함수를 사용해서 문제를 풀어 보자. 클로저에서 reduce는 다음과 같이 사용한다.

```
(reduce
    적용할_함수
    초깃값
    리스트)
```

그러면 다음과 같이 함수 적용이 일어난다.

```
적용할_함수(초깃값, 리스트의 첫 번째 요소)   => 반환값1
적용할_함수(반환값1, 리스트의 두 번째 요소)   => 반환값2
적용할_함수(반환값2, 리스트의 세 번째 요소)   => 반환값3
...
적용할_함수(반환값n,  리스트의 마지막 요소) => 최종 결과
```

초깃값으로는 빈 해시 맵인 {}을 지정하고, 리스트는 word_list를 지정한다.

```
(reduce
    적용할_함수
    {}
    word_list)
```

이제 적용할 함수만 작성하면 된다. reduce에 적용할 함수는 반드시 2개의 인자를 받아들여야 한다. 초깃값이 빈 해시 맵이므로 첫 번째 인자는 해시 맵이어야 하고, 두 번째 인자는 리스트의 각 요소가 된다. 따라서 람다 함수의 인자 부분 변수 이름을 다음과 같이 정했다.

```
(reduce
    (fn [map elem] (함수_구현))
    {}
    word_list)
```

이제 함수 구현만 채우면 된다. 먼저, printf 신공에 따라 인자들을 단순 출력해 보자.

```
> (reduce
    (fn [map elem] (println map " " elem))
    {}
    word_list)
{}    I
nil   like
nil   functional
nil   programming.
nil   Do
nil   you
nil   like
nil   functional
nil   programming
nil   too?
nil
```

여러분이 생각치 못했던 출력값일 것이다. nil이 이렇게 많이 출력되다니 무언가 잘못된 게 아닐까? 이렇게 출력된 원인에 대해 정확히 짚고 넘어가자.

우리가 reduce의 초깃값으로 빈 해시 맵 {}를 지정했기 때문에 처음에 찍힌 것은 {}과 I다.

그런데 우리가 만든 람다 함수는 println만 하기 때문에 함수의 결과로 nil이 반환된다. 그래서 이후부터는 nil이 계속 첫 번째 인자로 찍히고 있는 것이다. 마지막에 nil 하나가 찍힌 것은 최종 결과가 nil이라는 의미다.

이상의 printf 신공을 통해 알 수 있는 것은 **reduce에 적용할 람다 함수는 nil이 아니라 해시 맵을 반환해 주어야 한다**는 것이다. 즉, 출현 단어의 빈도를 업데이트한 해쉬맵을 반환해야 하는 것이다. 그래서 if문을 사용하여 elem이라는 키가 해시 맵에 있는지 여부를 확인하는 코드까지를 작성해 보면 다음과 같다.

```
(reduce
    (fn [acc_map elem]
        (if (nil? (get acc_map elem))
            (true일 때)
            (false일 때)))
    {}
    word_list)
```

이제 거의 다 왔다. 해시 맵에 요소가 없으면 (assoc acc_map elem 1)로 해당 키에 대한 값을 1로 초기화하고, 해시 맵에 요소가 있으면 (update acc elem inc)로 기존의 값에 1을 추가해 주면 된다. 최종 코드는 다음과 같다.

```
> (reduce
    (fn [acc_map elem]
        (if (nil? (get acc_map elem))
            (assoc acc_map elem 1)
            (update acc_map elem inc)))
    {}
    word_list)
```

실행 결과는 다음과 같다.

```
{"I" 1, "like" 2, "functional" 2, "programming." 1, "Do" 1, "you" 1, "programming" 1,
"too?" 1}
```

게으른 방법으로 큰 파일 다루기

앞서 배운 단어 세기의 경우 크기가 작은 파일에 대해서는 유효하다. 그러나 크기가 큰 파일을 다룰 때는 메모리에 한번에 올릴 수 없기 때문에 다른 접근법이 필요하다. 이번 장에서는 큰 파일을 다루는 방법을 알아보면서 클로저의 게으른 평가를 실습해 볼 것이다. **게으른 평가 (Lazy Evaluation)**란, 실제 결과가 필요한 시점까지 연산을 최대한 미루는 전략이다. 게으른 평가가 무엇인지 알기 위해서는 직접 체험해 보는 것이 가장 좋다.

▌게으른 평가 체험하기

다음과 같이 lein 프로젝트를 만든다.

```
$ cd /workspace/clojure
$ lein new app lazy && cd lazy
```

이어서 다음과 같이 코드를 작성한다.

▶ [/workspace/clojure/lazy/core.clj]

```
(ns lazy.core
  (:gen-class))

(def list '(1 2 3 4 5 6 7 8 9 10))
(defn slowly [x] (Thread/sleep 3600000) (+ x 1))

(defn -main
  [& args]
  (println "let's go")
  (map slowly list)
  (println "finish"))
```

slowly라는 함수는 3,600,000ms, 즉 1시간을 sleep하고 인자의 값에 1을 더해서 반환한다. 위 코드는 10개의 요소에 slowly 함수를 적용하기 때문에 무려 10시간이 지나야 종료되는 코드다. 그럼 소요 시간을 각오하고 프로그램을 실행해 보자.

```
$ lein run
let's go
finish
```

각오했던 것과 달리 프로그램이 종료되는데 1초도 소요되지 않았다. **즉, Thread/sleep은 수행되지 않은 것이다.** 게으른 평가 방식은 함수의 적용에 의한 계산이 정말 필요한 마지막 시점까지 미룬다.

▌게으른 평가를 통해 무한을 다루기

게으른 평가는 **무한의 개념**을 다룰 수 있게 해준다. 프로그래밍에서 무한을 다룬다는 것은 무슨 뜻일까? 이를 이해하기 위해 먼저 다음 함수 정의를 살펴보자.

```
> (defn infinite-num [n]
    (cons n
          (infinite-num (+ n 1))))
```

위 함수는 재귀 함수다. 리스프에서도 봤던 cons 함수를 통해 리스트의 앞 부분에 요소를 추가하는데, 종료 조건이 없어 무한하게 추가한다. 이를테면 (infinite-num 0)의 경우 다음과 같이 무한히 호출된다.

```
(cons 0 (infinite-num 1))
(cons 0 (cons 1 (infinite-num 2))
(cons 0 (cons 1 (cons 2 infinite-num 3))
...
```

따라서 이 함수를 실행하면 다음과 같이 바로 스택 오버플로우가 난다.

```
> (infinite-num 0)
StackOverflowError
```

그런데 lazy-seq라는 함수를 통해 게으른 평가를 도입하면 위 함수를 활용하는 것이 가능해진다.

```
> (defn infinite-num [n]
    (cons n
          (lazy-seq (infinite-num (+ n 1)))))
```

앞선 함수 정의와의 차이점은 오직 lazy-seq뿐이다. 이 차이로 인해 반환되는 리스트가 게으르게 평가되어, **리스트에 대한 연산은 필요한 시점에 필요한 만큼만 발생한다.** 따라서 다음과 같이 무한한 리스트에서 첫 10개의 리스트만 꺼낸다는 표현이 가능해진다.

```
> (take 10 (infinite-num 0))
(0 1 2 3 4 5 6 7 8 9)
```

한편 위와 같이 게으르게 얻은 리스트의 type을 출력해 보면 다음과 같다.

```
> (def list (take 10 (infinite-num 0)))
> (type list)
clojure.lang.LazySeq
```

LazySeq는 게으르게 평가되는 클로저의 자료 구조다. 자, 이제 게으른 평가와 무한을 다루는 방법을 활용하여 사이즈가 큰 파일을 다뤄보자.

▋ 랜덤 데이터로 구성된 큰 파일 만들기

사이즈가 큰 파일을 읽고 처리하는 프로그램을 작성하기 위해서는 먼저 사이즈가 큰 파일이 필요하다. 100MB가 넘는 파일을 구하기는 쉽지 않으므로 프로그래밍적으로 생성하자.

먼저, 몇 개의 단어로 구성된 word-list를 준비한다.

```
> (def word-list '("Jack" "Bauer" "Tony" "Almeida" ))
```

그리고 리스트에서 랜덤으로 요소 하나를 뽑는 함수를 다음과 같이 정의한다.

```
> (defn random-from-list [list]
    (nth list
        (rand-int (count list))))
```

이 코드에서는 nth 함수와 rand-int 함수가 사용되었다.

(nth list n) 함수는 인자로 넘어온 list의 n번째 요소를 반환한다. 그리고 (rand-int n) 함수는 0에서부터 n 사이의 숫자 중 하나를 랜덤하게 반환한다. 이때, 결과에 0은 포함되고 n은 포함되지 않는다. 그래서 (random-from-list word-list) 함수를 실행하면 word-list에 있는 단어 중 하나가 랜덤하게 반환된다. 예를 들면, 다음과 같다.

```
> (random-from-list word-list)
"Jack"
> (random-from-list word-list)
"Tony"
```

이 함수를 반복 수행하며 파일에 저장하면 큰 파일을 만들 수 있다. 여기서 우리는 게으른 개념을 활용하여 무한한 단어의 리스트를 사용해 볼 것이다.

```
> (defn infinite-word [word-list]
    (cons
```

```
  (random-from-list word-list)
  (lazy-seq
    (infinite-word word-list))))
```

이 함수는 단어의 리스트를 입력으로 받아서 그 리스트의 랜덤한 단어로 구성된 무한 리스트를 반환한다. 무한 리스트를 만들기 위해 앞서 배운 lazy-seq가 사용되었다. 이 무한 리스트에서 첫 3개의 요소를 얻는 방법은 다음과 같다.

```
> (take 3 (infinite-word word-list))
("Jack" "Tony" "Almeida")
```

그럼 20,000,000개의 단어를 파일에 써서 빅 파일을 만들어 보자.

```
> (with-open [w (clojure.java.io/writer "/bigfile.txt")]
    (doseq [word (take 20000000 (infinite-word word-list))]
      (.write w (str word "\n"))))
```

이 코드를 수행하면 파일에 총 20,000,000개의 단어가 기록된다. 해당 코드에서 사용된 with-open과 doseq에 대해 알아보자.

with-open 함수를 사용하면 이어지는 [] 안에서 연 리소스를 자동으로 닫아 준다. 위 예에서는 bigfile.txt를 자동으로 닫는다.

doseq 함수는 일종의 반복문으로서 다음과 같은 구조로 사용된다.

▌ (doseq [item list] function)

즉, list의 각 요소가 item에 대입되면서 function이 수행된다. 따라서 위 예에서는 20,000,000개의 단어에 대한 write가 수행된다. 생성된 파일의 크기를 확인해 보자.

```
$ ls -lh /bigfile.txt
-rw-r--r-- 1 root root 115M Feb  3 15:45 /bigfile.txt
```

115MB의 파일이 생성되었다. 한편, 이 doseq는 단순한 반복문이 아니라 게으른 평가와 긴밀히 연결되어 있어서 이어지는 절에서 조금 더 자세히 살펴볼 것이다.

▌ doseq와 for

앞서 우리는 큰 파일을 만들 때 doseq라는 함수를 사용했었다. 이 함수는 다음과 같은 문법으로 반복문을 수행하는 구조다.

▌ (**doseq** [elem list] 표현식)

list의 각 요소가 elem에 대입되어 표현식이 평가된다. 자바나 파이썬에서의 for문과 비슷하게 동작한다. 다음 예제를 살펴보자.

```
> (doseq [elem '(1 2 3)]
    (println elem))
1
2
3
nil
```

한편 클로저에는 for라는 매크로가 있어 doseq와 거의 유사하게 사용할 수 있다.

▌ (**for** [elem list] 표현식)

```
> (for [elem '(1 2 3)]
    (println elem))
1
2
3
(nil nil nil)
```

완전히 동일한 역할을 수행하는 것 같아 보인다. 그러나 둘 사이에는 커다란 차이점이 있다! **for는 게으르게 동작하고, doseq는 게으르지 않게 동작한다.** for가 게으르게 동작하는 것은 '게으른 평가 체험하기'에서처럼 직접 돌려 보면 쉽게 알 수 있다. 이번에는 REPL에서 확인해 보자. REPL에서 다음 코드를 돌려 보도록 한다.

```
> (defn doitslow [x]
    (Thread/sleep 1000)
    (println x)
    (+ 1 x))

> (def lazylist
    (for [elem '(1 2 3)]
      (doitslow elem))) ; 1)
```

```
> (realized? lazylist) ; 2)
false
```

1초를 sleep하는 동작이 포함된 doitslow라는 함수를 정의했다. 그리고 for를 통해 해당 함수를 리스트에 적용해서 그 결과를 변수 lazylist에 대입했다. 이 코드에서 주목해야 될 점은 1)에서는 출력이 전혀 일어나지 않았다는 점이고, 2)에서 lazylist는 realize되지 않았다고 출력된 점이다. realize되지 않았다는 것은 **아직 해당 리스트에 대한 실제적인 평가가 이루어지지 않았음을 의미**한다. 그럼 평가는 언제 이루어지는 것일까? 바로 평가가 필요한 마지막 시점이다. 다음과 같이 REPL에서 변수의 내용을 출력해 보면 그때서야 계산이 일어난다.

```
> lazylist
1
2
3
(2 3 4)
```

한편, 동일한 구조에서 for가 아닌 doseq를 사용하면 게으르지 않게 평가된다.

```
> (def notlazylist
    (doseq [elem '(1 2 3)]
      (doitslow elem)))
1
2
3
```

내용을 정리하자면 for도 doseq도 동일한 문법적 구조로 list의 각 요소에 대해 어떠한 평가식을 수행하는 반복문이다. 그러나 for는 게으르게 평가를 미루는 특성을 가지는 반면, doseq는 미뤄둔 모든 평가를 그 자리에서 수행하게 만든다. 또한 for는 게으른 시퀀스(Lazy Sequence)를 반환하고, doseq는 그저 nil을 반환한다. 그래서 doseq는 주로 부작용 파일에 데이터를 쓰거나, 콘솔에 화면을 출력할 때 사용된다.

▌ dorun과 doall

앞서 for와 doseq의 차이점에 대해 알아봤다. doseq와 비슷하게 게으른 시퀀스에 대한 평가를 적극적으로 수행하게 만드는 함수가 두 가지 있다. 바로 dorun과 doall이다. 먼저, doall은 lazyseq를 적극적(eager)으로 평가하여 평가가 끝난 lazyseq를 반환한다.

앞서 살펴봤던 slowly라는 함수를 사용해서 그 동작을 확인해 보자.

```
> (defn slowly [x] (Thread/sleep 1000) (+ x 1))
> (def foo (map slowly [1 2 3]))
> (realized? foo)
false
```

'게으른 평가 체험하기'에서도 봤지만, 리스트에 map으로 함수를 적용한 것으로는 실제 연산이 일어나지 않는다. 그러나 doall과 함께 사용하면 바로 평가가 일어난다.

```
> (def foo (doall (map slowly [1 2 3])))
> (realized? foo)
true
> foo
(2 3 4)
> (type foo)
clojure.lang.LazySeq
```

한편 dorun이란 함수도 적극적인 평가를 수행하기 위해 사용하지만, 결과로 nil을 반환한다. 따라서 dorun은 doseq처럼 주로 lazy sequence에 대한 부작용을 일으키기 위해 사용한다. doseq의 또 다른 버전이라고 생각하면 된다. 사용 예는 다음과 같다.

```
> (def foo (dorun (map println [1 2 3])))
1
2
3
#'user/foo
> (type foo)
nil
```

▌ 큰 파일에 대한 단어 세기

게으른 평가의 개념을 활용하여 무한리스트를 다룰 수 있음을 알았고, 이를 활용하여 랜덤 문자로 구성된 큰 파일을 만들었다. 이제 그 파일에 나타나는 단어의 수를 세는 프로그램을 작성해 보자. 앞서 만든 단어 세기 프로그램은 작은 파일에만 적용할 수 있었는데, 정리해 보면 다음과 같다.

```
(require '[clojure.string :as str])

(def content
    (slurp "/textfile"))

(def line_list
    (str/split content #"\n"))
```

```
(def word_list
    (mapcat
        (fn [line] (str/split line #" "))
        line_list))

(reduce
    (fn [acc_map elem]
        (if (nil? (get acc_map elem)
                (assoc acc elem 1)
                (update acc elem inc))
            {}
            word_list)
```

이 코드는 파일의 모든 내용을 일단 slurp를 써서 메모리에 올리고, mapcat을 가지고 단어별로 쪼갠 후, reduce를 통해 해시 맵을 업데이트하여 단어의 빈도를 셌다. 그런데 이번에는 파일의 크기가 크기 때문에 파일의 내용을 메모리에 한꺼번에 올릴 수가 없다. 따라서 텍스트를 한 줄씩 읽으면서 처리해야 한다. 우리가 작성하려는 코드를 이해하기 위해서는 다음 세 가지를 알아야 한다.

1. reader와 line-seq

2. frequencies 함수

3. merge-with 함수

각각에 대해 차례대로 알아보자.

● reader와 line-seq

파일을 읽을 때는 간단하게 slurp를 사용할 수도 있지만, 한 줄씩 읽어서 처리하고 싶을 때는 clojure.java.io.reader와 line-seq를 사용한다. 다음 코드를 보자.

```
> (require '[clojure.java.io :as io])
> (require '[clojure.string :as str])

> (with-open [rdr (io/reader "/textfile")]
    (dorun
        (map println (line-seq rdr))))
```

먼저, 첫 두 줄을 통해 필요한 라이브러리를 선언했다. 이어서 with-open을 통해 파일을 읽어 들이는 객체(java.io.BufferedReader)를 rdr이라는 이름으로 바인딩하였고, 자동으로 닫히도록 하였다.

이어서 dorun을 통해 map 함수가 바로 평가되도록 하였고, map은 파일의 한 줄 한 줄에 대해 println 함수를 적용한다.

여기서 마지막 한 줄인 (map println (line-seq rdr))에 주목하자. map은 리스트의 각 요소에 특정 함수를 적용하는 고차 함수다. 따라서 위 식에서 (line-seq rdr)는 **리스트로 간주되고 있는 것**이다. line-seq에 대한 document를 살펴보자.

```
> (doc line-seq)
-------------------------
clojure.core/line-seq
([rdr])
  Returns the lines of text from rdr as a lazy sequence of strings. rdr must
implement java.io.BufferedReader.
nil
```

이 설명에 있듯이 line-seq 함수는 BufferedReader에서 한 줄 단위로 읽은 문자열의 **게으른 시퀀스(Lazy Sequence)**를 반환한다. 즉, 메모리에 이미 값이 확보된 리스트가 아니라, 앞으로 파일에서 읽어서 하나씩 채워질 게으른 리스트인 것이다. 한편, 위 코드와 동일한 내용을 자바로 작성하면 다음과 같다.

```java
try (BufferedReader rdr = new BufferedReader(new FileReader("/bigfile.txt"));) {
  String line;
  while ((line = rdr.readLine()) != null) {
    System.out.println(line);
  }
} catch (IOException e) {
  e.printStackTrace();
}
```

이 자바 코드가 파일에서 한 줄씩 읽으면서 while문 이하의 코드를 수행하듯이, 클로저의 line-seq와 io/reader를 조합한 사용도 데이터를 한 줄씩 읽으면서 함수를 적용한다.

한편, 다음과 같이 dorun을 빼고 map 함수를 적용해 보면 에러가 발생한다.

```
> (with-open [rdr (io/reader "/bigfile.txt")]
    (def res
        (map println (line-seq rdr))))
> res
IOException Stream closed  java.io.BufferedReader.ensureOpen (BufferedReader.
java:122)
```

map 함수는 게으르게 평가되므로, res라는 변수를 정의할 때 파일을 읽지 않는다. 이어서 res를 REPL에서 입력하면 그때서야 map 함수가 평가되면서 파일을 읽으려 하는데, 이때는 with-open이라는 영역을 벗어났기 때문에 이미 닫힌 파일에 접근하려 해서 발생하는 에러다. 참고로 reduce 고차 함수의 경우는 게으르지 않게(Eager Evaluation) 평가되기 때문에 dorun을 사용하지 않아도 된다. 다음은 그 예로 reduce를 사용하여 파일의 길이를 구하는 코드다.

```
> (require '[clojure.string :as str])
> (with-open [rdr (io/reader "/bigfile.txt")]
    (reduce
        (fn [size line] (+ size (count line)))
        0
        (line-seq rdr)))
```

● frequencies 함수

frequencies 함수는 리스트에 존재하는 요소별 출현 빈도를 맵으로 반환한다.

```
> (frequencies ["a" "a" "b"])
{"a" 2, "b" 1}
```

● merge-with 함수

merge-with 함수는 두 개의 맵에 있는 동일한 키의 값들에 대해 함수를 적용할 수 있다. 다음은 두 맵의 동일한 키 값들을 더하는 코드다.

```
> (merge-with + {:a 1 :b 1} {:a 3 :c 1})
{:a 4, :b 1, :c 1}
```

두 맵에 동시에 존재하는 :a 키에 대해서는 두 값이 더해져서 4가 된 것을 알 수 있다.

● 큰 파일에 대한 단어 세기

지금까지 살펴본 개념들을 종합하여 커다란 파일에 대해 한 줄씩 읽으면서 단어의 빈도를 세는 프로그램을 완성해 보자.

```
> (require '[clojure.java.io :as io])
> (require '[clojure.string :as str])

> (defn split_by_space [line] (str/split line #" "))
> (defn merge_sum_map [map1 map2] (merge-with + map1 map2))
```

```
> (defn split_and_merge [map line]
    (merge_sum_map
        map
        (frequencies (split_by_space line))))

> (defn wordcount [filename]
    (with-open [rdr (io/reader filename)]
        (let [biglazylist (line-seq rdr)]
            (doall
                (reduce
                    (fn [acc_map line]
                        (split_and_merge acc_map line))
                    {}
                    biglazylist)))))
```

제일 먼저 정의한 split_by_space 함수는 이름 그대로 입력으로 들어온 문자열을 공백으로 분리하여 단어의 리스트를 반환한다. 그리고 merge_sum_map 함수는 2개의 맵에 있는 키의 값들을 더한 맵을 반환한다.

위의 두 함수를 조합한 split_and_merge 함수는 해시 맵과 문자열을 인자로 받아서 문자열을 공백으로 분리하여 리스트로 변환한 후, frequencies 함수를 적용하여 얻은 해시 맵과 입력으로 들어온 해시 맵을 merge한 결과를 반환한다.

마지막으로 wordcount 함수는 파일 이름을 입력으로 받아서 with-open으로 연 후, rdr과 line-seq를 통해 파일에 대한 라인별 리스트를 biglazylist에 let문으로 대입했다. 이어서 reduce를 통해 단어별 빈도를 해시 맵에 업데이트하여 반환한다.

위 함수를 사용하면 100MB가 넘는 파일에 대해서도 무사히 단어 세기를 수행한다.

지금까지 모던한 함수형 언어의 중요한 특징 중 하나인 게으른 평가에 대해 알아보고, 이를 활용해 무한한 리스트를 다뤄보았다. 그리고 이를 실용적으로 활용하여 큰 파일에 대한 단어 세기 프로그램을 작성해 보았다.

클로저에서의 동시성

자바가 쓰레기 수집(Garbage Collection) 기능을 통해 프로그래머의 메모리 관리 부담을 덜어 주었다면, 클로저는 동시성 프로그래밍의 부담을 덜어 주기 위한 기능들이 존재한다. 동시성이란 쉽게 말해서 하나의 프로그램에서 여러 개의 스레드를 사용하여 여러 작업을 동시에 수행할 때, 서로 공유하는 변수에 대한 접근을 어떻게 안전하게 수행할지에 대한 문제다. 동시성에 대한 실용적인 예제를 확인해 보기 위해 우리는 먼저 간단한 웹 서버와 웹 클라이언트를 만들어 볼 것이다.

▌클로저로 웹 서버 만들기

클로저로 웹 서버를 만드는 것은 매우 간단하다. lein을 사용하면 다음 명령어 하나로 웹 서버의 기본 구조가 구현된 코드를 얻을 수 있다.

```
$ cd /workspace/clojure
$ lein new compojure basic-web
$ cd basic-web
```

웹 서버를 구동하기 전에 tmux라는 도구를 사용하여 터미널을 2개로 나누자.

```
$ tmux
```

tmux를 기동한 후, Ctrl + b, "를 순서대로 입력하면 화면을 위/아래 두 개로 분할할 수 있다 (이때, "는 시프트 키를 누르고 입력하는 큰따옴표를 의미한다). 분할한 화면 간에 커서를 이동하려면 Ctrl + b, q를 입력했을 때 나오는 숫자를 사라지기 전에 입력하면 된다. 그럼 두 화면 중 하나에서 다음과 같이 웹 서버를 기동한다.

```
$ lein ring server-headless
```

그리고 Ctrl + b, q, 숫자를 눌러 다른 화면으로 이동하여 웹 서버에 요청을 보내본다.

```
$ curl localhost:3000
Hello World
```

웹 서버가 잘 동작함을 알 수 있다. 그럼, 어떤 코드로 구성되었는지 살펴보자. 먼저, 프로젝트의 전반적인 정보가 설정되어 있는 project.clj를 확인해 보자.

▶ [/workspace/clojure/basic-web/project.clj]

```
(defproject basic-web "0.1.0-SNAPSHOT"
  :dependencies [[org.clojure/clojure "1.9.0"]
                 [compojure "1.6.1"]
                 [ring/ring-defaults "0.3.2"]]
  :plugins [[lein-ring "0.12.4"]]
```

```
:ring {:handler  basic-web.handler/app}
:profiles
{:dev {:dependencies [[javax.servlet/servlet-api "2.5"]
                      [ring/ring-mock "0.3.2"]]}})
```

:dependencies에 compojure 1.6.1과 ring 0.3.2가 기재되어 있다. ring이 웹 서버 라이브러리이며, compojure는 ring을 위한 routing 라이브러리다. 그리고 우리가 주목해야 될 부분은 :ring {:handler basic-web.handler/app}이다. 이 코드가 의미하는 것은 웹 서버의 요청을 처리하는 곳이 basic-web.handler/app이란 것이다. 그럼 해당 코드를 열어 보자.

▶ [/workspace/basic-web/src/basic_web/handler.clj]

```
(ns hello-compojure.handler
  (:require [compojure.core :refer :all]
            [compojure.route :as route]
            [ring.middleware.defaults :refer [wrap-defaults site-defaults]]))

(defroutes app-routes
  (GET "/" [] "Hello World")
  (route/not-found "Not Found"))

(def app
  (wrap-defaults app-routes site-defaults))
```

웹 서버 요청에 대한 처리가 defroutes에 이어 짧고 간결하게 기술되어 있다. 우리가 curl localhost:3000을 하면, 이는 GET 방식으로 / 경로로 요청이 전달되어 위 코드에 정의된 대로 "Hello World"라는 문자열이 반환된다.

▌클로저로 웹 클라이언트 만들기

이번에는 웹 클라이언트를 만들어 보자. 마찬가지로 매우 쉽게 만들 수 있다. 다음과 같이 lein을 사용하여 프로젝트를 만든다.

```
$ cd /workspace/clojure
$ lein new app web-client
```

그리고 project.clj의 :dependecies에 http-kit이란 라이브러리를 기재한다.

```
:dependencies [[http-kit "2.1.18"]
               [org.clojure/clojure "1.9.0"]]
```

그리고 src/web_client/core.clj를 열어 다음과 같이 입력한다.

▶ [/workspace/clojure/src/web_client/core.clj]

```
(ns web-client.core
  (:require [org.httpkit.client :as http])
  (:gen-class))

(def url "http://localhost:3000")
(defn -main
  [& args]
  (let [resp @(http/get url)]
    (println (get resp :status))
    (println (get resp :body))))
```

먼저 실행부터 해보자.

```
$ lein run
200
Hello World
```

코드를 보면, @(http/get url)을 통해 url에 GET 요청을 보낸다. 그러면 그 결과가 let문을 통해 resp에 대입이 되며, resp의 :status와 :body를 출력했다. 여기서 한 가지 궁금한 게 있다. @(http/get url)에서 @는 무슨 의미로 사용된 걸까? 이를 알기 위해서는 클로저의 동시성에 대한 기본 구조인 future와 promise에 대해 알아볼 필요가 있다.

▌퓨처와 프라미스

퓨처(Future)를 사용하면 함수를 다른 스레드에서 수행할 수 있다. REPL에서 다음과 같이 함수를 정의하도록 한다.

```
> (defn iamgrut []
    (Thread/sleep 3000)
    (println "Hi")
    "I'm grut")
```

이 함수는 3초간 sleep한 후 "Hi"를 콘솔에 출력하고, "I'm grut"란 문자열 값을 반환한다. 다음과 같이 직접 실행해 보자.

```
> (iamgrut)
Hi
"I'm grut"
```

그럼 이 함수를 퓨처에 태워보자.

```
> (future (iamgrut))
```

이 코드를 입력하면 프롬프트가 바로 반환된다. 그리고 나서 3초 뒤에 Hi가 찍힌다. 이는 퓨처에 태운 함수가 별도의 스레드에서 실행되었기 때문이다. 한편, "I'm grut"라는 함수의 반환 결과는 출력되지 않았다. 퓨처를 사용하여 별도의 스레드에서 수행한 함수의 계산 결과를 받고 싶은 경우에는 다음과 같이 @를 사용한다.

```
> @(future (iamgrut))
"Hi"
"I'm grut"
```

@를 사용하게 되면, 현재 스레드가 퓨처의 결과가 반환될 때까지 막히게(Block) 된다. 여기까지의 내용을 바탕으로 앞서 나온 웹 클라이언트의 코드를 다시 한번 살펴보자.

```
(let [resp @(http/get url)]
```

여기서도 @가 사용되었는데, 이 코드를 수행하는 스레드는 (http/get url)의 결과가 반환될 때까지 기다린 끝에 resp에 그 결과를 대입한다. 즉, http/get의 내부에서 future를 통해 별도의 스레드에서 실행하고 있는 것이다. 그러면 http/get이 반환하는 값의 타입은 과연 무엇일까? 다음과 같이 -main에 해당하는 코드만을 바꿔서 직접 확인해 보자.

```
(defn -main
  [& args]
  (println (type (http/get url))))
```

코드를 수정하고 돌려보면 다음과 같이 출력된다.

```
$ lein run
clojure.core$promise$reify__8144
```

http/get 함수가 반환하는 값의 타입은 프라미스(Promise)다. 프라미스란 무엇일까? 우리가 현실 세계에서 하는 다음 말을 생각해 보자.

약속(프라미스)을 지킬 테니까 조금만 기다려줘.

프라미스는 일종의 변수로 값을 담는 그릇이다. 하지만 이 변수를 읽으려고 하는 스레드는 그 변수에 값이 채워질 때까지 흐름이 막히게(Block) 된다. 즉, 약속이 지켜질 때까지 기다려야 하는 것이다. 그래서 (http/get url)은 프라미스를 반환하는데, 이 값을 참조하려고 @(http/get url)를 호출한 스레드는 해당 프라미스에 값이 채워질 때까지 흐름이 막히고 기다리게 되는 것이다. 그럼 프라미스와 퓨처를 함께 사용하는 다음 예제를 살펴보자.

```
> (defn i-will-promise-you [] (promise))
```

이 함수는 promise를 하나 만들어서 반환한다. 이 함수를 실행시켜서 그 결과를 his-promise라는 변수에 대입하자.

```
> (def his-promise (i-will-promise-you))
```

그럼 his-promise의 타입을 살펴보자.

```
> (type his-promise)
clojure.core$promise$reify__7005
```

프라미스 타입이다. 그럼 이 프라미스를 별도의 스레드에서 20초 후 값을 채워 주도록 하고, 프롬프트에서 이 프라미스의 값을 참조하려 해보자.

```
> (future (Thread/sleep 20000) (deliver his-promise 1))
> @his-promise
```

his-promise를 참조하려 하는 스레드(이번 경우는 프롬프트)는 값이 채워질 때까지 막힌다(block). 다행히 퓨처를 통해 별도의 스레드에서 20초 후 his-promise에 값이 채워지기 때문에 프롬프트는 멈춰진 상태(Block)에서 벗어나게 된다. 이렇게 퓨처와 프라미스는 함께 사용되어 값이 채워질 거라는 어음과도 같은 프라미스를 일단 반환하고 퓨처를 통해 해당 프라미스에 값을 채워 주는 패턴으로 많이 사용된다. **현실 세계에서도 누군가가 약속(Promise)을 하면 약속을 받은 사람은 기다리고, 미래(Future)에 그 일이 일어나는 것과 같은 원리다.**

● 함수를 주기적으로 수행하기

퓨처를 활용하여 별도의 스레드에서 주기적으로 특정 함수를 평가하는 함수를 만들어 보자.

```
> (defn set-interval [callback ms ntimes]
    (future
        (dotimes [i ntimes]
```

```
        (Thread/sleep ms)
        (callback)))))
```

이 함수는 첫 번째 인자로 전달된 callback 함수를 ms 주기로 총 ntimes 수행하되, 퓨처를 통해 별도의 스레드에서 수행한다. 사용 예는 다음과 같다.

```
> (set-interval
    (fn [] (println "hi"))
    1000
    5)
hi
hi
hi
hi
hi
```

1초 주기로 람다 함수가 다섯 번 호출되어 hi가 다섯 번 출력되었다.

병렬 요청하는 웹 클라이언트

그럼 퓨처와 앞서 작성한 주기 함수를 활용하여 웹 서버에 http 요청을 병렬적으로 반복 수행하는 웹 클라이언트를 만들어 보자. 먼저, 다음과 같이 프로젝트를 생성한다.

```
$ cd /workspace/clojure
$ lein new app parallel-web-client
```

그리고 project.clj의 :dependecies에 http-kit이란 라이브러리를 기재한다.

```
:dependencies [[http-kit "2.1.18"] [org.clojure/clojure "1.9.0"]]
```

앞서 작성했던 web-client의 코드는 다음과 같았다.

▶ [/workspace/clojure/web-client/src/web_client/core.clj]

```
(def url "http://localhost:3000")
(defn -main
  [& args]
  (let [resp @(http/get url)]
    (println (get resp :status))
    (println (get resp :body))))
```

이 코드를 수정해서 다음과 같이 병렬 요청하는 클라이언트를 만든다.

▶ **[/workspace/clojure/parallel-web-client/src/parallel_web_client/core.clj]**

```clojure
(ns parallel-web-client.core
  (:require [org.httpkit.client :as http])
  (:gen-class))

(def url "http://localhost:3000")

(defn set-interval [callback ms ntimes]
  (future
    (dotimes [i ntimes]
      (Thread/sleep ms)
      (callback i))))

(defn request [x]
  (let [resp @(http/get url)]
    (println (str x " " (get resp :status)))))

(defn -main
  [& args]
  (dotimes [x 3]
    (set-interval request 250 4))
  (shutdown-agents))
```

먼저, 요청을 보내는 부분을 떼어 내서 request라는 함수로 정의했다. 이 함수는 (http/get url)의 결과를 기다린 후에 요청 결과를 출력한다. 그리고 main에서는 dotimes [x 3]을 통해 (set-interval request 250 4)를 세 번 호출한다. set-interval 함수는 내부적으로 하나의 퓨처를 만들기 때문에 총 3개의 퓨처를 만들어서 각각 250ms씩 sleep하면서 request 함수를 네 번 수행한다. 그리고 마지막에는 퓨처에 의해 기동된 스레드를 종료시키기 위해 (shutdown-agents)를 호출하였다.

서버를 기동한 상태에서 실행해 보면 다음과 같은 결과가 출력된다.

```
$ lein run
0 200
0 200
0 200
1 200
1 200
1 200
2 200
2 200
2 200
```

```
3 200
3 200
3 200
```

3개의 퓨처가 웹 서버에 각각 네 번씩 요청하여 그 결과를 출력하고 있다. 한편, 이 코드를 한 단계 업그레이드해서 퓨처의 개수와 요청 횟수를 실행 인자로 받아들이도록 해보자. 다음과 같이 -main 함수만 수정하면 된다.

▶ [/workspace/clojure/parallel-web-client/src/parallel_web_client/core.clj]

```clojure
(defn -main
  [& args]
  (let [future-count (Integer/parseInt (first args))
        sleep-time   (Integer/parseInt (first (next args)))
        iterate-cnt  (Integer/parseInt (first (next (next args))))]
    (dotimes [x future-count]
      (set-interval request sleep-time iterate-cnt)))
    (shutdown-agents))
```

-main 함수의 인자인 [& args]에서 args의 타입은 리스트다. 따라서 first와 next를 통해서 인자를 꺼내고 있다. 실행 예는 다음과 같다.

```
$ lein run 3 150 3
0 200
0 200
0 200
1 200
1 200
1 200
2 200
2 200
2 200
```

동시성 환경에서의 웹 서버

병렬적으로 요청을 보내는 웹 클라이언트를 만들었으니 이번에는 백엔드 쪽에서의 병렬 처리에 대해 알아보자. 다음과 같이 웹 서버 프로젝트를 만들도록 한다.

```
$ cd /workspace/clojure
$ lein new compojure web-server-shared-var && cd web-server-shared-var
```

그리고 웹 요청을 처리하는 handler.clj에서 자동 생성된 defroutes 이하 코드를 다음과 같이 수정하도록 한다.

▶ [/workspace/clojure/web-server-shared-var/src/web_server_shared_var/handler.clj]

```clojure
(def shared 0)

(defroutes app-routes
  (GET "/" request
      (def shared (inc shared))
      (println shared)
      "Hello World")
  (route/not-found "Not Found"))

(def app
  (wrap-defaults app-routes site-defaults))
```

shared라는 변수를 정의해서 GET 요청이 오면 값을 1씩 증가하게끔 만들었다. 그럼 서버를 기동해 보자. 역시 tmux에서 화면을 분할한 상태로 진행한다.

```
$ cd /workspace/clojure/web-server-shared-var/
$ lein ring server-headless
```

그리고 tmux의 쪼개진 다른 화면에서는 다음과 같이 병렬 요청하는 웹 클라이언트를 실행한다.

```
$ cd /workspace/clojure/parallel-web-client
$ lein run 10 1 100
```

10개의 퓨처가 1ms씩 쉬면서 100번 요청한다. 따라서 이상적으로는 shared의 값은 1000이 되어야 하지만 출력되는 결과는 1000이 아닐 것이다. 지은이가 테스트했을 때는 983, 993 등의 숫자가 나타났다. 실행할 때마다 결과는 조금씩 다를 것이다. 이는 멀티스레드 환경에서 공유 변수를 사용할 때 발생하는 전형적인 문제다. 이 문제를 해결하려면 하나의 변수에 여러 스레드가 동시에 접근하지 못하도록 하는 잠금장치를 사용해야 한다. 클로저에서는 이러한 동시성을 위한 보다 쉬운 메커니즘을 제공한다.

아톰

앞서 살펴봤듯이, 멀티스레드 환경에서는 공유되는 변수에 대한 연산이 원자적일 필요가 있다. 즉, 한 스레드가 값을 업데이트할 때 다른 스레드가 끼어들어서는 안 된다. 이러한 요구 사항에 따라 만들어진 자료 구조가 바로 **아톰(Atom)**이다.

아톰을 정의하는 방법은 다음과 같다.

```
> (def x (atom 100))
```

이와 같이 정의하면 x는 단순한 변수가 아닌 아톰 타입의 변수가 된다. 아톰의 값을 참조하기 위해서는 deref 혹은 @를 사용한다.

```
> (deref x)
100

> @x
100

> (+ 1 @x)
101
```

아톰을 다룰 때 가장 중요한 부분이 바로 값을 갱신하는 방법이다. 아톰의 값을 갱신하기 위해서는 swap!이라는 함수를 사용하는데, 첫 번째 인자에는 갱신할 아톰을 지정하고, 두 번째에는 아톰의 값에 적용할 함수를 지정한다.

```
(swap! x (fn [x] (+ x 1)))
```

이 코드는 인자의 값을 1만큼 올리는 람다 함수를 통해 아톰의 값을 갱신하고 있다. 그러면 아톰을 적용하여 우리의 웹 서버를 개선해 보자. 기존의 코드는 다음과 같았다.

```
(def shared 0)

(defroutes app-routes
  (GET "/" request
      (def shared (inc shared))
      (println shared)
      "Hello World")
  (route/not-found "Not Found"))
```

```
(def app
  (wrap-defaults app-routes site-defaults))
```

단순히 (def shared 0)로 shared 변수를 정의하고 있는데, 이를 아톰을 사용하도록 바꿔줄 것이다. 먼저, 다음과 같이 웹 서버 프로젝트를 만든다.

```
$ cd /workspace/clojure
$ lein new compojure web-server-atom && cd web-server-atom
```

그리고 다음과 같이 코드를 작성한다.

▶ [/workspace/clojure/web-server-atom/src/web_server_atom/handler.clj]

```
(def shared (atom 0))

(defroutes app-routes
  (GET "/" request
       (swap! shared inc)
       (println @shared)
       "Hello World")
  (route/not-found "Not Found"))

(def app
  (wrap-defaults app-routes site-defaults))
```

한번 테스트해 보자. 서버를 기동한다.

```
$ lein ring server-headless
```

이전에 테스트했을 때와 같은 옵션으로 웹 클라이언트를 통해 요청을 보낸다.

```
$ cd /workspace/clojure/parallel-web-client
$ lein run 10 1 100
```

그러면 정확히 1000이 찍히는 것을 확인할 수 있다.

▌ 에이전트

아톰과 비슷하게 동작하는 에이전트(Agent)라는 것도 있다. 에이전트를 만드는 방법은 아톰과 거의 동일하다.

```
> (def x (agent 100))
```

또한, 아톰과 동일한 방식으로 값을 참조할 수 있다.

```
> (deref x)
100

> @x
100

> (+ 1 @x)
101
```

한편 에이전트의 값을 업데이트하는 방법이 조금 다른데, 다음과 같이 send 함수를 사용한다.

```
> (send x inc)
> @x
101
```

그렇다면 에이전트와 아톰의 차이점은 무엇일까? 그것은 아톰에 대한 값의 갱신은 동기적으로 수행되는 반면, 에이전트는 비동기적으로 수행된다는 점이다. 따라서 send 함수를 호출하면 실제 값이 바뀌기 전에 바로 리턴된다. 예를 들어, 다음과 같이 시간이 오래 걸리는 함수를 가정해 보자.

```
> (defn take-long [x]
    (Thread/sleep 5000)
    (inc x))
```

그리고 다음과 같이 에이전트에게 send하고 나서 곧 바로 에이전트의 값을 확인해 보자. 5초 이내에 확인해야 한다.

```
> (send x take-long)
> @x
101
```

여전히 값이 증가되지 않았다. 5초가 지난 뒤에 다시 에이전트의 값을 확인해 보면 업데이트가 이루어진 것을 알 수 있다.

```
> @x
102
```

이러한 에이전트의 동작을 웹 서버를 통해 확인해 보자. 먼저, 다음과 같이 웹 서버 프로젝트를 만들도록 한다.

```
$ cd /workspace/clojure
$ lein new compojure web-server-agent && cd web-server-agent
```

그리고 다음과 같이 에이전트를 사용하는 코드를 작성한다.

▶ [/workspace/clojure/web-server-agent/src/web_server_agent/handler.clj]

```
(def shared (agent 0))

(defn slow-inc [x]
    (Thread/sleep 50)
    (inc x))

(defroutes app-routes
  (GET "/" request
       (send shared slow-inc)
       (println @shared)
       "Hello World")
  (GET "/shared" []
       (println @shared)
       "Hello")
  (route/not-found "Not Found"))

(def app
  (wrap-defaults app-routes site-defaults))
```

이번에는 단순한 inc가 아니라 slow-inc라고 하는 함수를 정의하여 50ms를 쉬고 값을 업데이트해 주는 함수를 사용했다. 그리고 /shared 경로로 GET 요청이 오면 현재의 shared 변수의 값을 콘솔에 출력하도록 했다. 그러면 이제 서버를 기동해 보자.

```
$ lein ring server-headless
```

그리고 이전과 같은 옵션으로 요청을 보내도록 한다.

```
$ cd /workspace/clojure/parallel-web-client
$ lein run 10 1 100
```

찍히는 값이 이상하단 것을 느낄 수 있었을 것이다. 이번에는 1000이 아니라 훨씬 작은 숫자가 나왔다. 이렇게 나온 이유는 에이전트에 대한 업데이트가 비동기적으로 수행되기 때문이다. 시간이 한창 지난 뒤 다음과 같이 curl을 통해 현재 값을 확인해 보면 1000이 나올 것이다.

```
$ curl localhost:3000/shared
1000
```

소프트웨어 트랜잭션 메모리

지금까지 아톰과 에이전트를 통해 멀티스레드 환경에서 동기/비동기적으로 공유 변수를 사용하는 방법에 대해 알아봤다. 두 메커니즘 모두 하나의 변수에 대한 스레드 안정성을 제공해 준다. 한편, 소프트웨어 트랜잭션 메모리를 사용하면 여러 공유 변수들에 대한 변경을 하나의 트랜잭션으로 묶어서 처리할 수가 있다. 예를 들어 Jack과 Tony가 은행을 통해 돈을 주고 받는 경우를 생각해 보자. Jack이 Tony에게 500원을 입금하면 Jack의 계좌는 500원이 줄어들어야 하며, Tony의 계좌는 500원이 늘어나야 한다. 이것은 두 연산이 동시에 일어나야 함을 의미한다. 한쪽의 연산만이 원자적(Atomic)이라고 해서 될 문제가 아니다. 예제를 통해 이 문제를 살펴보자. 먼저, 다음과 같이 웹 서버 프로젝트를 만들도록 한다.

```
$ cd /workspace/clojure
$ mkdir stm && cd stm
$ lein new compojure web-server-atom && cd web-server-atom
```

먼저, 아톰을 사용했을 때의 문제점을 살펴보자. 먼저, 서버 코드는 Jack과 Tony의 계좌에 돈이 1000원씩 있는 상태로 시작한다.

▶ [/workspace/clojure/stm/web-server-atom/src/web_server_atom/handler.clj]

```
(def jack (atom 1000))
(def tony (atom 1000))
```

그리고 Jack이 Tony에게 돈을 입금하는 경우와 Tony가 Jack에게 돈을 입금하는 경우에 대한 api를 마련한다. 그런데 한쪽 계좌에서 돈을 뺀 상태에서 다른 쪽에 입금하기 전까지 어떤 사정에 의해서 0에서 1초 사이의 지연이 발생한다고 생각해 보자.

▶ [/workspace/clojure/stm/web-server-atom/src/web_server_atom/handler.clj]

```clojure
(def jack (atom 1000))
(def tony (atom 1000))

(defroutes app-routes
  (GET "/jack" request
      (swap! jack (fn [x] (- x 500)))
      (Thread/sleep (rand-int 1000))
      (swap! tony (fn [x] (+ x 500)))
      (str "jack:" @jack " tony:" @tony))
  (GET "/tony" request
      (swap! tony (fn [x] (- x 500)))
      (Thread/sleep (rand-int 1000))
      (swap! jack (fn [x] (+ x 500)))
      (str "jack:" @jack " tony:" @tony))
  (route/not-found "Not Found"))

(def app
  (wrap-defaults app-routes site-defaults))
```

이 코드를 보면 /jack의 경로로 요청이 오면 Jack의 계좌에서 500원이 빠지고, 0~1초 뒤에 Tony의 계좌에 500원이 입금된다. /tony의 경로로 오는 경우에는 돈이 반대 방향으로 움직인다.

이러한 상황에서 클라이언트 코드를 다음과 같이 준비한다.

```
$ cd /workspace/clojure/stm
$ lein new app web-client-stm && cd web-client-stm
```

▶ [/workspace/clojure/stm/web-client-stm/src/web_client_stm/core.clj]

```clojure
(def jack-url "http://localhost:3000/jack")
(def tony-url "http://localhost:3000/tony")

(defn set-interval [callback ms ntimes]
  (future
    (dotimes [i ntimes]
      (Thread/sleep ms)
      (callback i))))

(defn jack-give-money [x] (let [resp @(http/get jack-url)]
    (println (str x " " (get resp :body)))))

(defn tony-give-money [x] (let [resp @(http/get tony-url)]
    (println (str x " " (get resp :body)))))
```

```
(defn -main
  [& args]
    (set-interval jack-give-money 1 100)
    (set-interval tony-give-money 1 100)
    (shutdown-agents))
```

Jack이 Tony에게 500원을 주는 jack-give-money란 함수와 반대로 동작하는 tony-give-money라는 함수를 만들었다. 그리고 각각 set-internval를 통해 1ms 주기로 100번 반복한다.

그럼 아톰에 대해 알아볼 때 사용한 웹 서버를 기동하도록 한다.

```
$ cd /workspace/clojure/stm/web-server-atom
$ lein ring server-headless
```

이어서 웹 클라이언트를 실행시킨다.

```
$ cd /workspace/clojure/stm/web-client-stm
$ lein run
```

그러면 클라이언트에서 출력되는 마지막 결과를 일부 표시하면 다음과 같다.

```
92 jack:0 tony:1500
93 jack:-500 tony:2000
91 jack:-500 tony:2000
94 jack:-500 tony:2000
92 jack:-500 tony:2000
95 jack:-500 tony:2000
93 jack:-500 tony:2000
96 jack:-500 tony:2000
97 jack:-1000 tony:2500
94 jack:-1000 tony:2500
98 jack:-1000 tony:2500
95 jack:-1000 tony:2500
96 jack:-500 tony:2000
99 jack:-500 tony:2000
97 jack:0 tony:2000
98 jack:500 tony:1500
99 jack:1000 tony:1000
```

둘의 돈을 합친 금액이 1500원인 경우가 많이 보인다. 둘은 각자 1000원을 가지고 있는 상황에서 서로에게 500원씩 주는 일만을 반복하고 있다. 따라서 합이 2000원이 아니라 1500원이라는 것은, 그들의 돈 500원이 일시적으로 은행에서 사라지는 순간이 존재한다는 의미다. 최종적으로는 서로의 금액이 1000원이 되어서 문제가 없게 되지만, 일시적이더라도 돈이 증발할 수 있다는 것은 납득할 수 없는 현상이다. 이런 경우에는 아톰이 아니라 ref를 사용하여 두 변수에 대한 변경을 하나의 트랜잭션으로 묶어줄 필요가 있다. 다음과 같이 서버 프로젝트를 만든다.

```
$ cd /workspace/clojure/stm
$ lein new compojure web-server-ref && cd web-server-ref
```

그리고 handler.clj는 다음과 같이 ref를 사용하도록 수정한다.

▶ [/workspace/clojure/stm/web-server-ref/src/web_server_ref/handler.clj]

```clojure
(def jack (ref 1000))
(def tony (ref 1000))

(defroutes app-routes
  (GET "/jack" request
      (dosync
          (alter jack (fn [x] (- x 500)))
          (Thread/sleep (rand-int 1000))
          (alter tony (fn [x] (+ x 500)))))

  (GET "/tony" request
      (dosync
          (alter jack (fn [x] (- x 500)))
          (Thread/sleep (rand-int 1000))
          (alter tony (fn [x] (+ x 500)))))
  (route/not-found "Not Found"))
```

소프트웨어 트랜잭션 메모리를 사용한 웹 서버를 켠다.

```
$ cd /workspace/clojure/stm/web-server-ref
$ lein ring server-headless
```

이어서 웹 클라이언트를 실행시킨다.

```
$ cd /workspace/clojure/stm/web-client-stm
$ lein run
```

결과를 보면 언제나 둘의 돈을 합친 금액이 2000원인 것을 확인할 수 있다. 소프트웨어 트랜잭션 메모리를 위한 ref는 지금까지 사용해 온 아톰이나 에이전트와 사용 방법이 비슷하지만, 반드시 dosync 내에서 변경이 일어나야 하며, dosync 내에서 일어난 여러 ref들의 변경은 트랜잭션으로 묶여 하나의 연산처럼 동작한다.

▌동시성 정리

클로저의 동시성을 위한 메커니즘인 퓨처, 프라미스, 아톰, 에이전트, 소프트웨어 트랜잭션 메모리에 대해 알아봤다. 정리하자면 퓨처는 인자로 지정한 함수를 별도의 스레드에서 돌려 준다. 함수형 언어에 어울리는 멀티스레딩 인터페이스다. 한편, 프라미스는 값이 채워질 거라 는 보증서와 같은 변수다. 이 보증서를 보려고 하는 스레드는 값이 채워질 때까지 수행을 멈 추게 된다. 아톰은 멀티스레드 환경에서 공유되는 하나의 변수에 대해 원자적인 변경을 보장 해 준다. 즉, 한 시점에 하나의 스레드만 변경할 수 있다. 그리고 에이전트는 스레드 안전하게 비동기적인 업데이트를 보장해 준다. 마지막으로 소프트웨어 트랜잭션 메모리를 사용하면 여 러 변수에 대한 변경이 언제나 함께 일어나는 것을 보장할 수 있다.

▌ 마무리

리스프와 이맥스에 이어 클로저에 대해 학습했다. 함수형 언어의 기본 뼈대는 리스프에서 다 루었기 때문에 클로저에서는 조금 더 모던한 기능인 게으른 평가와 동시성에 대해 보다 깊이 있게 알아봤다. 그 과정에서 파일 처리, 웹 서버 및 웹 클라이언트도 만들어 보았다. 이를 통 해 여러분이 클로저란 언어에 충분히 흥미를 느꼈기를 바란다. 특히 클로저는 자바보다 빠르 고 민첩하게 프로젝트를 작성할 수 있으므로, 자바에 익숙한 독자라면 lein을 활용하여 간단 한 유틸리티나 토이 프로젝트 등에 활용해 볼 것을 추천한다.

05

타입으로 무장한 순수의 결정체
하스켈

대부분의 언어가 한 사람의 창시자만이 있는 반면, 하스켈(Haskell)은 여러 명의 연구자가 모여서 만든 표준 함수형 언어다. 《Land of Lisp(리스프 랜드)》(Conrad Barski M.D., No Starch Press, 2010)라는 책을 보면 하스켈을 타입 시스템을 통해 부작용을 엄격하게 통제하는 전체주의 사회로 재미있게 묘사하고 있다. 이 하스켈 공화국에서는 무시무시한 타입 체커가 코드를 모양에 맞게 사정없이 찍어버리며 라디오 방송은 다음과 같이 국민들을 세뇌시킨다.

"함수형 프로그래밍은 아름답습니다. 기분을 한층 더 좋게 해주고, 그 안전성을 좋아하게 될 거예요. 단순한 규칙만 따라 준다면 아무 걱정할 필요 없습니다."

　출처: 도서 《Land of Lisp(리스프 랜드)》(Conrad Barski M.D., No Starch Press, 2010) 중

우리가 이번에 배울 내용이 바로 이 단순하고 아름답다는 하스켈의 타입 시스템이다. 지금까지 리스프와 클로저를 통해서 비교적 타입에 대한 고민 없이 자유롭게 프로그래밍을 했었는데, 이제 강력한 타입 시스템이 어떻게 함수형 프로그래밍에 도움이 되는지 하스켈을 통해 살펴보자.

도커 컨테이너 접속

지금까지 사용한 컨테이너에서 이어서 실습을 진행하면 된다.

```
$ docker restart fpstudy
$ docker attach fpstudy
```

실행 방법

하스켈 REPL

하스켈의 REPL을 기동하려면 다음과 같이 입력한다.

```
$ ghci
```

리스프와 클로저에서 사용해 왔던 S-표현식을 입력해 보자.

```
> (+ 1 2)
```

안타깝게도 지금부터의 실습에서는 S-표현식을 사용할 수 없다. 대신 다음과 같이 입력해 보자.

```
> 1 + 2
3
```

익숙해진 S-표현식을 사용할 수 없어 아쉬운 마음도 들지만, 사실 리스프와 클로저를 배우기 전엔 이것이 우리에게 더 익숙한 표현식이었다.

REPL에서 :help를 입력하면 gchi에서 제공하는 여러 기능에 대한 리스트를 볼 수 있다. 이 중 유용한 몇 가지를 여기에 나열한다.

기호	동작
:type	표현식의 타입 정보를 출력
:info	표현식의 종류에 따라 전반적인 정보를 출력
:load	모듈 로드
:! 셸_명령어	명령어를 수행
:quit	ghci 종료

REPL에서 나오려면 :quit를 입력하거나 Ctrl+d를 누른다.

컴파일 및 실행

하스켈은 파일에 코드를 작성하고 실행하는 방법이 REPL보다 더 편하다. 예를 들어, 다음과 같이 입력하고 hello_haskell.hs이라는 이름으로 저장해 보자.

▶ [/workspace/haskell/hello_haskell.hs]

```
main = putStrLn "Hello Haskell"
```

이렇게 작성한 하스켈 코드를 실행해 볼 수 있는 방법은 여러 가지가 있다. 가장 간단한 방법은 runhaskell이라는 명령문을 사용하는 것이다.

```
$ runhaskell hello_haskell.hs
Hello Haskell
```

두 번째 방법은 마치 C 언어처럼 컴파일하여 실행 파일을 만드는 방법이다.

```
$ ghc -O hello_haskell.hs
[1 of 1] Compiling Main             ( hhh.hs, hhh.o )
Linking hhh ...
```

컴파일이 되면 소스 파일의 이름에 해당하는 실행 파일이 만들어져서 다음과 같이 실행해 볼 수 있다.

```
$ ./hello_haskell
Hello Haskell
```

두 번째 방법은 REPL에서 로드해서 실행하는 방법이다. 다음과 같이 ghci를 기동할 때 소스 코드 경로를 입력하여 로드하면 정의한 함수를 사용할 수 있다.

```
$ ghci hello_haskell.hs
Ok, modules loaded: Main.
> main
Hello Haskell
```

▌cabal 빌드 도구 사용하기

하스켈에도 빌드 도구가 있는데 바로 cabal이다. 이를 이용하면 손쉽게 프로젝트를 생성하고 의존 라이브러리를 관리하여 빌드할 수 있다.

```
$ cd /workspace/haskell
$ mkdir mycabalapp && cd mycabalapp
$ cabal init
```

init을 하면 여러 옵션에 대해 묻는다. 대부분 기본 값을 사용하면 되는데, 우리는 실행 파일을 만들 것이므로 다음 옵션의 값은 Executable로 하자.

```
What does the package build:
    1) Library
    2) Executable
Your choice? 2
```

그러면 Setup.hs와 mycabalapp.cabal 파일이 생성되는데, mycabalapp.cabal에는 앞서 프로젝트를 초기화할 때 지정한 옵션값들이 기재되어 있다. 그중 main-is라는 키의 값이 Main.hs라고 되어 있다. 즉, 이 프로젝트의 시작 지점이 되는 파일이 Main.hs로 지정되어 있는 것이다. 따라서 Main.hs이라는 이름으로 파일을 작성하고 메인 함수를 정의하도록 하자.

▶ [/workspace/haskell/mycabalapp/Main.hs]

```
module Main where

main = putStrLn "Hello Cabal"
```

작성한 프로젝트를 돌려 보기 위해서는 다음과 같이 입력하면 된다.

```
$ cabal run
Hello Cabal
```

하스켈에서의 함수

▌함수 정의

대부분의 프로그래밍 언어에는 함수를 정의하기 위한 예약어가 존재한다. 리스프에서는 defun, 클로저에서는 defn, 다음 장에서 배울 스칼라는 def를 사용한다. **하지만 하스켈에는 함수를 정의하기 위한 특별한 예약어가 존재하지 않는다.**

하스켈에서는 함수를 정의하는 것이 언어의 기본 동작이라고 봐도 된다. 따라서 특별한 키워드가 없다면 함수를 정의하는 것이라 간주한다. 다음 그림과 같이 정의할 함수 이름을 쓰고, 인자를 나열한 후 =에 이어 함수 정의를 작성하면 된다.

▶ [/workspace/haskell/mysum.hs]

```
mysum x y = x + y
```

파일에 정의한 위 함수를 REPL에서 불러들여 사용해 보자. 다음과 같이 REPL을 기동한다.

```
$ ghci mysum.hs
```

정의한 함수를 사용하는 예는 다음과 같다. 괄호나 쉼표 없이 사용할 수 있어 매우 간결하다.

```
> mysum 1 2
3
```

▌함수의 타입 명세

하스켈은 엄격한 타입 시스템을 갖추고 있다고 서문에서 본의 아니게 잔뜩 겁을 주고 말았는데, 앞서 정의한 함수를 보면 평범한 정적 타입 언어인 C 언어보다도 타입 선언을 하지 않은 것을 알 수 있다. 다음은 타입 선언으로 점철된 C 언어의 함수 정의 코드다.

```
int mysum(int x, int y) {
  return x + y;
}
```

그리고 다음은 앞서 정의한 하스켈의 함수 정의 코드다. C 언어랑 비교해 보면 얼마나 타입을 적게 사용했는지를 알 수 있다.

```
mysum x y = x + y
```

하스켈은 똑똑한 힌들리-밀너(Hindley-Milner) 타입 추론 시스템을 갖추고 있어 타입을 일일이 기재하지 않아도 된다. 이게 어떻게 가능할까? 결론부터 말하면 강력한 정적 타입 시스템을 갖추고 있기 때문에 가능하다. 이를테면 mysum 함수 안에서는 +라는 함수를 사용했는데, 이 함수에는 이미 어떤 타입들 간에 +를 사용할 수 있는지가 정의되어 있다. 따라서 x와 y가 숫자여야 한다는 것을 하스켈이 쉽게 추론할 수 있어 잘못된 타입이 들어오면 컴파일 에러를 발생시킨다.

그러나 하스켈 코드를 작성할 때는 가독성을 높이기 위해 타입 명세를 적어 주는 것이 좋다. 타입 명세만 봐도 어떤 일을 수행하는지 예측할 수 있도록 작성하는 것이 좋기 때문이다.

그럼 함수의 타입 명세를 작성하는 방법에 대해 알아보자. 먼저 한 개의 Int를 입력 인자로 받고, 한 개의 Int를 출력으로 반환하는 함수의 타입 명세의 예는 다음과 같다.

▶ [/workspace/haskell/sum1.hs]

```
sum1 :: Int -> Int
sum1 x = x + 1
```

함수의 이름에 이어 ::를 쓰고, 입력 타입에 이어 화살표(->)를 기재한 후, 출력 타입을 기재해 주었다.

이번에는 2개의 Int를 입력 인자로 받고 한 개의 Int를 출력으로 반환하는 함수의 타입 명세를 살펴보자.

▶ [/workspace/haskell/typedmysum.hs]

```
mysum :: Int -> Int -> Int
mysum x y = x + y
```

다소 의아한 형태다. (Int, Int) -> Int가 아닌 Int -> Int -> Int이기 때문이다. 하스켈을 이해하기 위해서는 제일 먼저 이 표기법에 익숙해져야 한다(리스프에서 S-표기법에 익숙해야 하듯이 말이다). **함수의 타입 명세에서 함수의 반환 타입은 언제나 마지막 1개다.** 그리고 그 전에 있는 타입들은 전부 입력 인자의 타입을 의미한다. 즉, 마지막 하나만 빼고 전부 입력 인자 타입이라고 보면 된다.

```
함수_이름 :: 인자1_타입 -> 인자2_타입 ... -> 인자n_타입 -> 출력_타입
```

▌타입 추론

앞서 하스켈에는 똑똑한 타입 추론 시스템이 있다고 했다. 이에 대해 좀 더 자세히 짚고 넘어가 보자. 앞서 우리가 mysum에서 사용한 함수는 +라는 함수다. 이 함수의 타입 명세를 보려면 ghci에서 :t를 사용하면 된다.

```
> :t (+)
(+) :: Num a => a -> a -> a
```

아직 우리가 배우지 않은 문법이 보인다. 그럼 위 명세를 다음과 같이 두 부분으로 나누어 생각해 보자.

▌ Num a =>

▌ a -> a -> a

a -> a -> a가 의미하는 것은 (+)라는 함수가 2개의 a라는 타입의 인자를 받아들이고, 출력 타입도 역시 a라는 것을 의미한다. a라는 것은 도대체 무슨 타입일까? 그것에 대한 설명을 Num a =>가 하고 있다.

Num a =>는 a가 Num이라는 타입 클래스(Type Class)에 속하는 타입이어야 한다는 의미다. 타입 클래스에 대해서는 나중에 자세히 알아볼 것인데, 여기서는 Num 타입 클래스에 속하는 대표적인 타입들로 Int, Float, Double이 있다는 정도로만 알아 두자. 따라서 위 함수 명세에서 사용된 a는 다음과 같이 구체화해 볼 수 있다.

```
(+) :: Num a => a -> a -> a

(+) :: Int -> Int -> Int
(+) :: Float -> Float -> Float
(+) :: Double -> Double -> Double
...
```

여기서 사용된 a를 **타입 변수(Type Variable)**라고 한다. a는 아무런 제약이 없으면 어떤 타입이어도 된다는 뜻이며, Num a =>를 통해 a는 Num 타입 클래스에 속하는 타입이어야 한다고 제약을 두고 있다.

그러면 이번에는 우리가 정의한 mysum 함수에 대한 타입을 확인해 보자.

```
> :t mysum
mysum :: Num a => a -> a
```

우리는 Num 타입 클래스라는 것을 사용해서 타입 명세를 꾸미지 않았는데, 함수 내에서 (+)를 사용했기 때문에 하스켈 컴파일러가 타입 명세를 자동으로 적절히 꾸며 주었다. 이처럼 하스켈의 함수는 인자들에 대한 타입이 엄격히 제한되어 있어 개발자가 일일이 타입을 명시하지 않아도 컴파일러가 타입을 추론하는 것이 가능하다.

▌ 패턴 매칭

순수 함수형 언어인 하스켈의 중심에는 함수가 있는데, 이 함수를 정의하는 문법의 중심에는 패턴 매칭이 자리잡고 있다. 함수, 타입, **패턴 매칭**은 서로 밀접하게 연관되어 있어 하스켈 언어를 이해하는 가장 기초가 되고 중요한 개념들이다.

하스켈에서 생각할 수 있는 가장 단순한 형태의 함수 정의는 다음과 같다.

▶ [/workspace/haskell/simplefunction.hs]

```
simplefunc :: Int -> Int
simplefunc x = x + 1
```

simplefunc는 입력 인자가 x인 경우 x + 1을 반환한다. 이때 x는 임의의 Int 값을 의미한다는 것은 굳이 설명하지 않아도 당연하게 이해했을 것이다. 즉, 3이란 값을 입력하면 3 + 1 = 4가 된다. 그런데 여기서 Int 타입의 특정 값에 대해 다른 동작을 지정하는 것이 가능하다.

▶ [/workspace/haskell/simplefunction2.hs]

```
simplefunc2 :: Int -> Int
simplefunc2 3 = 5
simplefunc2 x = x + 1
```

simplefunc2는 3에 대해서는 5를 반환하고 그 외에는 1을 더한 값을 반환한다. 이것이 패턴 매칭의 시작이다. 입력값의 패턴별로 서로 다른 값을 반환하는 구조는 특히 재귀 함수를 정의할 때 유용하다.

▶ [/workspace/haskell/factorial.hs]

```
factorial :: Int -> Int
factorial 0 = 1
factorial n = n * factorial (n - 1)
```

입력값 n에 대해 n 이하의 모든 자연수를 곱한 값, 즉 팩토리얼을 반환하는 재귀 함수다. 패턴 매칭을 통해 입력값이 0인 경우 1을 반환하도록 종료 조건을 지정하고 있다. 하스켈 버전의 코드는 마치 수학 공식을 보는 것 같다. 하스켈은 함수형 언어 중에서도 재귀 함수를 정의하기에 가장 간결한 문법을 가졌다고 할 수 있다. 리스프의 코드와 비교해 보자.

```
(defun factorial (n)
    (cond
        ((= n 0) 1)
        (t (*
            n
            (factorial (- n 1)))))))
```

괄호가 없는 것은 둘째 치고, 재귀 함수를 작성하기 위해 필요한 cond 및 비교문이 없어도 되도록 문법이 구성되어 있음을 알 수 있다.

연습문제

❶ 리스프의 재귀 함수에서 배웠던 피보나치 수를 구하는 함수를 히스켈로 작성하라.

▌가드를 사용한 조건 분기

가드를 사용하면 패턴 매칭을 좀 더 정교한 조건으로 수행할 수 있다. 다음 코드를 살펴보자.

▶ [/workspace/haskell/guard.hs]

```
grade :: Int -> String
grade point
  | point > 90 = "A"
  | point > 80 = "B"
  | point > 70 = "C"
  | otherwise = "D"
```

grade라는 함수를 정의했는데, 입력 인자 point 값의 조건별로 다른 결과를 반환하도록 하였다. 그래서 입력 인자로 80을 주면 "C"가 반환된다.

```
$ ghci guard.hs
> grade 80
"C"
> grade 70
"D"
```

람다 함수

이번에는 하스켈에서 람다 함수를 다루는 방법에 대해 알아보도록 하자. 먼저 람다 함수를 정의하는 방법은 다음과 같다.

▌ (\인자1 인자2 -> 식)

좀 더 구체적인 예를 들면 다음과 같다.

```
> (\x -> x + 2)
> (\x y -> x + y)
```

람다 함수에 값을 적용해 보자.

```
> (\x -> x + 2) 3
5
```

하스켈에서도 람다 함수는 1급 시민으로 다뤄진다. 그래서 다음과 같이 람다 함수를 변수에 대입하는 것이 가능하다.

```
> let mylambda = (\x -> x + 2)
> mylambda 3
5
```

mylambda라는 변수에 람다 함수를 대입했고, 이에 3이란 값을 적용하여 5란 값을 얻었다.

이번에는 람다 함수를 입력 인자로 받아들이는 함수를 정의해 보자.

▶ [/workspace/haskell/functionAsInput.hs]

```
functionAsInput :: (Int -> Int) -> Int -> Int
functionAsInput fp x = fp x
```

functionAsInput의 타입 명세를 보면 (Int -> Int) -> Int -> Int라고 되어 있는데, 첫 번째 인자인 (Int -> Int)가 함수를 의미한다. 따라서 다음과 같이 람다 함수와 값을 인자로 넣으면 적용한 결과를 반환한다.

```
$ ghci functionAsInput.hs
> functionAsInput (\x -> x + 1) 3
4
```

이번에는 람다 함수를 반환하는 함수를 작성해 보자.

▶ **[/workspace/haskell/functionAsOutput.hs]**

```
functionAsOutput :: Int -> (Int -> Int)
functionAsOutput x = (\y -> y + x)
```

functionAsOutput 함수는 (Int -> Int)인 람다 함수를 반환한다. 따라서 다음과 같이 사용할 수 있다.

```
$ ghci functionAsOutput.hs
> functionAsOutput 3 5
8
```

functionAsOutput 3이 반환하는 것은 (\y -> y + 3)이다. 즉, 함수를 반환한 셈이다. 이어서 반환한 함수에 5를 적용하여 8이 최종 반환된다.

리스트

▋ 기본 조작

하스켈에서는 리스트를 나타내는 기호로 []를 사용한다. 예를 들면 다음과 같다.

▌ [1, 2, 3]

특징은 클로저와 달리 요소마다 쉼표(,)를 넣어 주지 않으면 컴파일 에러가 발생한다는 점이다. 또한, 하나의 리스트에는 하나의 타입만 넣을 수 있다.

리스트의 앞부분에 하나의 요소를 삽입하기 위해서는 콜론(:)을 사용한다. 이것은 리스프의 cons 함수에 해당한다.

```
> 1 : [2, 3]
[1, 2, 3]
```

두 개의 리스트를 합치려면 ++ 연산을 사용한다.

```
> [1, 2] ++ [3, 4]
[1, 2, 3, 4]
```

그리고 리스트의 첫 번째 요소를 반환하는 head와 첫 번째 요소를 제외한 리스트를 반환하는 tail 함수가 있다.

```
> head [1, 2, 3]
1
> tail [1, 2, 3]
[2, 3]
```

이 책의 리스프와 클로저를 거쳐 온 독자라면, head와 tail을 보고 재귀 함수에 사용해야겠다는 생각이 들었을 것이다. 리스트를 첫 요소와 나머지 리스트로 분리하여 다루는 것이 리스트에 대한 재귀 함수를 작성하는 핵심 요소임을 반복해서 살펴봤다. 이에 따라 리스트의 합을 구하는 함수를 재귀적으로 작성해 보면 다음과 같다.

▶ **[/workspace/haskell/sumOfList.hs]**

```
sumOfList :: [Int] -> Int
sumOfList [] = 0
sumOfList [a] = a
sumOfList (head:tail) = head + sumOfList tail
```

먼저, 타입 명세 [Int] -> Int에서 [Int]란 Int 타입을 담은 리스트를 말한다. 따라서 sumOfList 함수는 Int 타입의 리스트를 입력으로 받고, Int 타입의 값 하나를 출력하는 함수다.

또한, 위 코드에서는 리스트를 위한 독특한 패턴 매치 기호가 사용되었다. 첫 번째 []가 의미하는 것은 빈 리스트다. 이때는 0을 반환하면 된다. 이어서 [a]는 리스트에 값 하나가 들어 있는 경우를 의미한다. 이때는 하나 있는 값인 a를 그대로 반환하면 된다. 마지막으로 (head:tail)의 경우는 리스트에 값이 2개 이상 있는 경우를 의미해서, 앞서 살펴본 head와 tail이 각각 배정된다. 그래서 tail을 입력으로 재귀 함수를 호출한 결과와 head를 더한 값을 반환하면 재귀 함수가 완성된다. 위 예를 참고하여 다음 두 연습문제를 풀어 보기 바란다.

연습문제

❶ 다음 예와 같이 리스트의 최댓값을 구하는 재귀 함수 maxOfList를 하스켈로 작성하라.

```
> maxOfList [1, 2, 3]
3
```

❷ 다음 예와 같이 리스트의 n번째 값을 반환하는 재귀 함수 nth를 하스켈로 작성하라.

```
> nth [1, 2, 3] 2
2
```

고차 함수

리스트와 람다 함수에 이어 이번에는 고차 함수 map, filter, foldl에 대해 알아보자. 먼저 다음 예제 코드를 REPL에서 입력해 보며 동작을 확인하기 바란다.

```
> map (\x->x+1) [1, 2, 3]
[2, 3, 4]

> filter (\x->even x) [1, 2, 3]
[2]

> foldl (\x y -> x + y) 0 [1, 2, 3]
6
```

각 고차 함수는 람다 함수와 리스트를 입력으로 받고 있다. map은 리스트의 각 요소에 람다 함수를 적용한 결과로 구성된 리스트를 반환하고, filter는 각 리스트의 요소에 람다 함수를 적용했을 때 참인 요소들로 구성된 리스트를 반환한다. 한편, foldl 함수의 경우는 초깃값을 추가로 입력으로 받는다. 앞 예에서는 0이 초깃값으로 입력되어 이 초깃값과 리스트의 첫 번째 값이 람다 함수에 적용된 결과가 리스트의 다음 값과 함께 람다 함수에 적용되는 것이 반복된다. 그래서 (((0+1) + 2) + 3) = 6이 반환되었다.

한편 이번에는 고차 함수 map을 재귀 함수로 직접 정의해 보자. 고차 함수를 직접 구현해 보는 것은 함수형 프로그래밍 연습에 큰 도움이 된다. 먼저, 고차 함수 map의 타입 명세를 확인해 보자.

```
> :t map
map :: (a -> b) -> [a] -> [b]
```

(a -> b)와 [a]가 입력 인자고 [b]가 출력 인자다. 여기서 a와 b는 어떤 타입이어도 된다는 뜻이다. Int가 될 수도 있고, Char나 Float이 될 수도 있다. 한편, 첫 번째 입력 인자 (a -> b)는 함수를 의미하며, a를 입력 인자로 받고 b를 출력 인자로 반환한다. 그리고 두 번째 입력 인자 [a]는 a 타입의 리스트를 의미한다. 그럼 먼저 다음과 같이 함수 정의의 뼈대를 작성해 보자.

```
mymap :: (a -> b) -> [a] -> [b]
mymap fp [] = []
```

먼저, 람다 함수 fp와 함께 빈 리스트가 입력으로 들어오면 그대로 빈 리스트를 반환한다. 이어서 이번에는 값이 하나인 리스트가 들어온 경우를 생각하자.

```
mymap fp [a] = [fp a]
```

이때는 람다 함수 fp에 값 a를 적용한 결과를 리스트에 담아서 반환하면 된다. 마지막으로 리스트의 길이가 2 이상인 경우는 다음과 같다.

```
mymap fp (head:tail) = fp head : map fp tail
```

리스트의 첫 번째 값(head)에 함수 fp를 적용한 결과와 리스트의 나머지(tail)를 재귀 호출하여 얻은 리스트를 :(콘즈)로 연결하여 반환하고 있다.

정리해 보면 다음과 같다.

▶ [/workspace/haskell/mymap.hs]

```
mymap :: (a -> b) -> [a] -> [b]
mymap fp [] = []
mymap fp [a] = [fp a]
mymap fp (head:tail) = fp head : mymap fp tail
```

다음과 같이 우리가 작성한 map 함수를 실행해 보자.

```
$ ghci mymap.hs
> mymap (\x -> x + 1) [1, 2, 3]
[2, 3, 4]
```

고차 함수 map을 재귀 함수로 직접 정의해 보았다. 간단한 코드지만 함수형 프로그래밍의 테크닉을 연습하기에 매우 좋은 문제였다. 이어서 나오는 연습 문제에도 꼭 도전해 보기 바란다.

타입

자, 이제 하스켈에서 빼놓을 수 없는 타입에 대해 본격적으로 살펴보자. 타입이란 도대체 무엇일까? 타입을 공부하다 보면 주화입마에 빠지기 쉽다고 하는데, 최대한 알기 쉽게 설명해 보도록 하겠다.

값의 집합으로서의 타입

C 언어에서 변수에 대해 배울 때, 변수란 메모리에 공간을 마련하고 값을 쓰고 읽기 위해 사용한다고 배웠을 것이다. 이 경우 메모리에 얼마만큼의 공간을 마련해야 할지를 지시하기 위해 변수를 선언할 때 타입을 꼬박꼬박 썼었다. 이를테면 int라는 타입을 줘서 변수 a를 만들었다면, 메모리에 4바이트에 해당하는 공간이 생기고 그 메모리에는 $-2{,}147{,}483{,}648 \sim 2{,}147{,}483{,}647$의 값 중 하나를 할당할 수 있다. 또한, 같은 타입의 변수들 사이에는 정의된 연산을 수행할 수 있다. 이를테면 int 타입들 간에는 덧셈을 할 수 있다. 물론 int 타입과 double 타입 간에도 타입 변환을 통해 연산을 수행할 수 있지만, 지금은 같은 타입의 값들 사이에만 연산이 가능하다고 단순하게 생각해 보자.

그러면 기계의 입장에서 봤을 때 타입이란 메모리 위에 값을 올려놓고 연산을 수행하기 위해 반드시 알아야 하는 값에 대한 메타 정보다. 메모리에는 어느 정도 크기의 공간을 준비해야 하는지, 그리고 그 값들 간의 연산은 어떻게 처리하면 되는지에 대한 정보가 타입과 연결되어 있는 것이다. 그리고 우리는 프로그래밍 언어를 통해 이 정보를 알려 주면서 컴퓨터에게 일을 시키는 것이다.

그런데 여기서 한 가지 주목해야 될 점이 있다. 그것은 바로 int라는 타입은 $-2{,}147{,}483{,}648 \sim 2{,}147{,}483{,}647$의 값 중 하나를 가질 수 있다는 점이다. 즉, 타입은 그 타입에 담을 수 있는 **값의 집합**을 필연적으로 가진다. 프로그래밍 언어에서 타입의 존재 이유가 값을 담기 위한 것이므로 유한 혹은 무한한 값의 집합을 가지게 되는 것이다.

그러면 **타입을 값의 집합이라고 바라보는 관점**을 바탕으로 하스켈에서 간단히 새로운 타입을 정의하면서 타입에 대한 이해를 넓혀 보자. 새로운 타입을 정의할 때는 data라는 키워드를 사용한다.

▶ **[/workspace/haskell/AType.hs]**

```
data A = One | Two | Three
```

이 코드는 A라는 타입이 세 개의 값을 가질 수 있다고 정의하고 있다. One, Two, Three 중 하나의 값을 가지는 것이다. 그럼 이 타입의 변수를 하나 만들어 보자.

```
$ ghci AType.hs
> let var1 = One :: A
```

var1이라는 변수에 A 타입의 값 One을 바인딩했다. 이는 마치 다음과 같이 Int 타입의 값 1을 변수 var2에 바인딩한 것과 같은 맥락이다.

```
> let var2 = 1 :: Int
```

그런데 var1을 콘솔에 출력해 보려고 하면 다음과 같은 에러 메시지가 출력된다.

```
> var1
<interactive>:3:1:
    No instance for (Show A) arising from a use of `print'
    In a stmt of an interactive GHCi command: print it
```

우리가 정의한 A 타입의 값을 콘솔에 출력하기에는 아직 무언가 부족하다고 말하고 있다. Int 타입의 값을 담은 var2는 다음과 같이 자연스럽게 출력이 되는데 말이다.

```
> var2
1
```

우리가 만만하게 생각했던 Int라는 타입은 사실 보다 많은 구현이 들어가 있다. 다음과 같이 :info를 사용해서 Int라는 타입에 대한 정보를 살펴보자.

```
> :info Int
data Int = GHC.Types.I# GHC.Prim.Int#   -- Defined in `GHC.Types'
```

```
instance Bounded Int -- Defined in `GHC.Enum'
instance Enum Int -- Defined in `GHC.Enum'
instance Eq Int -- Defined in `GHC.Classes'
instance Integral Int -- Defined in `GHC.Real'
instance Num Int -- Defined in `GHC.Num'
instance Ord Int -- Defined in `GHC.Classes'
instance Read Int -- Defined in `GHC.Read'
instance Real Int -- Defined in `GHC.Real'
instance Show Int -- Defined in `GHC.Show'
```

instance로 시작하는 9줄이 출력되었다. 그중 마지막에 있는 것만 살펴보자.

▌ `instance Show Int -- Defined in `GHC.Show``

이 문장은 Int라는 타입이 Show라는 타입 클래스에 속한다는 것을 나타낸다.

▌ 타입 클래스

타입의 연산을 정의하기 위해 존재하는 **타입 클래스(Type Class)**는 자바에서의 인터페이스(Interface)와 비슷하다. 자바에서 인터페이스를 구현한 클래스는 인터페이스에 선언된 함수를 반드시 구현해야 하듯이, 특정 타입 클래스에 속하는 타입은 반드시 타입 클래스에 선언된 함수를 정의해야 한다. 콘솔에 값을 출력하기 위한 타입 클래스인 Show 타입 클래스의 경우는 show라는 함수를 구현해야 하는데, 그 타입 명세는 다음과 같다.

```
> :type show
show :: Show a => a -> String
```

show라는 함수는 Show 타입 클래스에 속하는 타입 a를 입력으로 받아 String을 반환하는 함수다. 콘솔에 출력할 String을 정의하는 것이라 보면 된다. 그럼 우리가 만든 A라는 타입이 Show 타입 클래스에 속하게 해보자.

▶ [/workspace/haskell/ATypeWithTypeclass.hs]

```
data A = One | Two | Three

instance Show A where
  show One = "1"
  show Two = "2"
  show Three = "3"
```

instance 키워드를 사용하여 A 타입이 Show 타입 클래스에 속하도록 선언했으며, where에 이어서 show 함수의 본문을 정의하였다. show 함수는 패턴 매칭에 의해 One이라는 값에 대해서는 "1"을 반환하고, Two라는 값에 대해서는 "2"를 반환하고, Three라는 값에 대해서는 "3"을 반환한다. 그럼, 이제 다음과 같이 A라는 타입의 값에 대해 ghci에서 출력하는 것이 가능하다.

```
$ ghci ATypeWithTypeclass.hs
> let var1 = One :: A
> var1
1
```

우리가 정의한 대로 One이라는 값에 대해서는 '1'을 출력해 주고 있다.

▌Eq 타입 클래스

이번에는 A라는 타입이 Eq라는 타입 클래스에 속하도록 해보자. 앞서 작성한 ATypeWithTypeclass.hs에 다음 코드를 이어서 작성한다. Eq 타입 클래스에 속하기 위해서는 값이 같은지 아닌지를 확인하기 위한 연산 ==와 /= 함수를 정의해야 한다.

▶ [/workspace/haskell/ATypeWithTypeclass.hs]

```
data A = One | Two | Three
instance Eq A where
  One == One = True
  Two == Two = True
  Three == Three = True
  _ == _ = False
```

이 정의에서는 == 함수만을 정의했다. == 함수를 정의하면 /= 함수는 자동으로 만들어지기 때문이다. A 타입의 동일한 값에 대해서는 True를 반환하고, 그 외의 경우에 대해서는 False를 반환하도록 구현했다. 함수를 정의할 때 주의해야 할 점은 모든 입력 가능한 값에 대해 출력값을 반환해야 한다는 점이다. 이는 수학의 함수에서 정의역에 있는 모든 요소에 대해 치역으로의 대응이 있어야 하는 것과 마찬가지다. 어떤 누락도 있어서는 안 된다. 그래서 조금 무식하게 기술한다 치면, 다음과 같이 모든 입력값에 대해 줄줄이 기재하는 것도 한 방법이다.

```
instance Eq A where
  One == One = True
  Two == Two = True
  Three == Three = True

  One == Two = False
```

```
One == Three = False

Two == One = False
Two == Three = False

Three == One = False
Three == Two = False
```

그러나 앞서 정의한 것처럼 와일드 카드(_)를 센스있게 사용하면 모든 입력값의 패턴을 전부 열거하지 않아도 모든 조합을 커버할 수 있다.

그러면 이제 타입 A가 Eq 타입 클래스에 속하게 되었으므로 다음과 같이 타입 A 값들끼리의 동일 여부를 확인할 수 있게 되었다.

```
$ ghci ATypeWithTypeclass.hs
> One == One
True
> One == Two
False
> One /= Two
True
```

▌Ord 타입 클래스

이번에는 타입 A가 Ord라는 타입 클래스에 속하도록 해보자. Ord는 Order의 줄임말로, 타입의 값들 사이에 크고 작음에 대한 연산(>, <, >=, <=)에 대한 타입 클래스다. 연산 4개를 전부 정의해도 되지만, <=만 정의하면 나머지는 <=를 활용하여 자동으로 정의된다. 계속 작성해온 ATypeWithTypeclass.hs에 다음 코드를 이어서 작성한다.

▶ [/workspace/haskell/ATypeWithTypeclass.hs]

```
instance Ord A where
  One <= One = True
  One <= Two = True
  One <= Three = True

  Two <= Two = True
  Two <= Three = True

  Three <= Three = True
  _ <= _ = False
```

위와 같이 연산을 정의했다면, 다음과 같이 값들 간의 크고 작음을 확인할 수 있다.

```
$ ghci ATypeWithTypeclass.hs
> One > Two
False
> Two > One
True
> Two >= One
True
```

지금까지 A라는 타입을 정의했다. 이 타입은 One, Two, There라는 세 개의 값을 가질 수 있으며, Ord, Eq, Show라는 타입 클래스에 속한다. 이에 따라, A 타입의 값들 간에 크기를 비교하거나 동일한 값인지 여부를 확인하는 연산을 수행할 수 있었고, 또한 콘솔에 값을 출력할 수 있었다.

지금 시점에서 **타입이란 무엇인가**에 대해 다시 한번 정리해 보자.

> **첫째**, 타입이란 값의 집합이다.
> **둘째**, 타입의 값들 간에 적용할 수 있는 연산을 정의할 수 있다. 하스켈에서는 타입 클래스를 통해 타입의 값들 간의 연산을 정의하게 된다.

▌ 사용자 정의 타입 클래스

앞선 예에서는 A라는 타입을 정의하고 Ord, Eq, Show라는 이미 하스켈에 정의된 타입 클래스에 속하게 하였는데, 우리만의 타입 클래스를 만드는 것도 가능하다. 이때 **class**라는 키워드를 사용한다. 간단한 타입 클래스를 정의해 보면 다음과 같다.

```
class ATypeClass a where
  myOp :: a -> a -> String
```

자바에서의 클래스(Class)가 생각날 수도 있지만, 혼동하지 않기를 바란다. 여기서의 class는 타입 클래스를 정의하기 위한 예약어이며, 이는 자바에서의 인터페이스와 유사하게 반드시 정의해야 하는 함수의 명세를 기술하는 용도로 사용된다. 위 코드는 ATypeClass라는 타입 클래스를 만들고, 이 타입 클래스에 속하는 타입은 반드시 myOp라는 함수를 정의해야 한다고 선언하였다. 그리고 myOp라는 함수의 타입 명세는 a -> a -> String과 같이 기재했다. 즉, 대상 타입의 값 2개를 입력 인자로 받아들여서 String을 반환하는 함수여야 한다. 그러면 우리가 앞서 정의한 A 타입이 ATypeClass라는 타입 클래스에 속하도록 해보자.

```
data A = One | Two | Three

class ATypeClass a where
  myOp :: a -> a -> String

instance ATypeClass A where
  myOp One One = "One and One!"
  myOp _ _ = "Not (One and One)!"
```

위와 같이 타입 A가 ATypeClass라는 타입 클래스에 속하도록 했다. 이를 위해 myOp라는 함수를 정의했는데, 패턴 매칭을 통해 입력값이 둘 다 One인 경우와 그 외의 경우에 대해 서로 다른 Stirng을 반환하도록 했다. 그러면 다음과 같이 myop 함수를 사용할 수 있다.

```
$ ghci ATypeWithOwnTypeclass.hs
> myOp One One
"One and One!"
> myOp One Two
"Not (One and One)!"
```

A 타입의 값들을 대상으로 myOp 연산을 수행해 보았다. 우리가 정의한 대로 연산이 수행된 것을 알 수 있다.

지금까지의 내용을 다시 한번 정리하면 타입이란 값들의 집합이고, 타입 클래스를 통해 그 집합에 속하는 값들 간에 적용할 수 있는 연산을 정의할 수 있다. Ord, Eq, Show와 같이 하스켈에서 제공하는 타입 클래스에 속하게 하거나, 나만의 타입 클래스를 만들어서 값들 간의 연산을 새롭게 정의할 수 있다.

▌ 여러 타입의 조합

지금까지의 내용을 잘 따라왔다면 한 걸음 더 나아가 보자. 앞서 우리가 정의했던 A 타입의 정의다.

▌ **data** A = One | Two | Three

A란 타입에 One, Two, Three라는 값이 존재한다고 했다. 그런데 하나의 값은 여러 타입의 조합이 될 수 있다. 다음 코드를 살펴보자.

▶ [/workspace/haskell/ATypeWithMultipleFields.hs]

data A = One String Int | Two | Three

이와 같이 정의하면, One이란 값은 String과 Int로 구성된다. 이렇게 정의했을 경우 One이란 값을 사용하려면 반드시 String과 Int를 함께 기재해 주어야 한다.

```
> let var1 = One "One" 1 :: A
```

A 타입의 정의가 바뀌었으니 타입 클래스도 다시 정의해 줄 필요가 있다. Show 타입 클래스를 재정의해 보자.

▶ [/workspace/haskell/ATypeWithMultipleFields.hs]

```
instance Show A where
    show (One str int) = str
    show Two = "2"
    show Three = "3"
```

A 타입의 One이란 값은 String과 Int를 항상 가지고 다니는 존재가 되었다. 앞 show 함수의 정의에서는 그중 String을 출력하도록 정의했다.

```
> let var = One "One_Str" 1
> var
One_Str
```

One이란 값은 String 과 Int로 구성되므로 "One_Str"과 1이란 값을 함께 지정해 줬고, 콘솔에서 출력하니 One_Str이란 글자가 출력되었다.

정리하자면 타입은 값의 집합인데, 각 값은 여러 타입의 조합으로 정의될 수 있다. 지금까지 설명한 내용에 대한 공식적인 명칭이 존재한다. 이에 대해서 알아보자.

▌ 타입 생성자, 값 생성자, 패턴 매칭

앞서 우리가 정의한 타입은 다음과 같다.

```
data A = One String Int | Two | Three
```

여기서 A를 타입 생성자, One, Two, Three를 값 생성자라고 한다. 쉽게 풀어서 말하자면, 우리는 data라는 키워드를 사용해서 A라는 타입을 새롭게 만들었는데, A라는 타입의 값은 One, Two, Three가 존재한다. 그런데 여기서 One, Two, Three는 엄밀히 말하면 **값을 생성하는 함수**다. One의 타입을 조사해 보자.

```
$ ghci ATypeWithMultipleFields.hs
:type One
One :: String -> Int -> A
```

String과 Int를 입력으로 받고 A 타입을 출력하는 함수라고 나온다.

따라서 **A라는 타입에는 One, Two, Three라는 값 생성자가 있다고 표현하는 것이 더 정확하다.** 하스켈은 이 값 생성자에 따라 패턴 매칭을 수행하는 것이 가능하다.

다음과 같이 A 타입을 입력으로 받아들이는 함수를 정의한다고 생각해 보자.

▶ [/workspace/haskell/ATypeFunc.hs]

```
aFunc :: A -> String
```

aFunc는 A 타입을 인자로 받고 String 타입을 반환하는 함수다. 그러면 aFunc의 정의에서는 A 타입의 모든 값의 패턴을 커버할 수 있도록 패턴 매칭을 사용해야 한다.

▶ [/workspace/haskell/ATypeFunc.hs]

```
aFunc (One str int) = str
aFunc Two = "two"
aFunc Three = "three"
```

이 정의에서처럼 A 타입의 모든 값의 패턴을 커버한다는 것은 결국, **A 타입의 모든 값 생성자를 커버해야 함**을 의미한다. 해당 함수를 사용한 예는 다음과 같다.

```
$ ghci ATypeFunc.hs
> aFunc (One "one" 1)
"one"
> aFunc Two
"two"
```

하스켈에서는 이렇게 타입과 패턴 매칭이 서로 긴밀하게 연결되어 있다.

█ 대수적 데이터 타입

지금까지 우리만의 데이터 타입을 만들고 사용해 보았다. 우리가 배운 내용을 근사한 말로 포장하면 **대수적 데이터 타입(Algebraic Data Type)**이라 한다. 이는 타입을 조합(Composite)하여 새로운 타입을 만들어 내는 것을 의미한다.

대수적 데이터 타입에는 곱셈 타입과 덧셈 타입이 있다. 먼저 덧셈 타입은 OR 연산자로 값 생성자를 하나씩 추가해나가는 형태로 정의된다. 우리가 제일 먼저 살펴봤던 A 타입의 정의가 대표적인 예다.

```
data A = One | Two | Three
```

그리고 곱셈 타입은 두 개 이상의 타입이 동시에 사용되도록 묶이는 것을 말한다. 예를 들면 다음과 같다.

```
data A = One String Int
```

▌ 레코드 문법

앞 예에서 One이란 값은 String과 Int로 구성된다고 했는데, 레코드라는 문법을 사용하면 다음과 같이 가독성 있게 표현할 수 있다.

▶ [/workspace/haskell/recordSyntax.hs]

```
data A = One {
    name :: String,
    value :: Int
} | Two | Three
```

이와 같이 정의한 타입 A에 대한 패턴 매치도 기존과 동일한 방식으로 작성하면 된다.

▶ [/workspace/haskell/recordSyntax.hs]

```
aFunc :: A -> String
aFunc (One name value) = name
aFunc Two = "two"
aFunc Three = "thr ee"
```

즉, 타입을 사용하는 방법에는 차이가 없으나 타입의 명세가 훨씬 가독성있게 바뀌었다. 가독성이 있는 타입 명세는 하스켈 프로그래밍의 가장 중요한 덕목이다.

지금까지 하스켈에서 data 키워드를 사용하여 새로운 타입을 정의하는 방법을 알아봤는데, 정리해 보면 다음과 같다.

1. 타입이란 값의 집합이다.
2. 타입이 가질 수 있는 서로 다른 값의 집합을 표현하기 위해 값 생성자가 사용된다.

3. 값 생성자는 여러 타입의 조합으로 값의 패턴을 정의한다.

4. 값 생성자에 따라 패턴 매칭을 수행할 수 있다.

5. 레코드 문법을 사용하면 타입을 좀 더 가독성있게 정의할 수 있다.

▌ deriving

지금까지 A 타입을 정의하고, 타입 A가 Show, Ord, Eq 등의 타입 클래스에 속하도록 일일이 정의해 주었다. 그런데 대부분의 경우, 하스켈 컴파일러가 알아서 만들어 줄 수 있다. 왜냐하면 우리가 data 키워드를 통해 만들 타입은 결국 기존 타입들(String, Int 등)을 조합한 타입이기 때문이다. 따라서 대부분의 경우에는 deriving을 명시해 주는 것만으로 충분하다.

▶ [/workspace/haskell/derived.hs]

```
data A = One | Two | Three deriving (Read, Show, Enum, Eq, Ord)
```

특별히 타입 클래스에 대한 정의를 해주지 않아도 다음과 같이 여러 타입 클래스들에 정의된 함수들을 사용할 수 있다.

```
$ ghci derived.hs
> let var = One :: A
> var
One
> One == One
True
> One /= One
False
```

▌ 타입에 별명 부여하기

하스켈에서는 타입에 별명을 부여할 수 있다. 이를테면 다음과 같이 Int에 Age라는 별명을 부여하는 것이 가능하다.

▶ [/workspace/haskell/alias.hs]

```
type Age = Int
```

그러면 Int 대신에 Age라는 이름을 사용할 수 있게 된다. 왜 굳이 이런 기능이 있는지 의아할 사람도 있을 것이다. Age라는 타입이 무엇인지 확인하기 위해 정의를 찾아봐야 하는 번거로움이 발생할 것이기 때문이다. 그러나 타입의 별명을 잘 붙이는 것은 하스켈스러운 코드를 작성하기 위해 매우 중요하다. 엄격한 타입 시스템으로 유명한 하스켈에서는 타입의 명세만 보고도 그 함수가 무슨 일을 수행하는지 파악할 수 있는 것을 중요히 여긴다. 예로, 다음 두 함수 명세를 비교해 보자.

▌ `transform :: Int -> Int -> Int`

▌ `transform :: BornYear -> CurrentYear -> Age`

transform이라는 모호한 함수 이름으로 두 개의 타입 명세가 기재되어 있는데, 첫 번째 명세로는 이 함수가 무슨 일을 수행하는지 알기 어려운 반면, 두 번째 명세는 추측해 볼 수가 있다. 아마도 태어난 해와 현재 년도를 입력으로 받아 나이를 계산해 주는 함수일 것이다.

이름을 잘 짓는 것은 프로그래밍에서 가장 어려운 일 중 하나다. 이름만 봐도 이 함수나 변수가 왜 존재하며 어떤 일을 수행하는지 누구나 알 수 있도록 작성해야 하는데, 그렇게 잘 지어 붙이기란 여간 어려운 일이 아니다. 그러나 타입에 적절한 별명을 부여하면, 함수의 이름이 다소 모소해도 타입 명세를 통해 함수의 동작을 추측할 수 있다. 또한 함수형 언어의 기본 철학에 따르면 순수 함수의 출력값은 오로지 입력값에 의해서만 결정된다. 따라서 순수 함수형 언어인 하스켈에서는 적절한 별명이 부여된 함수 명세를 통해 함수의 동작을 예측할 수 있는 가능성이 대폭 높아지게 된다.

마무리

이번 장에서 우리는 하스켈의 타입과 패턴 매칭에 대해 집중적으로 살펴봤다. 특히, 우리만의 새로운 타입을 정의해 보면서 타입의 본질에 대해 고찰해 보았다.

하스켈은 파이썬처럼 실용적인 응용을 목적으로 가볍게 다가갈 수 있는 언어는 아니다. 하지만 함수형 언어를 제대로 공부하고 싶은 사람이 그냥 지나칠 수 없는 끝판왕 격에 해당하는 언어다. 그리고 흔히들 하스켈을 공부하는 목적이 하스켈을 사용하기 위해서가 아니라 다른 프로그래밍 언어를 더 잘 사용하기 위해서란 말도 있다.

우리가 하스켈을 통해 얻을 수 있었던 통찰은 다음과 같다.

매우 엄격한 정적 타이핑 시스템은 오히려 타입 추론에 유리하여 타입을 일일이 명시해 주지 않아도 되었다. 그럼에도 프로그래머의 타입 실수는 놓치지 않고 적절히 지적해 주어서 프로그램을 안정적으로 작성할 수 있는 언어가 바로 하스켈이다. 동적 타이핑 언어를 좋아하는 사람이라도 이러한 하스켈의 정적 타이핑 시스템의 장점은 충분히 매력적으로 다가올 것이다.

그리고 오로지 입력에 의해서만 출력이 결정되는 순수 함수를 사용하면 함수의 타입 명세만 보고도 함수의 동작을 예측할 수 있는 가능성이 커진다. 이를 위해 타입 별명이나 레코드 문법 등을 사용하여 가독성 있게 타입을 명시해 주는 것이 중요하다. 코드의 일부만 봐도 누구나 그 동작을 예측할 수 있게 코드를 작성한다는 것은 어떤 프로그래밍 언어를 사용하든지 반드시 갖춰야 할 프로그래머의 필수 매너다. 하스켈을 공부함으로써 평소 코드를 작성할 때 가독성을 한번 더 생각해 보는 자세를 갖게 되었다면, 그것만으로도 큰 수확이다.

우리가 살펴본 내용 외에도 하스켈 공화국의 세계는 넓고 공부할 내용도 풍부하다. 더 깊게 나아가고 싶은 독자는 하스켈을 사용하여 실용적인 코드도 작성해 보고, 모나드(Monad)와 같은 어려운 개념에도 도전해 보기를 바란다.

CHAPTER

06

객체지향과 함수형 언어의
절묘한 결합
스칼라

스칼라(Scala)는 2004년 마틴 오더스키(Martin Odersky)에 의해 만들어진 JVM
위에서 돌아가는 또 다른 함수형 언어다. 클로저와 마찬가지로 모든 자바 라이브러리
를 사용할 수 있으며, 객체지향과 함수형 패러다임이 절묘하게 결합되어 주목받았다.
함수형 언어의 측면에서 봤을 때는 하스켈과 비슷한 느낌이 나며, 객체지향의 측면에
서는 자바의 냄새가 물씬 풍긴다. 따라서 자바에 익숙한 개발자들이 함수형 언어에
입문하기에 최적이자, 이 책에서 다루는 언어 중 여러분이 실무에서 접할 가능성이
가장 높은 언어이기도 하다. 유명한 오픈 소스인 아파치 카프카(Apache Kafka), 아
파치 스파크(Apache Spark), 아파치 플링크(Apache Flink) 등에서 스칼라가 사용
되었다. 우리는 스칼라의 기본기를 다진 후에 그 유명한 Akka 라이브러리를 실습해
볼 것이다. Akka 라이브러리를 마스터한다면 생각보다 분산 병렬 처리 프로그램을
만드는 일이 그리 어렵지만은 않다는 생각이 들 것이다.

도커 컨테이너 접속

지금까지 사용한 컨테이너에서 이어서 실습을 진행하면 된다.

```
$ docker restart fpstudy
$ docker attach fpstudy
```

실행 방법

REPL

우리의 테스트 환경에서는 sbt라는 스칼라 빌드 도구를 사용할 것이다. sbt를 이용해서 REPL을 기동하는 방법은 다음과 같다.

```
$ sbt console
> 1 + 2
3
```

REPL에서 나오기 위해서는 Ctrl + d를 입력한다.

컴파일 및 실행

sbt와 gradle을 사용하여 스칼라 프로젝트를 만들고 빌드하는 방법에 대해 알아보자.

● sbt를 사용

sbt로 스칼라 프로젝트를 만드는 방법은 다음과 같다.

```
$ cd /workspace/scala
$ sbt new sbt/scala-seed.g8
A minimal Scala project.

name [Scala Seed Project]:mysbtapp
```

그럼 다음과 같은 파일들이 생성된다.

```
mysbtapp
- build.sbt
- project
```

```
      - Dependencies.scala
      - build.properties
  - src
    - main
      - scala
        - example
          - Hello.scala
    - test
      - scala
        - example
          - HelloSpec.scala
```

이 중에서 프로젝트에 대한 전체적인 정보를 기재하는 가장 중요한 파일이 build.sbt다. 그리고 한편 자동으로 생성된 Hello.scala의 코드는 다음과 같다.

▶ [/workspace/scala/mysbtapp/src/main/scala/example/Hello.scala]

```scala
package example

object Hello extends Greeting with App {
  println(greeting)
}

trait Greeting {
  lazy val greeting: String = "hello"
}
```

얼핏 봐도 스칼라의 Hello World로 보이는 이 프로젝트를 돌려 보기 위해서는 다음과 같이 입력한다.

```
$ sbt run
hello
```

실습해 보면서 느낄 수 있겠지만, 라이브러리를 다운로드하는 등의 이유로 시간이 꽤 걸린다. 필자는 sbt보다는 gradle이 전반적으로 더 빠릿하게 동작하는 느낌을 받았다. 그래서 gradle 을 사용하는 방법에 대해서도 소개하겠다.

● **gradle을 사용**

그레이들을 사용하여 스칼라 프로젝트를 만드는 방법은 다음과 같다. 먼저, 프로젝트를 위한 폴더를 만들고 gradle init을 입력하면 된다. 이때, build script DSL은 groovy를 선택한다.

```
$ cd /workspace/scala
$ mkdir myapp && cd myapp
$ gradle init --type scala-library
Select build script DSL:
  1: groovy
  2: kotlin
Enter selection (default: groovy) [1..2] 1

Project name (default: myapp): myapp
Source package (default: myapp): myapp

BUILD SUCCESSFUL in 1m 31s
2 actionable tasks: 2 executed
```

gradle에서 프로젝트를 init할 때 scala-library만 지원하고 있어 scala-library로 init했다. 라이브러리가 아닌 실행 가능한 프로젝트를 만들기 위해서는 다음과 같은 작업을 거쳐야 한다.

1. build.gradle의 내용이 다음과 같이 되도록 수정한다.

   ▶ [/workspace/scala/myapp/build.gradle]

   ```
   plugins {
       id 'scala'
       id 'application'
   }

   repositories {
       jcenter()
   }

   dependencies {
       implementation 'org.scala-lang:scala-library:2.12.7'

       testImplementation 'junit:junit:4.12'
       testImplementation 'org.scalatest:scalatest_2.12:3.0.5'

       testRuntimeOnly 'org.scala-lang.modules:scala-xml_2.12:1.1.1'
   }

   mainClassName = "myapp.Main"
   ```

2. src/main/scala/myapp/Main.scala 파일을 작성한다.

   ▶ [/workspace/scala/myapp/src/main/scala/myapp/Main.scala]

   ```
   package myapp
   ```

```scala
object Main extends App {
    println("Hello Gradle Scala")
}
```

작성 완료되었으면 프로젝트의 최상위 디렉터리에서 다음과 같이 입력해 보자. 프로젝트를 실행할 수 있다.

```
$ gradle run
Hello Gradle Scala
```

변수 - val와 var

스칼라에 입문하기 위한 첫걸음은 바로 변수를 선언할 때 사용하는 키워드 val와 var의 차이를 이해하는 것이다. val는 변경 불가(Immutable)한 변수를 만들 때 사용하며, var은 변경 가능(Mutable)한 변수를 만들 때 사용한다.

```
> val x = 1
> x = 2
error: reassignment to val

> var y = 2
> y = 3
```

val로 선언한 x에는 새로운 값을 할당할 수 없고, var로 선언한 y에는 새로운 값을 할당할 수 있다. 대부분의 함수형 언어들이 변경 불가한 변수를 강조하지만, 스칼라는 객체지향 패러다임도 포함하는 언어이므로 변경 가능한 변수의 개념도 제공한다. 객체지향이 되기 위해서는 객체의 내부 상태를 프로그래밍적으로 표현하고 다룰 수 있어야 하기 때문이다. 다만, 지금까지 이 책을 통해 함수형 언어를 공부해 온 독자라면 스칼라 코드의 **val**를 봤을 때 안정감을 느끼고, **var**를 봤을 때는 다소 불편함을 느낄 수 있게 되었기를 바란다. **var**가 눈에 들어온 순간 이 변수가 어디서 변경되는지, 멀티스레드에서 공유되지는 않는지를 함께 생각해야 하기 때문이다.

한편, 하스켈을 거친 독자라면 스칼라의 타입 시스템이 무엇인지 매우 궁금할 것이다. 마치 자바스크립트처럼 var라는 키워드를 사용하는 데다가 특별한 타입 명시가 없기 때문이다. 동적 타입 언어처럼 변수를 정의했고 사용했지만, 스칼라도 하스켈처럼 정적 타입 언어다. 하스켈처럼 타입 추론 시스템이 있어, 타입을 일일이 쓰지 않아도 된다. 그러나 하스켈에서도 설명했지만, 여럿이서 개발할 때는 타입을 명시적으로 선언하는 것이 좋다. 스칼라에서는 다음과 같이 변수의 타입을 명시해 줄 수 있다.

```
> val x:Int = 1
```

함수

▌함수 정의

함수를 정의할 때는 def라는 키워드를 사용한다.

```
def 함수_이름(인자_이름:타입):출력_타입 = {
    함수_본문
}
```

자바에서 넘어온 사람에게는 생소할 수 있는 부분이 바로 함수 본문의 마지막 표현식이 함수의 출력값으로 반환된다는 점이다. 이는 리스프를 비롯한 모든 함수형 언어에서 **함수는 곧 값**이라는 개념에 근거한다. 즉, 모든 함수는 값을 반환하는 것을 전제로 한다. 하지만 자바를 기준으로 쉽게 생각하자면 단순히 return이란 키워드가 생략되었다고 봐도 무방하다. 위 문법에 따라 함수를 정의한 예는 다음과 같다.

```
> def add(x: Int, y: Int): Int = {
    x + y
}
```

함수의 본문이 한 줄인 경우에는 다음과 같이 중괄호를 생략할 수 있다.

```
> def add(x: Int, y: Int): Int = x + y = x + y
```

그리고 함수의 출력 타입은 컴파일러가 추론할 수 있기 때문에 생략할 수 있다. 다만 입력 타입은 생략할 수 없다.

```
> def add(x: Int, y: Int) = x + y
```

꽤나 간결한 함수 표현이다. 다음은 같은 내용을 하스켈로 작성했을 때의 코드다.

```
add :: Int -> Int
add x y = x + y
```

둘 다 타입 정보가 적절히 기술되어 있고 군더더기 없이 함수를 짧고 간결하게 정의할 수 있는 유려한 문법을 갖추었음을 알 수 있다.

람다 함수

이름이 없는 함수인 람다 함수를 만드는 방법은 다음과 같다. 먼저, 앞서 살펴본 함수 정의에서부터 시작해 보자.

```
def add(x: Int, y: Int) = x + y
```

람다 함수는 이름이 없는 함수이니 여기서 이름을 지워 보자.

```
def (x: Int, y: Int) = x + y
```

이어서 def를 지우고 중간의 =를 =>로 바꾼다.

```
(x: Int, y: Int) => x + y
```

이것이 람다식이다. 람다식에 인자를 적용해 보자.

```
> ((x: Int, y: Int) => x + y) (1, 2)
```

람다식을 괄호로 감싸고 인자를 써 주었다. 이는 람다 대수에서 값을 적용했던 방식과 매우 유사하다.

람다식은 변수에 저장할 수 있다.

```
> val mylambda = (x: Int, y: Int) => x + y
```

변수에 저장된 람다식에 인잣값을 적용할 수 있다.

```
> mylambda (3, 5)
8
```

한편, 다음은 람다식을 반환하는 람다 함수의 예다.

```
> (x: Int) => ((y: Int) => x + y)
```

위 람다 함수는 x를 입력으로 받고, (y: Int) => x + y라는 람다 함수를 반환한다. 따라서 입력 인자 x에 1을 적용하면, (y: Int) => 1 + y가 반환된다.

```
> (x: Int) => ((y: Int) => x + y) (1)
```

따라서 최종값을 얻으려면 값을 한 번 더 적용해야 한다.

```
> ((x: Int) => ((y: Int) => x + y) (1)) (2)
3
```

또한, 람다 함수를 입력 인자로 받는 함수를 정의할 수 있다.

```
> def lambdaAsInput(Int=>Int, x: Int): Int = fp(x)
> lambdaAsInput((x: Int)=>(x * 3), 5)
15
```

lambdaAsInput 함수는 첫 번째 인자로 람다 함수를 받고, 두 번째 인자로 숫자를 받아서 람다 함수에 인자를 적용한 결과를 반환한다.

이처럼 스칼라에서도 함수는 1급 시민으로 간주되어 변수에 저장할 수 있으며, 함수의 인자나 결과에 사용될 수 있다.

패턴 매치

스칼라에서도 패턴 매치는 매우 요긴하게 사용된다. 자바의 switch, case문과 비슷하게 생긴 match와 case라는 키워드를 사용하여 다음과 같이 작성한다.

```
변수 match {
    case 값1 => expression1
    case 값2 => expression2
    case _ => expression3
}
```

변수의 값이 '값1'이면 expression1이 반환되고, '값2'면 expression2가 반환되며, 그 외에는 expression3이 실행된다. 언더바(_)가 여기서는 '그 외'라는 의미로 사용되고 있다.

패턴 매치를 사용한 간단한 예를 들어 보면 다음과 같다.

```
> val a = 3
> a match {
    case 1 => println("1")
    case 2 => println("2")
    case 3 => println("3")
    case _ => println("else")
}
```

이 예는 단순히 값에 의한 분기를 수행하고 있다. 더 복잡한 조건을 통해 분기를 지정하는 것도 가능하다.

```
> val a = 3
> a match {
    case x if x == 1 => println("1")
    case x if x > 2 => println("bigger than 2")
    case x => println("else")
}
```

여기서 각 case에 이어 사용된 x라는 변수는 패턴 매치의 대상이 되는 변수를 지칭한다. 따라서 위 예에서는 a의 값이 x에 대입되어 if 조건식에 의해 패턴 매치가 수행된다. 만약에 패턴 매치의 대상이 String이면 다음과 같이 String의 함수를 사용할 수 있게 된다.

```
> val a = "HI"
> a match {
    case x if x.equals("hi") => println("hi")
    case x if x.toLowerCase.equals("hi") => println("HI")
}
```

위 코드에서는 패턴 매치의 대상이 되는 변수의 타입이 String이기 때문에 String의 메서드 toLowerCase()를 사용할 수 있었다.

Int나 String 외에도 리스트나 객체에 대해서도 패턴 매치를 사용할 수 있다. 이에 대해서는 각각의 개념부터 살펴본 후 알아볼 것이다.

리스트

스칼라에서 리스트를 다루는 방법에 대해 알아보자.

▌List

스칼라에서는 다음과 같이 List라는 키워드를 사용하여 리스트를 정의할 수 있다.

```
> val a = List(1, 2, 3)
a: List[Int] = List(1, 2, 3)
```

출력을 보면 List[Int]라고 출력되어 Int로 구성된 리스트가 만들어진 것을 알 수 있다. 또한, 다음과 같이 여러 종류의 타입으로 구성된 리스트를 만드는 것도 가능하다.

```
> val b = List(1, "2", 3.0)
b: List[Any] = List(1, 2, 3.0)
```

참고로, Any는 모든 스칼라 타입의 부모이기 때문에 Any 타입의 변수에는 모든 타입의 값을 담는 것이 가능하다.

```
> val a:Any = 1
> val a:Any = "1"
> val a:Any = 2.0
> val a:Any = List(1, 2, 3)
```

▌Nil과 ::

스칼라에서는 Nil(빈 리스트)과 ::(콘즈)를 통해 리스트를 구성할 수 있다. Nil과 콘즈를 사용해서 리스트를 구성하는 예는 다음과 같다.

```
> Nil
List()

> 1 :: Nil
List(1)

> 1 :: 2 :: Nil
List(1,2)

> 1 :: List(2, 3)
List(1, 2, 3)

> 1 :: (2 :: (3 :: Nil))
 List(1, 2, 3)
```

::는 기본적으로 값 :: 리스트 형태로 사용된다. 따라서 1 :: 2와 같이 값만 가지고 사용하면 에러가 발생한다. 1 :: 2 :: Nil의 경우는 Nil이 빈 리스트를 의미하기 때문에 사용할 수 있다.

▌head와 tail

리스트에 있는 head라는 메서드는 리스트의 첫 번째 요소를 반환하며, tail은 첫 번째 요소를 제외한 나머지 리스트를 반환한다.

```
> List(1, 2, 3).head
1

> List(1, 2, 3).tail
List(2, 3)
```

head와 tail은 재귀 함수를 작성할 때 요긴하게 사용된다. List의 합을 구하는 재귀 함수는 다음과 같다.

```
> def sumOfList(list: List[Int]): Int = {
    if (list == Nil) 0
    else list.head + sumOfList(list.tail)
}

> sumOfList(List(1, 2, 3))
6
```

입력 인자 list가 빈 리스트(Nil)이면 0을 반환하고, 그 외에는 (리스트의 head값 + 재귀 호출 (리스트의 tail))을 반환한다. 지금까지 리스트, 클로저, 하스켈을 거쳐 온 독자라면 여러 언어를 통해 반복적으로 공부한 내용이기 때문에 어렵지 않게 이해할 수 있을 것이다. 그렇다면 앞 예를 참고하여 다음 연습문제를 풀어 보기 바란다.

연습문제

❶ 숫자로 구성된 리스트를 인자로 받아서 짝수인 숫자만 포함하는 리스트를 반환하는 filterOdd 함수를 재귀적으로 작성하라.

```
> filterOdd(List(1, 2, 3, 4, 5))
List(2,4)
```

리스트에 대한 패턴 매치

리스트는 head::tail로 구성된다. 즉, head는 리스트의 첫 번째 값이고 tail은 나머지 리스트를 가리킨다. 그러면 다음과 같이 리스트의 head와 tail을 변수에 할당하는 것이 가능하다.

```
> val head :: tail = List(1, 2, 3, 4, 5)
> head
1
> tail
List(2, 3, 4, 5)
```

변수 head에는 리스트의 첫 번째 값이 배정되었고, tail에는 나머지 리스트가 배정되었다. 이를 패턴 매치에 사용할 수 있다.

```
> val list = List(1, 2, 3)
> list match {
    case Nil => println("empty")
    case head :: tail => println(head)
}
1
```

그럼, 앞서 작성했던 List의 합을 구하는 함수를 패턴 매칭을 사용하도록 수정해 보자.

```
> def sumOfList(list: List[Int]): Int = {
    list match {
      case Nil => 0
      case head :: tail => head + sumOfList(tail)
    }
}
> sumOfList(List(1, 2, 3))
6
```

list가 Nil일 때와 head :: tail일 때로 구분지어 재귀 함수를 작성하였다. 재귀 함수를 정의할 때 패턴 매치를 사용하면 좀 더 구조적이고 세련된 코드가 되는 것을 알 수 있다. 그럼 위예제를 참고하여 다음 연습문제를 직접 풀어 보기 바란다.

연습문제

❶ 앞서 나온 연습문제에서 작성했던 filterOdd 함수를 패턴 매치를 사용하도록 수정하라.

❷ 고차 함수 map을 패턴 매치와 재귀 함수를 사용하여 구현하라.

객체지향적인 문법

스칼라는 함수형 언어이면서 객체지향 언어다. 이번에는 스칼라에 있는 객체지향적인 문법들을 살펴보자.

클래스

스칼라에서는 다음과 같이 클래스(class)를 정의할 수 있다.

```
class A {
    var field1: Int = 0

    def this(value: Int) = {
        this()
        this.field1 = value
    }

    def print() = {
        println(field1)
    }
}
```

클래스 A는 하나의 멤버 필드를 가지며, print()라는 메서드를 가진다. 자바와 비교했을 때 특히 차이나는 부분은 this 함수가 생성자인 점이다.

정의한 클래스의 인스턴스를 만들어서 메서드를 수행해 보자.

```
> val a = new A(1)
> a.print
1

> val b = new A(2)
> b.print
2
```

한편, this 생성자를 없애고 다음과 같이 간략하게 표현할 수도 있다.

```
> class A(f1: Int) {
    var field1: Int = f1

    def print() = {
        println(field1)
    }
}
```

클래스의 이름 옆에 생성자의 인자를 나열하고, 멤버 필드를 선언하면서 해당 인자를 대입하고 있다.

▌ 오브젝트

클래스의 인스턴스를 단 하나만 만들도록 제한하는 디자인 패턴을 **싱글턴(Singleton)**이라 한다. 자바에서는 클래스를 싱글턴으로 만들기 위해 생성자를 private으로 하고, 객체 생성 시기 및 멀티 스레드 여부에 따른 다양한 생성 패턴이 존재한다. 다행히도 스칼라에서는 아예 싱글턴을 만드는 키워드가 존재한다. class대신 object라는 키워드를 사용하여 클래스를 정의하면 자동으로 싱글톤이 된다.

```
> object C {
    var field1: Int = 0

    def print() = {
        println(field1)
    }
}
```

클래스를 object 키워드를 사용하여 정의하면, new 없이 C의 메서드를 사용하는 것이 가능해진다.

```
> C.print
0
```

일반적으로 자바의 main 함수는 다음과 같이 static이란 키워드를 사용하여 정적 메서드가 되도록 지정한다.

```
public class Main {
    public static void main(String[] args) {
        // 프로그램의 시작점
    }
}
```

스칼라에서는 동일한 기능을 위해 object 클래스를 사용한다.

```
object Main {
    def main(args: Array[String]): Unit = {
        // 프로그램의 시작점
    }
}
```

▌트레잇

트레잇(Trait)은 자바의 인터페이스(Interface)와 비슷하다. 트레잇을 상속받은 클래스는 트레잇에 정의된 메서드를 사용하거나 재정의할 수 있다.

```
> trait Talker {
    def say(topic: String): String
}

> class TooMuchTalker extends Talker {
  override def say(topic: String): String = {
    topic * 3
  }
}

> val chanho = new TooMuchTalker()
> chanho.say("Hi")
HiHiHi
```

이 예에서는 Talker라는 트레잇을 만들었다. Talker 트레잇을 상속받는 클래스는 반드시 say라는 함수를 정의해야 한다. 그래서 TooMuchTalker라는 클래스는 입력 인자로 주어진 topic을 세 번 반복한 값을 반환하도록 구현했다.

동일한 트레잇을 상속한 클래스의 객체들은 트레잇의 타입으로 함께 다뤄질 수 있다.

```
> class TooLessTalker extends Talker {
  override def say(topic: String): String =
    "nothing to say"
}

> import scala.collection.mutable.ArrayBuffer
> val talkers = ArrayBuffer.empty[Talker]
> talkers.append(new TooMuchTalker())
> talkers.append(new TooLessTalker())
> talkers.foreach(talker=>println(talker.say("Hi")))
HiHiHi
nothing to say
```

TooLessTalker 클래스도 Talker 트레잇을 상속받았기 때문에, TooLessTalker의 인스턴스와 TooMuchTalker의 인스턴스는 모두 Talker의 인스턴스로 함께 다뤄질 수 있다.

한편, 스칼라의 트레잇은 기본 메서드를 정의하는 것이 가능하다. 이는 자바의 인터페이스와 가장 크게 차이가 나는 부분으로, 이를테면 다음과 같이 Talker 트레잇에 quiet()라는 메서드를 추가해 보자.

```
> trait Talker {
    def say(topic: String): String
    def quiet(): String = "..."
}
```

그러면 트레잇을 상속받은 클래스에서 특별히 재정의하지 않으면 기본 정의가 사용된다.

```
> val lee = new TooLessTalker()
> lee.quiet()
...
```

물론, 다음과 같이 상속받은 클래스에서 함수를 재정의할 수도 있다.

```
> class TooMuchTalker extends Talker {
  override def say(topic: String): String = {
      topic * 3
  }
  override def quiet(topic: String): String = {
      "I don't want be quiet. I love talking."
  }
}
```

그렇다면 트레잇과 **추상 클래스(Abstract Class)**는 무슨 차이가 있을까? 스칼라의 추상 클래스
는 트레잇과 거의 유사한 맥락에서 사용할 수 있다.

```
> abstract class Talker {
    def say(topic:String): String
    def quiet(): String = "..."
}
> class TooMuchTalker extends Talker {
    def say(topic:String): String = "I used abstract class this time"
}
```

둘 다 extends라는 키워드를 사용하여 상속하며, 기본 메서드를 정의하는 것이 가능하다. 둘
의 차이점은 다음과 같다.

- 하나의 클래스는 하나의 추상 클래스만을 상속받을 수 있다.
- 하나의 클래스는 여러 개의 트레잇을 상속받을 수 있다.

따라서 다음과 같이 새로운 트레잇인 Pitcher를 정의하고, TooMuchTalker 클래스가 Talker
트레잇과 Pitcher 트레잇을 상속받는 것이 가능하다.

```
> trait Pitcher {
  def throwFastBall():String = "Fast!"
  def throwCurveBall():String = "Curve!"
  def throwSliderBall():String = "Slider!"
}

> class TooMuchTalker extends Talker with Pitcher {
    override def say(topic:String):String = {
        "Hi, I am a pitcher and too much talker."
    }
}

> val chanho = new TooMuchTalker()
> chanho.throwFastBall()
Fast!
> chanho.say("Hi")
Hi, I am a pitcher and too much talker.
> chanho.quiet()
...
```

하나의 클래스가 여러 개의 트레잇을 상속받을 때는 with라는 키워드를 사용한다.

▌ 케이스 클래스

케이스 클래스(Case Class)를 사용하면 멤버 필드만 가지는 클래스를 쉽게 작성할 수 있다. 예를 들면, 다음과 같이 세 개의 필드를 가지는 케이스 클래스를 정의할 수 있다.

```
> case class Person(name:String, age: Int, married: Boolean)
```

케이스 클래스의 인스턴스를 만들 때는 new를 사용하지 않음에 주의하자.

```
> val jack = Person("Jack", 35, true)
```

케이스 클래스에는 게터(Getter)나 세터(Setter)와 같은 멤버 필드에 접근하는 메소드가 없는 대신에 다음과 같이 직접 참조할 수 있다.

```
>jack.name
Jack

>jack.age
35

>jack.married
true
```

케이스 클래스의 각 멤버 필드는 기본적으로 변경 불가(Immutable)이기 때문에 값을 재할당할 수는 없다.

```
> jack.age = 36
error: reassignment to val
```

그러나 케이스 클래스를 정의할 때 필드 멤버에 다음과 같이 명시적으로 var를 선언해 주면 재할당하는 것이 가능해진다.

```
> case class Person(var name:String, var age:Int, var married:Boolean)
> val jack = Person("Jack", 35, true)
> jack.age = 36
> jack
Person = Person(Jack, 36, true)
```

또한, 케이스 클래스를 정의하면 자동으로 toString, equals, hashCode 메서드가 생성되므로 별도의 정의 없이 인스턴스를 출력하고, 비교할 수 있다.

```
>println(jack)
Person(Jack, 35, true)
> jack == Person("Tony", 35, true)
false
```

케이스 클래스는 매우 민첩하게 정의하고 사용할 수 있어 스칼라 코드에서 많이 애용된다. 특히, 패턴 매치와 함께 사용하면 그 진가가 드러난다. 다음 예를 살펴보자.

```
> case class Person(name:String, score:Int)

> val jack = Person("Jack", 88)
> val tony = Person("Tony", 67)

> def isQualified(person:Person):Boolean = {
    person match {
      case Person(name, score)  if score > 80 => true
      case _ => false
    }
}

> isQualified (jack)
true
> isQualified (tony)
false
```

Person이란 케이스 클래스를 정의했고, 그 인스턴스로 jack과 tony를 만들었다. 그리고 isQualified란 함수는 패턴 매칭을 통해 Person 클래스의 score를 기준으로 조건 분기하여 결과를 반환하고 있다. 이처럼 케이스 클래스에 대한 패턴 매치를 사용하면 내부 필드에 자연스럽게 접근하여 조건 분기를 기술할 수 있다.

한편 다음 절에서 배울 Akka 라이브러리에서는 케이스 클래스와 패턴 매치를 활용한 메시지 송수신이 많이 사용된다. 비슷한 패턴의 예제를 살펴보자.

```
> abstract class Message

> case class GreetingMessage(sender:String, msg:String) extends Message

> case class FarewellMessage(sender:String, msg:String) extends Message
```

비어 있는 추상 클래스 Message를 정의하고, 이를 상속하여 GreetingMessage와 Farewell Message를 정의하였다.

```
> def replyToMessage(message: Message): Unit = {
    message match {
        case GreetingMessage(sender, msg) =>
            println(s"$sender: $msg")
            println(s"you: Nice to meet you! $sender")
        case FarewellMessage(sender, msg) =>
            println(s"$sender: $msg")
            println(s"you: Good Bye! $sender")
    }
}
```

replyToMessage 함수는 Message 타입을 인자로 받고, 이 인자가 실제 어떤 클래스의 인스턴스인지를 기준으로 패턴 매치하여 분기한다. 다음과 같이 메시지를 만들어 함수에 넘겨보도록 하자.

```
> val m1 = GreetingMessage("Jack", "Hi, I'm from CTU")
> val m2 = FarewellMessage("Jack", "Sorry, I leave CTU")

> replyToMessage(m1)
Jack: Hi, I'm from CTU
you: Nice to meet you! Jack

> replyToMessage(m2)
Jack: Sorry, I leave CTU
you: Good Bye! Jack
```

위와 같이 메시지를 만들어서, 주고받는 것이 Akka 액터 시스템의 핵심 메커니즘이다. 그러면 이제 Akka 라이브러리에 대해 알아보자.

Akka

Akka는 액터 모델을 바탕으로 분산 병렬 시스템을 보다 쉽고 정확하게 개발하기 위한 라이브러리다. 자고로 객체지향의 핵심은 객체 간에 메시지를 주고받는 것인데, Akka는 이 원리에 충실하여 오직 메시지를 통해서만 상호 교류할 수 있도록 설계되었다. 먼저, 가장 간단한 액터 시스템을 만들어 보자.

단순한 액터 예제

gradle을 사용하여 SimpleActor라는 이름의 프로젝트를 만들도록 한다.

```
$ cd /workspace/scala
$ mkdir SimpleActor && cd SimpleActor
$ gradle init --type scala-library
```

자동으로 생성된 build.gradle 파일을 다음과 같이 수정한다.

▶ [/workspace/scala/SimpleActor/build.gradle]

```
plugins {
    id 'scala'
    id 'application'
}

repositories {
    jcenter()
}

mainClassName = "SimpleActor.Main"

dependencies {
    compile group: 'com.typesafe.akka', name: 'akka-actor_2.12', version: '2.5.19'
    implementation 'org.scala-lang:scala-library:2.12.7'

    testImplementation 'junit:junit:4.12'
    testImplementation 'org.scalatest:scalatest_2.12:3.0.5'

    testRuntimeOnly 'org.scala-lang.modules:scala-xml_2.12:1.1.1'
}
```

그리고 프로젝트 밑 src/main/scala/SimpleActor/Main.scala에 다음과 같이 코드를 작성한다.

▶ [/workspace/scala/SimpleActor/src/main/scala/SimpleActor/Main.scala]

```scala
package SimpleActor

import akka.actor.{ ActorSystem, Actor, ActorRef, Props }
import akka.event.Logging

class JackActor extends Actor {
  val log = Logging(context.system, this)

  def receive = {
    case "Hey" => log.info("Hi")
    case _     => log.info("What?")
  }
}

object Main {
    def main(args: Array[String]) {
      val system = ActorSystem("actorsystem")

      val actorJack = system.actorOf(Props(classOf[JackActor]), "actorJack")

      println(s"$actorJack")

      actorJack ! "Hey"
      actorJack ! "Still work for CTU?"
    }
}
```

Main부터 코드를 따라가보자. 제일 먼저 ActorSystem을 만들고 있다. 액터들이 태어나 살 수 있는 세계를 만든 것이다.

▌ `val system = ActorSystem("actorsystem")`

이어서 액터를 하나 만들고, 그것에 대한 **참조(Reference)**를 변수 actorJack에 대입했다.

▌ `val actorJack = system.actorOf(Props(classOf[JackActor]), "actorJack")`

Akka에서는 액터의 참조를 통해 오로지 메시지만 보낼 수 있는데, 다음과 같이 ! 메서드를 사용하여 메시지를 보낼 수 있다.

▌ `actorJack ! "Hey"`

"Hey"라는 메시지를 actorJack에게 보냈다. 그러면 actorJack의 receive 함수에 메시지가 전달된다.

```
def receive = {
    case "Hey" => log.info("Hi")
    case _     => log.info("What?")
}
```

"Hey"라는 문자열에 대해서는 "Hi"라고 로그를 찍도록 되어 있다. 한편 이어서 actorJack에게 "Still work for CTU?"라는 메시지를 보내지만, 이 문자열은 receive에 정의되어 있지 않기 때문에 _ 패턴에 걸려 "What?"이란 로그를 찍게 된다. 위 코드를 실행해 보자.

```
$ gradle run
Actor[akka://actorsystem/user/actorJack#-1632545771]
[INFO] [01/12/2019 11:43:22.427] [actorsystem-akka.actor.default-dispatcher-3]
[akka://actorsystem/user/actorJack] Hi
[INFO] [01/12/2019 11:43:22.433] [actorsystem-akka.actor.default-dispatcher-3]
[akka://actorsystem/user/actorJack] What?
```

첫 줄에 출력된 akka://actorsystem/user/actorJack#-1632545771는 jackActor의 주소(Path)다. 모든 액터는 고유한 주소를 부여받게 되며, 이 주소를 기반으로 메시지 통신이 일어난다. 이는 단일 머신 환경뿐 아니라 분산 컴퓨팅 환경에서도 마찬가지다. 한편, 다음과 같이 주소를 기반으로 액터를 선택할 수도 있다.

```
val actorSelected = system.actorSelection("**/actorJack")
actorSelected ! "Hey"
```

또한, 다음과 같이 와일드카드(*)를 사용해 여러 액터를 선택하여 메시지를 보낼 수도 있다.

```
val actorJack = system.actorOf(Props(classOf[JackActor]), "actorJack")

val actorJack2 = system.actorOf(Props(classOf[JackActor]), "actorJack2")

val actors = system.actorSelection("**/actorJack*")
actors ! "Hey"
```

한편, 기본적으로 액터 시스템은 무한 루프를 돌며 종료하지 않는다. 일단은 Ctrl+c를 통해 강제 종료하기 바란다. 액터 시스템의 라이프사이클에 대해서는 뒤에서 자세히 알아볼 것이다.

▌ 재미있는 액터 놀이

앞서 간단한 액터를 만들어 봤다. 이번에는 2개의 액터를 만들고 서로 메시지를 주고받도록 해보자.

gradle을 사용하여 PingPongActor라는 이름의 프로젝트를 만들도록 한다.

```
$ cd /workspace/scala
$ mkdir PingPongActor && cd PingPongActor
$ gradle init --type scala-library
```

자동으로 생성된 build.gradle 파일을 다음과 같이 수정한다.

▶ [/workspace/scala/PingPongActor/build.gradle]

```
plugins {
    id 'scala'
    id 'application'
}

repositories {
    jcenter()
}

mainClassName = "PingPongActor.Main"

dependencies {
    implementation 'com.typesafe.akka:akka-actor_2.12:2.5.19'
    implementation 'org.scala-lang:scala-library:2.12.7'

    testImplementation 'junit:junit:4.12'
    testImplementation 'org.scalatest:scalatest_2.12:3.0.5'

    testRuntimeOnly 'org.scala-lang.modules:scala-xml_2.12:1.1.1'
}
```

그리고 프로젝트 밑 src/main/scala/PingPongActor/Main.scala에 다음과 같이 코드를 작성한다.

▶ [/workspace/scala/PingPongActor/src/main/scala/PingPongActor/Main.scala]

```
package PingPongActor

import akka.actor.{ Actor, ActorSystem, ActorRef, ActorLogging, Props, PoisonPill }
import scala.concurrent.duration._
```

```scala
class JackActor extends Actor with ActorLogging {
  var cnt = 0

  override def receive: Receive = {
    case "Ping" => {
      log.info(s"${self.path} recieved Ping ${cnt}")
      cnt = cnt + 1
      if (cnt == 10) {
        sender() ! PoisonPill
        context.stop(self)
      } else {
        sender() ! "Pong"
      }
    }
    case _ => throw new Exception("I failed")
  }
}

class TonyActor(peer: ActorRef) extends Actor with ActorLogging {
  override def receive: Receive = {
    case "Ping" => {
      log.info(s"${self.path} received ping")
      peer ! "Ping"
    }
    case "Pong" => {
      log.info(s"${self.path} received pong")
      sender() ! "Ping"
    }
    case _ => throw new Exception("I failed")
  }
}

object Main {
  def main(args: Array[String]) {
    val system = ActorSystem("actorsystem")

    val jackActor= system.actorOf(Props(classOf[JackActor]), "JackBauer")
    val tonyActor = system.actorOf(Props(classOf[TonyActor], jackActor),
"TonyAlmeida")

    tonyActor ! "Ping"
  }
}
```

이번에는 2개의 액터를 정의했다. JackActor와 TonyActor다. 먼저, JackActor를 액터 시스템
에 만들어 배치했다.

```scala
val jackActor= system.actorOf(Props(classOf[JackActor]), "JackBauer")
```

한편, tonyActor는 앞서 만든 jackActor를 인자로 지정하여 만들었다.

```
val tonyActor = system.actorOf(Props(classOf[TonyActor], jackActor), "TonyAlmeida")
```

TonyActor라는 클래스를 보면 다음과 같이 생성자로 ActorRef를 받고 있다.

```
class TonyActor(peer: ActorRef) extends Actor
```

즉, tonyActor에서는 jackActor에 메시지를 보낼 수 있도록 참조를 가지고 있는 것이다. 이어서 main의 마지막 줄을 보면 tonyActor에게 "Ping"이란 메시지를 보낸다.

```
tonyActor ! "Ping"
```

그러면 tonyActor는 로그를 찍고 peer, 즉 jackActor에게 "Ping"이란 메시지를 보낸다.

```
peer ! "Ping"
```

한편, JackActor는 멤버 필드로 var cnt = 0를 가지고 있다. 그래서 "Ping" 메시지가 올 때마다 값을 하나씩 증가시킨다. 그래서 cnt가 10보다 작을 때는 메시지를 전송한 쪽에게 "Pong"이란 메시지를 보낸다.

```
sender() ! "Pong"
```

그러면 tonyActor는 "Pong"이란 메시지를 받고, 로그를 남긴 후 sender에게 "Ping"을 다시 날린다.

```
case "Pong" => {
    log.info(s"${self.path} received pong")
    sender() ! "Ping"
}
```

다시 Ping을 받은 jackActor는 cnt를 하나 늘리고, cnt가 10이 되면 다음 코드를 수행하여 모든 액터를 종료시킨다.

```
if (cnt == 10) {
    sender() ! PoisonPill
    context.stop(self)
}
```

이렇게 jackActor와 tonyActor는 "Ping"과 "Pong"을 10번 반복하며 주고받는다. 한편, 액터에게 PoisonPill이라는 메시지를 전송하면 해당 액터는 스스로 종료한다. 즉, PoisonPill은 액터를 죽이는 독약인 셈이다. 그리고 context.stop(self)을 호출하면 액터 스스로 종료한다. 즉, 위 코드가 수행되면 액터 시스템상에 아무런 액터도 남아 있지 않은 상황이 된다. 한번 프로그램을 돌려 보도록 하자.

```
$ gradle run
...(생략)...
[akka://actorsystem/user/JackBauer] akka://actorsystem/user/JackBauer recieved
Ping 9 <===========---> 80% EXECUTING [1m 14s]
```

10번의 PingPong 이후 모든 액터는 종료되었지만 시스템은 종료되지 않는다. 액터 시스템을 종료시키려면 어떻게 해야 할까?

▌액터 시스템을 종료시키는 방법

액터 시스템에는 여러 개의 액터를 둘 수 있고, 액터 간에 서로 메시지를 주고받을 수 있으며, 각 액터는 자신에게 전달된 메시지에 정의된 동작을 수행한다는 것을 알아봤다. 비교적 간단한 프로그래밍 모델이다. 그런데 액터 시스템은 기본적으로 무한 루프를 돌며 각 액터들이 독립적으로 동작하기 때문에 어떻게 전체 시스템을 종료시킬지가 관건이 된다. 앞 예제에서도 봤지만 액터를 종료시키는 방법은 간단하다. PoisonPill이란 메시지를 액터에게 보내거나, 액터 내에서 스스로 context.stop(self)을 호출하면 된다. 하지만 액터를 모두 종료해도 액터 시스템은 종료되지 않는데, 액터 시스템을 종료하기 위해서는 ActorSystem.terminate()를 호출해야 한다. 액터 내에서도 context 변수를 통해 소속된 ActorSystem에 접근하여 해당 함수를 호출할 수 있다. 앞서 살펴본 예제에서는 종료 조건에 해당하는 코드가 다음과 같았다.

```
if (cnt == 10) {
    sender() ! PoisonPill
    context.stop(self)
}
```

위 코드를 다음과 같이 변경해 준다.

```
if (cnt == 10) {
    context.system.terminate()
}
```

그러면 프로그램을 종료시킬 수 있다. 여기서 주의해야 할 점은 ActorSystem.terminate()를 호출하면 액터가 할 일이 남아 있어도 무조건 시스템을 종료시켜 버린다는 점이다. 따라서 모든 액터가 자기 할 일을 마쳤다는 것이 확인된 상태에서 호출해야만 한다.

▌단어 보내기/단어 세기 액터

이번에는 한 액터가 임의의 단어를 다른 액터에게 보내면 다른 액터는 전달받은 모든 단어들의 빈도를 계산하고 출력하는 프로그램을 작성해 보자. gradle을 사용하여 WordCountActor라는 이름의 프로젝트를 만들도록 한다.

```
$ cd /workspace/scala
$ mkdir WordCountActor && cd WordCountActor
$ gradle init --type scala-library
```

자동으로 생성된 build.gradle 파일을 다음과 같이 수정한다.

▶ [/workspace/scala/WordCountActor/build.gradle]

```
plugins {
    id 'scala'
    id 'application'
}

repositories {
    jcenter()
}

mainClassName = "WordCountActor.Main"

dependencies {
    compile group: 'com.typesafe.akka', name: 'akka-actor_2.12', version: '2.5.19'
    implementation 'org.scala-lang:scala-library:2.12.7'

    testImplementation 'junit:junit:4.12'
    testImplementation 'org.scalatest:scalatest_2.12:3.0.5'

    testRuntimeOnly 'org.scala-lang.modules:scala-xml_2.12:1.1.1'
}
```

그리고 프로젝트 밑 src/main/scala/WordCountActor/Main.scala에 다음과 같이 코드를 작성한다.

▶ [/workspace/scala/WordCountActor/src/main/scala/WordCountActor/Main.scala]

```
package WordCountActor

import akka.actor.{ Actor, ActorSystem, ActorRef, ActorLogging, Props, PoisonPill }
import scala.concurrent.duration._
import collection.mutable.{HashMap, Map}
import scala.util.Random
```

```scala
case class Line(line: String)

class WordEmitActor(wordCountActor: ActorRef) extends Actor with ActorLogging {
  def makeRandomStr():String = {
    Random.alphanumeric.take(2).mkString
  }

  override def receive: Receive = {
    case "emit" => {
      wordCountActor ! Line(makeRandomStr)
    }
  }
}

class WordCountActor() extends Actor with ActorLogging {
  val resultMap = new HashMap[String, Int]()
  override def receive: Receive = {
    case "print" => {
      println(resultMap)
    }
    case Line(line) => {
      line.split(" ").foreach { word =>
        resultMap.put(word, resultMap.getOrElse(word, 0) + 1)
      }
    }
  }
}

object Main {
  def main(args: Array[String]) {
    val system = ActorSystem("actorsystem")

    val wordCountActor = system.actorOf(Props(classOf[WordCountActor]),
                                        "wordCountActor")
    val wordEmitActor = system.actorOf(Props(classOf[WordEmitActor],
                                       wordCountActor), "wordEmitactor")

    import system.dispatcher

    val cancellable = system.scheduler.schedule(
      0 milliseconds,
      50 milliseconds,
      wordEmitActor,
      "emit")
    Thread.sleep(1000)
    wordCountActor ! "print"
    cancellable.cancel()
    system.terminate()
  }
}
```

먼저, main을 보면 ActorSystem을 만든 후 그 안에 2개의 액터를 만들었다.

```
val wordCountActor = ...
val wordEmitActor = ...
```

wordEmitActor와 wordCountActor다. wordEmitActor는 "emit"이란 메시지를 받으면 wordCountActor에게 임의의 두 글자의 문자열을 보낸다. main에서는 스케줄러를 사용하여 주기적으로 WordEmitActor에게 "emit"이란 메시지를 보낸다.

```
import system.dispatcher

val cancellable = system.scheduler.schedule(
  0 milliseconds,
  50 milliseconds,
  wordEmitActor,
  "emit")
```

위와 같이 스케줄러를 설정하면 0밀리초 이후에 50밀리초 단위로 "emit"이란 메시지를 wordEmitActor에게 보내게 된다.

```
Thread.sleep(1000)
wordCountActor ! "print"
cancellable.cancel()
system.terminate()
```

스케줄러를 설정한 후 바로 1초간 sleep하므로 20번 정도 emit을 보낼 동안 기다리게 되며, 이어서 wordCountActor에게 "print"라는 메시지를 보내서 지금까지 집계한 정보를 출력하게 하고 있다. 이어서 스케줄러를 취소하고, 액터 시스템도 종료한다.

```
case class Line(line: String)

override def receive: Receive = {
  ase "emit" => {
      wordCountActor ! Line(makeRandomStr)
    }
}
```

WordEmitActor는 "emit"이란 메시지를 받으면 랜덤으로 생성한 두 글자의 문자열을 word CountActor에게 보내는데, 이때 문자열을 케이스 클래스인 Line에 담아서 보낸다.

```
case Line(line) => {
    line.split(" ").foreach { word =>
      resultMap.put(word, resultMap.getOrElse(word, 0) + 1)
    }
}
```

wordCountActor는 전달받은 케이스 클래스에서 문자열을 꺼내 단어별 출현 빈도를 저장하는 해시 맵을 갱신한다.

▌ 맵리듀스 단어 세기

이번에는 액터 시스템을 이용하여 하둡 맵리듀스(Hadoop Mapreduce)를 모사한 단어 세기 프로그램을 만들어 보자. 다음과 같이 액터 시스템을 구성할 것이다. 총 세 종류의 액터가 있다. 첫 번째는 Mapper 액터다. Mapper 액터는 파일을 읽고 단어 단위로 분리하여 (단어,1) 튜플로 Shuffler 액터에게 보내주는 역할을 수행한다. Shuffler 액터는 Mapper 액터로부터 전달받은 (단어,1)들을 적절히 그룹핑하여 동일한 단어는 동일한 Reducer 액터에게 전달하는 역할을 수행한다. 마지막으로 Reducer 액터는 Shuffle 액터로부터 전달받은 (단어,1)를 집계하여 단어의 빈도에 대한 해시 맵을 업데이트한다.

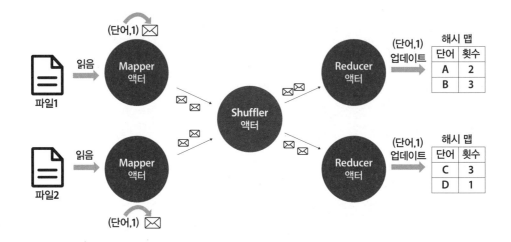

그럼 이제 시작해 보자. 먼저, gradle을 사용하여 MapReduceWCActor라는 이름의 프로젝트를 만들도록 한다.

```
$ cd /workspace/scala
$ mkdir MapReduceWCActor && cd MapReduceWCActor
$ gradle init --type scala-library
```

자동으로 생성된 build.gradle 파일을 다음과 같이 수정한다.

▶ [/workspace/scala/MapReduceWCActor/build.gradle]

```
plugins {
    id 'scala'
    id 'application'
}

repositories {
    jcenter()
}

mainClassName = "MapReduceWCActor.Main"

dependencies {
    compile group: 'com.typesafe.akka', name: 'akka-actor_2.12', version: '2.5.19'
    implementation 'org.scala-lang:scala-library:2.12.7'

    testImplementation 'junit:junit:4.12'
    testImplementation 'org.scalatest:scalatest_2.12:3.0.5'

    testRuntimeOnly 'org.scala-lang.modules:scala-xml_2.12:1.1.1'
}
```

그리고 프로젝트 밑 src/main/scala/MapReduceWCActor/Actors.scala에 다음과 같이 코드를 작성한다.

▶ [/workspace/scala/MapReduceWCActor/src/main/scala/MapReduceWCActor/Actors.scala]

```
package MapReduceWCActor

import akka.actor.{ Actor, ActorSystem, ActorRef, ActorLogging, Props, PoisonPill }
import collection.mutable.{ HashMap, Map }
import scala.io.Source

case class WordCountMap(word: String, count: Integer)
case class WordNum(num: Integer)

class MapperActor(shufflerActor: ActorRef) extends Actor with ActorLogging {
  override def receive: Receive = {
    case filePath: String  => {
      val lines = Source.fromFile(filePath).getLines.toList
      val words = lines.flatMap(x => x.split(" "))
      shufflerActor ! WordNum(words.size)
      words.map(x => shufflerActor ! WordCountMap(x, 1))
      context.stop(self)
    }
  }
}
```

```scala
class ShufflerActor(reducerActorList: List[ActorRef]) extends Actor with ActorLogging
{
  var receivedWordNum = 0
  override def receive: Receive = {
    case WordNum(num: Integer) => {
      receivedWordNum += num
    }
    case WordCountMap(word: String, count: Integer) => {
      val targetReducer = Math.abs(word.hashCode() % 2)
      reducerActorList(targetReducer) ! WordCountMap(word, count)
    }
    case "finished" => {
      receivedWordNum -= 1
      if (receivedWordNum == 0) {
        sender ! "print"
      }
    }
  }
}

class ReducerActor() extends Actor with ActorLogging {
  val resultMap = new HashMap[String, Int]();

  override def receive: Receive = {
    case "print" => {
      println(resultMap)
      context.system.terminate()
    }
    case WordCountMap(word: String, count: Integer) => {
      resultMap.put(word, resultMap.getOrElse(word, 0)+1)
      sender ! "finished"
    }
  }
}

object Main {
  def main(args: Array[String]) {
    val system = ActorSystem("actorsystem")

    val reducerActor1 = system.actorOf(Props(classOf[ReducerActor]), "reducerActor1")
    val reducerActor2 = system.actorOf(Props(classOf[ReducerActor]), "reducerActor2")

    val shufflerActor = system.actorOf(Props(classOf[ShufflerActor],List(reducerActor1, reducerActor2)), "shufflerActor")

    val mapperActor1 = system.actorOf(Props(classOf[MapperActor], shufflerActor), "mapperActor1")
    val mapperActor2 = system.actorOf(Props(classOf[MapperActor], shufflerActor), "mapperActor2")

    mapperActor1! "build.gradle"
```

```
    mapperActor2! "src/main/scala/MapReduceWCActor/Actors.scala"
  }
}
```

먼저 main에서는 MapperActor 2개, ShufflerAcotr 1개, ReducerActor 2개를 만들었다. 이어서 다음과 같이 두 MapperActor에게 단어를 셀 파일의 경로를 전달한다.

```
mapperActor1! "build.gradle"
mapperActor2! "src/main/scala/MapReduceWCActor/Actors.scala"
```

그럼 각 MapperActor는 해당 파일을 읽어 공백을 기준으로 쪼갠 단어들을 케이스 클래스 WordCountMap에 (단어,1)과 같이 담아서 ShufflerActor에게 보낸다.

ShufflerActor는 단어의 해시값을 기반으로 어느 쪽 ReducerActor에게 보낼지 결정한다.

```
val targetReducer = Math.abs(word.hashCode() % 2)
```

리듀서를 2개만 만들었기 때문에 단어는 둘 중 하나의 리듀서에 전달된다. 같은 단어는 같은 리듀서에게 전달되는 것이 가장 중요한 요구 사항이다. 이를 위해 동일한 값에 대해 언제나 같은 값을 반환하는 hashCode()를 사용하고 있다. 그리고 각 리듀서는 전달받은 단어를 기준으로 단어 출현 빈도를 갱신한다.

지금까지 액터 시스템을 이용하여 하둡 맵리듀스를 모사한 단어 세기 프로그램을 작성해 보았다. 실제 하둡 맵리듀스가 분산 병렬 처리하는 원리도 이와 크게 다르지 않다. 자세한 내용은 8장에서 살펴보게 될 것이다.

마무리

이번 장에서는 함수형 언어와 객체 지향의 특질을 모두 잘 갖추고 있는 스칼라의 기본적인 문법을 알아보고 Akka에 대해 살펴봤다. 스칼라는 클래스, 트레잇, 케이스 클래스와 같은 객체지향적인 문법을 가지고 있으면서도 람다식, 불변 변수, 패턴 매치 등의 함수형 언어의 특질도 고루 잘 갖추고 있음을 확인했다.

이러한 스칼라는 빅 데이터 프레임워크인 아파치 스파크와 아파치 플링크에서도 메인 언어로 사용되고 있으며, 이 책의 뒷 부분의 실습에 사용될 것이다. 그리고 Akka는 액터 간에 메시지를 서로 주고받는다는 단순하고 재미있는 프로그래밍 모델을 따른다. 어떤 메시지를 어떤 순서로 주고받을지를 생각하며 프로그램을 작성하다 보면 쉽게 분산 병렬 처리 프로그램으로까지 확장하는 것이 가능하다. 또한 하둡 맵리듀스를 모사하여 단어 세는 프로그램을 만들어 봤는데, 여기에 기능을 더 추가해서 본인만의 분산 병렬 처리 프레임워크를 만들어 본다면 분명 좋은 포트폴리오가 될 것이다.

07

얼랭 위에 핀 영약
엘릭서

RPG 게임 좀 해 본 사람이라면 엘릭서라는 단어에 호감을 가지고 있을 것이다. 엘릭서가 보통 효과가 꽤 좋은 회복약으로 나오기 때문이다. 이 엘릭서(Elixir)는 2011년에 조세 발림(José Valim)에 의해 만들어졌으며, 얼랭 가상 머신(BEAM)에서 돌아가는 현대적인 함수형 언어다. 사실 엘릭서의 기반 플랫폼인 얼랭 자체도 함수형 언어의 세계에서는 전설적인 존재다. 텔레콤 시스템을 위해 안정성과 확장성을 갖춘 얼랭은 99.9999999%라는 경이적인 수치의 작동율을 자랑한다. 클로저와 루비(Ruby)의 영향을 받은 엘릭서는 그 이름처럼 센스있는 문법으로 얼랭보다 생산성 있게 프로그램을 작성할 수 있는 매력적인 언어다.

도커 컨테이너 접속

지금까지 사용한 컨테이너에서 실습을 계속 진행하면 된다.

```
$ docker restart fpstudy
$ docker attach fpstudy
```

실행 방법

REPL

엘릭서의 REPL을 실행하는 방법은 다음과 같다.

```
$ iex
> 1 + 2
```

REPL에서 나오려면 Ctrl + c를 두 번 입력한다.

코드에 작성하고 실행하기

다음과 같이 파일에 코드를 작성하고 프로그램을 돌려볼 수도 있다. 이때 확장자는 .ex나 .exs를 사용한다.

▶ [/workspace/elixir/hello.exs]

```
IO.puts "Hello, World!"
```

```
$ elixir hello.exs
Hello, World!
```

주요 자료 구조

엘릭서의 주요 자료 구조를 먼저 살펴보자. 다른 언어에서도 나타나는 기본 데이터 타입들에 대해서는 다음과 같이 한번에 알아보고, 여기서는 엘릭서의 고유하고 독특한 자료 구조들에 대해 자세히 살펴보도록 하자.

```
> 1          # integer
> 0x1F       # 16진수 integer
> 1.0        # float
> true       # boolean
> "hello"    # string
```

▌ 아톰

엘릭서에서 **아톰(Atom)**은 상수를 말하며, 그 이름이 바로 값이다. 이를테면 다음과 같다.

```
> :iamatom
:iamatom

> :justavalue
:justavalue
```

아톰은 주로 해시 맵이나 튜플의 키로 사용된다. 한편, 아톰이 만들어지면 아톰 테이블에 기록이 되며, 가비지 컬렉션에 의해 지워지지 않는다. 따라서 자칫 프로그램을 잘못 작성하면 아톰 테이블을 전부 소모할 수 있으므로 주의가 필요하다.

▌ 리스트

엘릭서에서의 리스트는 [] 기호 안에 쉼표(,)로 요소를 구분한다. 하나의 리스트 안에는 여러 타입의 값이 들어갈 수 있다.

▌ [1, :iamatom, 0.5]

리스트의 특정 요소 값을 얻기 위해서는 Enum 모듈에 있는 at이라는 함수를 사용한다.

```
> Enum.at([1, 2, 3], 0)
1
> Enum.at([1, 2, 3], 1)
2
```

리스트는 내부적으로 **링크드 리스트**로 구현되어 있으므로, 특정 요소에 접근할 때 **O(n)**의 **시간 복잡도(Time Complexity)**가 소요된다.

한편, 엘릭서에서는 리스트를 위한 다음과 같은 연산자들이 존재한다. 먼저, 두 리스트를 붙이기 위한 ++ 연산자가 있다.

```
> [0, 1, 2] ++ [3, 4, 5]
[0, 1, 2, 3, 4, 5]
```

그리고 하나의 리스트에서 다른 리스트에 있는 값을 빼기 위한 -- 연산자가 있다.

```
> [0, 1, 2] -- [1]
[0, 2]
> [0, 1, 2, 0, 1, 2] -- [1, 2]
[0, 0, 1, 2]
```

또한 지금까지 봐왔던 함수형 언어에서처럼 엘릭서에도 리스트의 첫 값과 그 나머지 리스트를 얻는 함수가 존재한다. 리스트의 첫 값을 얻는 함수는 hd로, head의 약자다.

```
> hd([1, 2, 3, 4])
1
```

첫 값을 제외한 나머지 리스트를 얻는 함수는 tl이며, tail의 약자다.

```
> tl([1, 2, 3, 4])
[2, 3, 4]
```

▌튜플

튜플은 값의 묶음이다. 엘릭서에서는 {}를 사용하여 여러 타입의 값을 하나의 튜플로 묶을 수 있다.

```
> mytuple = {1, :iamatom, "iamstring"}
```

위 예에서는 세 값을 하나의 튜플로 묶었다. 튜플의 특정 인덱스에 있는 값에 접근하기 위해서는 elem이란 함수를 사용한다.

```
> elem(mytuple, 0)
1

> elem(mytuple, 1)
:iamatom

> elem(mytuple, 2)
"iamstring"
```

튜플의 특정 인덱스의 값을 바꾸기 위해서는 put_elem이란 함수를 사용한다.

```
> put_elem(mytuple, 0, 2)
{2, :iamatom, "iamstring"}
```

여기서 주의해야 할 점은 튜플이 변경 불가(Iimmutable)하다는 점이다. 그래서 mytuple의 값은 처음 할당된 값에서 절대 변하지 않는다.

```
> mytuple
{1, :iamatom, "iamstring"}
```

입력값을 바꾸지 않은 대신 put_elem은 변경된 튜플을 반환한다. 이러한 함수형 언어의 변경 불가의 특징은 클로저의 '해시 맵과 변경 불가 속성' 절에서 자세히 살펴봤으니 참고하기 바란다.

▌키워드 리스트

엘릭서에서는 **키워드 리스트(Keyword List)**라 불리는 자료 구조가 있다. 키워드 리스트는 튜플의 리스트다. 다만, 여기서 튜플은 2개의 값으로 구성된 튜플이어야 하며, 또한 첫 번째 값의 타입은 아톰이어야 한다. 예를 들면, 다음과 같다.

```
> klist = [{:a, 1}, {:b, 2}]
```

그러면 다음과 같이 키에 대한 값을 쉽게 얻을 수 있다.

```
> klist[:a]
1
> klist[:b]
2
```

어떻게 보면 해시 맵과 비슷한 것 같지만, 해시 맵과 비교하면 키가 반드시 아톰이어야 한다는 제약이 있다. 그리고 키워드 리스트도 리스트기 때문에 다음과 같이 리스트에 대한 모든 연산을 사용할 수 있다.

```
> Enum.at(klist, 0)
{:a, 1}

> hd klist
```

```
{:a, 1}

> tl klist
[:b, 2]
```

▋ 해시 맵

해시 맵(Hash Map)은 %{} 안에 키와 값을 =>로 묶어서 작성한다. 예를 들면 다음과 같다.

```
> map = %{:key1 => 1, "key2" => 2, 3 => "3"}
```

이와 같이 map을 정의하면 다음과 같이 키의 값에 접근할 수 있다.

```
> map[:key1]
1
> map["key2"]
2
> map[3]
"3"
```

앞서 살펴본 키워드 리스트와 비슷하기도 하지만, 차이가 있다면 키의 타입이 자유롭다는 점과 키들 간에 어떤 순서도 존재하지 않는다는 점이다. 해시 맵의 값을 업데이트하려면 Map 모듈의 put 함수를 사용한다.

```
> map = %{:key1 => 1, "key2" => 2, 3 => "3"}
> Map.put(map, :key1, 2)
%{3 => "3", :key1 => 2, "key2" => 2}
```

여기서도 마찬가지로 변경 불가(Immutable)한 속성에 따라 입력 인자로 전달한 해시 맵의 값은 바뀌지 않는다. 변경은 출력값에 반영될 뿐이다.

▋ 패턴 매칭

엘릭서에서의 패턴 매칭은 다른 함수형 언어보다 흥미로운 특징이 있다. 다음 예를 먼저 살펴보도록 하자.

```
> a = 1
1
> 1 = a
```

```
1
> 2 = a
(MatchError)
```

첫 번째로 입력한 a = 1은 자연스럽지만, 두 번째로 입력한 1 = a에서 조금 이상함을 느낀 독자도 있을 것이다. 엘릭서에서의 = 기호는 **매치 오퍼레이터(Match Operator)**라고 하며, 변수에 값을 묶기 위해 사용하면서도 패턴 매치를 하는 용도로도 사용된다. 그래서 다음과 같이 두 식의 패턴이 같은지 확인하면서 변수에 값을 할당할 수가 있다.

```
> {:a, val} = {:a, 10}
> val
10
```

두 튜플이 모두 키 :a로 시작한다는 동일한 패턴을 가지기 때문에 val에 10이란 값이 할당되었다. 다음과 같이 패턴이 다른 경우에는 할당되지 않는다.

```
> {:a, val} = {:b, 10}
```

리스트에 대해서도 비슷하게 사용할 수 있다.

```
> [x, y, z] = [1, 2, 3]
> x
1
> y
2
```

특히, 리스트에 대해서는 head와 tail에 대한 패턴 매칭이 가능하다. head에는 리스트의 첫 값이, tail에는 나머지 리스트가 배정된다.

```
> [head | tail] = [1, 2, 3]
> head
1
> tail
[2, 3]
```

제어 구조

if문은 다음과 같이 사용한다.

```
> x = 1
> if x == 1 do
    "one"
  else
    "not one"
  end
```

기존의 언어들과 큰 차이점이 없는 간결한 구조다.

cond문은 다음과 같이 여러 조건을 나열하여 첫 번째로 true인 경우의 식이 평가된다.

```
> x = 1
> cond do
    x == 2 ->
      "x is 2"
    x == 1 ->
      "x is 1"
    x > 0 ->
      "x is bigger than 0"
  end
```

이 예에서는 x는 1이기 때문에 "x is 1"이 출력된다. 마지막 조건인 x > 0도 true지만, 그 전에 이미 true인 조건을 만났기 때문에 평가되지 않는다.

함수 정의

엘릭서에서 함수를 정의할 때는 **모듈(Module)** 안에 정의한다. 모듈이란, 함수의 모음이라고 생각하면 된다. 모듈을 정의할 때는 defmodule이란 키워드를 사용하며, 그 안에서 함수를 정의할 때 def라는 키워드를 사용한다.

```
> defmodule MyFuncModule do
    def add(x, y) do
      x + y
    end
  end
```

MyFuncModule 안에 add라는 함수를 정의했다. if문과 cond문에서도 봤겠지만 엘릭서에서는 do와 end를 써서 블록을 감싼다. 함수에 값을 적용할 때는 다음과 같이 모듈 이름과 함수 이름을 함께 사용한다.

```
> MyFuncModule.add(10, 20)
30
```

리스트에 대한 재귀 함수

재귀 함수를 작성할 때는 패턴 매칭을 활용하게 되는데, 먼저 리스트의 합을 구하는 다음 예를 살펴보자.

```
> defmodule MyList do
    def sum([one]) do
      one
    end

    def sum([head|tail]) do
      head + sum(tail)
    end
  end

> MyList.sum([1, 2, 3])
6
```

MyList란 모듈 안에 sum이란 함수를 정의했는데, 입력 인자의 패턴에 따라 2개를 정의했다. 첫 번째 함수는 입력 인자가 [one]이다. 이것은 리스트에 오직 하나의 값이 들어 있는 패턴을 의미한다. 이때는 하나 들어 있는 그 값을 반환한다.

두 번째 함수의 입력 인자는 [head|tail]로, 하나 이상의 값이 들어 있는 리스트에 대한 패턴이다. 다만 요소가 하나일 때는 위에 있는 함수에 먼저 걸려든다. 그리고 2개 이상의 값이 있을 때는 head에 첫 번째 요소가, tail에는 나머지 리스트가 대입되어 함수 본문이 평가된다.

새로운 함수형 언어에 익숙해지기 위한 가장 좋은 방법은 재귀 함수를 사용하여 리스트 처리 연습을 하는 것이다. 위 예제를 참고삼아 다음 문제를 직접 풀어 보기 바란다.

연습문제

❶ 주어진 리스트의 최댓값을 구하는 함수를 재귀적으로 작성하라.

❷ 주어진 리스트에서 짝수로 구성된 리스트를 반환하는 함수를 재귀적으로 작성하라.

❸ 주어진 리스트에서 짝수인 요소의 개수를 반환하는 함수를 재귀적으로 작성하라.

람다 함수

엘릭서에서 람다 함수를 정의할 때는 fn이라는 키워드를 사용한다. 인자와 본문 사이에는 ->
기호를 사용하고, 마지막에는 end를 붙여 준다.

```
> fn (x, y) -> x + y end
```

다음과 같이 점(.)을 사용하여 함수에 값을 적용한다.

```
> (fn (x) -> x + 1 end).(1)
2
> (fn (x, y) -> x + y end).(1, 3)
4
```

람다 함수를 변수에 저장할 수 있다.

```
> sum = fn (a, b) -> a + b end
> sum.(1, 2)
```

다음은 람다 함수를 반환하는 람다 함수의 예다.

```
> hello_fn = fn name -> (fn -> "Hello #{name}" end) end
```

변수 hello_fn에 람다 함수를 대입했는데, 이 람다 함수는 인자 name을 받아들여 람다 함수
를 반환한다. 그럼 다음과 같이 hello_fn에 값을 적용해 보자.

```
> hello_fn.("Jack")
```

이 코드의 평가 결과는 함수임에 주의해야 한다. 최종 값을 도출하기 위해서는 다음과 같이
반환된 함수를 한 번 더 평가해야 한다.

```
> hello_fn.("Jack").()
"Hello Jack"
```

한편, 엘릭서에는 람다식을 조금 더 쉽게 작성하기 위한 **문법적 설탕(Syntactic Sugar)**이 존재한다. 이를테면 다음 두 표현은 동일한 람다식을 의미한다.

```
> fn (n) -> n + 1 end
> &(&1 + 1)
```

길이만 봐도 훨씬 짧아졌는데, 먼저 fn (n) ->과 end 부분이 없어졌고, 오로지 본문 식에 해당하는 n + 1 부분만 남긴 다음에, n이 람다식의 첫 번째 인자에 해당하므로 &1로 바뀌었다. 그리고 이 식을 괄호로 감싼 후 앞에 & 기호를 넣었다.

따라서 &()와 같은 기호를 만나면 람다식이 나타났다고 생각하면 되고, 괄호 안의 &1은 첫 번째 인자, &2는 두 번째 인자가 된다.

인자가 두 개인 경우를 예로 들어 보면 다음과 같다.

```
> fn (x, y) -> x + y end
> &(&1 + &2)
```

파이프 연산자 |>

엘릭서의 파이프 연산자(|>)를 사용하면 함수의 첫 번째 인자를 파이프를 기준으로 분리해서 표현할 수 있다. 다음과 같이 2개의 인자를 받아들이는 함수를 생각해 보자.

▌ 모듈.함수(인자1, 인자2)

이를 다음과 같이 바꿀 수 있다.

▌ 인자1 |> 모듈.함수(인자2)

실제 예를 들어 보자.

```
> defmodule MyFuncModule do
    def add(x, y) do
      x + y
    end
  end
```

MyFuncModule.add라는 함수를 정의했다. 일반적으로 이 함수를 사용하는 방법은 다음과
같다.

```
> MyFuncModule.add(1, 2)
```

그러나 |> 연산자를 사용하면 다음과 같이 표현할 수 있다.

```
> 1 |> MyFuncModule.add(2)
```

|> 연산자는 특히 함수를 연속해서 적용할 경우에 유용하다.

```
> 1 |> MyFuncModule.add(2) |> MyFuncModule.add(3)
```

이처럼 |> 연산자를 사용하면 함수의 적용을 통한 데이터의 흐름을 매우 가독성 있게 표현할
수 있다.

Enum 모듈

Enum 모듈에는 map, filter, reduce와 같은 고차 함수들이 정의되어 있다.

예제를 통해 확인해 보자.

```
> Enum.map([1, 2, 3], fn x -> x + 1 end)
[2, 3, 4]

> Enum.filter([1, 2, 3], fn x -> rem(x, 2) == 0 end)
[2]

> Enum.reduce([1, 2, 3], fn (x,y) -> x+y end)
6
```

각 고차 함수는 첫 번째 인자로 리스트를 받아들이고, 두 번째 인자로 람다 함수를 받아들
이고 있다. 첫 번째 인자가 리스트이기 때문에 다음과 같이 |> 연산자를 통해 고차 함수를 연
속적으로 적용할 수 있다.

```
> [1, 2, 3] |> Enum.map(fn x -> x + 1 end)
            |> Enum.filter(fn x -> rem(x, 2) == 0 end)
            |> Enum.reduce(fn (x, y) -> x + y end)
```

만약에 이것을 |> 없이 표현한다면 다음과 같이 되었을 것이다.

```
> Enum.reduce(Enum.filter(Enum.map([1, 2, 3], fn x-> x + 1 end) , fn x -> rem(x, 2) ==
0 end), fn (x, y) -> x + y end)
```

엘릭서의 |> 연산자는 이렇게 코드의 가독성을 높여 주는 센스가 돋보이는 문법적 장치다. 한 편, Enum 모듈에는 열거 가능한(Enumerable)한 자료 구조(리스트 맵 등)에 대해 적용할 수 있는 온갖 함수가 다 정의되어 있다. 몇 가지 예를 들어 보면 다음과 같다.

```
> Enum.sum([1, 2, 3])
6

> Enum.concat([1, 2, 3], [4, 5, 6])
[1, 2, 3, 4, 5, 6]

> Enum.count([1, 2, 3])
3

> Enum.dedup([1, 1, 1, 2, 2, 3, 3, 3])
[1, 2, 3]

> Enum.reverse([1, 2, 3])
[3, 2, 1]
```

▌Stream 모듈

Stream 모듈은 Enum 모듈의 **게으른** 버전이다.

```
> lazy_list = Stream.map([1, 2, 3], fn x -> x + 1 end)
```

고차 함수 map을 사용하여 리스트 [1, 2, 3]에 람다 함수를 적용했다. 이와 같이 할당된 lazy_list의 내용을 찍어 보면 다음과 같다.

```
> lazy_list
[enum: [1, 2, 3], funs: [#Function<48.2459763/1 in Stream.map/2>]]>
```

아직 연산은 일어나지 않았다. 즉, 실제 계산이 필요한 순간까지 계산을 하지 않고 있다가 다음과 같이 적극적(Eager)으로 동작하는 Enum.map을 만나면 미루어 두었던 계산이 실행된다.

```
> Enum.map(lazy_list, fn x -> x end)
[2, 3, 4]
```

좀 더 계산량이 많은 예를 들어 보자.

```
lazy_list2 = 1..100_000
  |> Stream.map(&(&1 + 1))
  |> Stream.filter(&(rem(&1, 2) == 0))
```

위 예에서는 range를 사용해서 1에서 100,000까지의 리스트를 만들었다. 여기서 한 가지 더 엘릭서의 감각적인 문법이 드러난다. 숫자 100000을 100_000으로 표현해도 되는 것이다. 사람이 헷갈리지 않게 숫자 사이에 _를 사용하면 인터프리터는 이를 제거하고 해석해 준다.

```
> 123_456
123456
```

이어서 map과 filter를 수행했는데, 이는 곧바로 실행되지 않는다. 다음과 같이 Enum.take(3)과 Enum.take(100_000)을 각각 실행해 보면, 필요한 만큼만 연산이 발생한다는 것을 알 수 있다.

```
> lazy_list2 |> Enum.take(3)
[2, 4, 6]
> lazy_list2 |> Enum.take(100_000)
[2, 4, 6, 8, 10, 12, 14, 16, 18, 20, 22, 24, 26, 28, 30, 32, 34, 36, 38, 40, 42,
 44, 46, 48, 50, 52, 54, 56, 58, 60, 62, 64, 66, 68, 70, 72, 74, 76, 78, 80, 82,
 84, 86, 88, 90, 92, 94, 96, 98, 100, ...]
```

Stream 모듈은 큰 파일을 다룰 때도 유용하다. 먼저, IO 및 파일을 다루는 기본적인 방법부터 알아보고 이에 대해 살펴보자.

표준 입출력 모듈 - IO

IO 모듈의 함수를 사용하면 콘솔에 데이터를 출력하거나, 사용자의 키보드 입력을 받을 수 있다.

IO.puts는 문자열을 표준 출력에 출력하는 함수다. 그리고 IO.inspect는 리스트나 맵과 같은 자료 구조의 내용을 표준 출력에 출력한다.

```
> IO.puts "Hello"
Hello
```

```
> list = [1, 2, 3, 4, 5]
> IO.inspect(list)
[1, 2, 3, 4, 5]

> map = %{a: 1, b: 2}
> IO.inspect(map)
%{a: 1, b: 2}
```

한편, 표준 입력을 받기 위해서는 IO.gets를 사용한다.

```
> name = IO.gets "who are you?"
who are you?I am grut.
"I am grut.\n"
```

파일 입출력 모듈 - File

File 모듈의 함수를 사용하면 파일을 쓰고 읽을 수 있다.

파일 쓰기

File.write! 함수를 사용하면 파일에 데이터를 쓸 수 있다.

```
> File.write!("sample.txt", "Hi", [:append])
```

첫 번째 인자로 지정한 경로에 파일이 없으면 새로 만들고, 있으면 파일 끝에 내용을 추가하는 방식으로 두 번째 인자로 지정한 데이터를 파일에 쓴다. 매우 간단하게 파일을 쓸 수 있어 좋지만, 이 함수는 호출할 때마다 파일 디스크립터를 열고 엘릭서 프로세스가 만들어지기 때문에 반복해서 호출할 경우 성능 저하가 발생한다. 따라서 다음과 같이 File.open으로 파일을 열고 IO 모듈의 함수를 사용하는 것이 좋다.

```
> {:ok, file} = File.open("sample.txt", [:write, :append])
> IO.puts(file, "Hello")
```

파일 읽기

다음과 같이 File.read! 함수를 사용하면 그 자리에서 파일을 읽어서 변수에 내용을 저장한다.

```
> str = File.read!("sample.txt")
```

한편 다음과 같이 stream! 함수를 사용하면 게으르게 필요한 만큼만 읽어들일 수 있는 스트림을 얻을 수 있다.

```
> stream = File.stream!("sample.txt")
```

그러면 다음과 같이 실제 필요한 만큼만 IO가 발생한다.

```
> Enum.take(stream, 1)
```

Flow 모듈

Flow 모듈은 강력한 병렬 처리 라이브러리다. Enum과 Stream 모듈과 비슷한 기능을 제공하는데, Flow는 멀티 스레드에 의해 병렬 처리된다. Flow는 외부 라이브러리이기 때문에 이번에는 엘릭서의 빌드 도구인 mix를 사용해서 프로젝트를 작성할 것이다.

다음과 같이 mix를 사용해서 프로젝트를 생성하자.

```
$ cd /workspace/elixir
$ mix new flowapp
$ cd flowapp
```

자동으로 생성된 mix.exs 파일에 다음과 같이 의존 라이브러리를 추가한다. 따옴표에 표기된 화살표가 마이너스 기호가 아닌 틸드(~)임에 주의하자.

```
defp deps do
[
    {:poison, "~> 3.1"},
    {:flow, "~> 0.13"}
]
end
```

poison은 json을 다루기 위한 라이브러리다. 이어서 다음 명령어를 실행하면 필요한 라이브러리를 다운로드한다.

```
$ mix deps.get
```

그리고 다음과 같이 REPL을 실행하면 다운받은 라이브러리를 REPL에서 사용할 수 있게
된다.

```
$ iex -S mix
```

먼저, 다음과 같이 Flow 라이브러리를 사용해 보자.

```
> 1..5 |> Flow.from_enumerable() |> Flow.map(&(&1 * 2)) |> Enum.to_list
[2, 4, 6, 8, 10]
```

이 코드는 1에서 5까지의 리스트에 람다식을 적용하는 코드다. 앞서 살펴본 Enum 모듈이
나 Stream 모듈과 기능적으로 크게 달라보이지 않으나, Flow 모듈을 사용했기 때문에 여러
스레드에서 병렬 처리되었다. 그렇다면 대체 몇 개의 스레드가 사용되었을까? Flow.from_
enumerable()에 아무런 값도 지정하지 않은 경우에는 system.schedulers_online()의 값이
지정된다.

```
> System.schedulers_online
2
```

지은이의 컴퓨터에서는 2가 나왔다. '0장 실습환경 구축하기'에서 가상 머신을 만들 때 cpu의
개수를 2로 지정했기 때문이다. 한편, 다음과 같이 스레드의 개수를 지정할 수도 있다.

```
> 1..5 |> Flow.from_enumerable(stages: 5) |> Flow.map(&(&1 * 2)) |> Enum.to_list
```

그럼 5개의 스레드가 데이터를 나눠서 처리하게 된다. 이때 stages의 값을 5000으로 지정해
보면 오히려 시간이 한참 걸리는 것을 확인할 수 있다. 스레드를 만들고 관리하는 비용이 더
큰 경우로, 배보다 배꼽이 더 큰 격이라 볼 수 있다. Flow가 복수의 스레드를 사용한다는 것
을 직접 느낄 수 있으니 꼭 직접 실행해 보기 바란다.

이어서 다음과 같이 json 라이브러리인 Poison을 테스트해 본다.

```
> Poison.decode!("{\"age\":10}")
%{"age" => 10}
```

Poison의 decode! 함수에 의해 json 문자열이 해시 맵으로 반환되었다.

그럼 Flow 모듈의 강력한 병렬 처리를 맛보기 위해 먼저 json으로 구성된 큰 파일을 만들어 보자.

█ 큰 파일 만들기

우리는 랜덤한 데이터로 구성된 커다란 파일을 만들 것이다. 그리고 각 데이터는 json 형식을 따른다. 먼저, 방금 전과 동일하게 REPL을 기동한다.

```
$ iex -S mix
```

이어서 다음과 같이 랜덤한 데이터의 표본을 정의한다.

```
> name_list = ["jack", "tony", "brian", "palmer"]
> score_list = [0, 25, 50, 75, 100]
```

Enum 모듈에는 random이란 함수가 있다. 리스트에서 임의의 값을 랜덤하게 반환해 주는 함수다.

```
> Enum.random(score_list)
75

> Enum.random(score_list)
25

> Enum.random(score_list)
50
```

그럼 랜덤한 이름과 랜덤한 점수를 바탕으로 json 문자를 만들어 주는 다음 함수를 정의하자.

```
> defmodule MyRandom do
    def makeJsonStr(name_list, score_list) do
      Poison.encode!(%{"name" => Enum.random(name_list),
      "score" => Enum.random(score_list)})
    end
end
```

다음과 같이 몇 번 실행해 보면서 결과를 확인하자.

```
> MyRandom.makeJsonStr(name_list, score_list)
"{\"score\":100,\"name\":\"brian\"}"
```

```
> MyRandom.makeJsonStr(name_list, score_list)
"{\"score\":0,\"name\":\"palmer\"}"
```

그럼 다음과 같이 5,000,000개의 랜덤한 json 문자를 파일에 쓰자.

```
> {:ok, file} = File.open("sample.txt", [:write, :append])
> Enum.each(0..5_000_000, fn x ->
  IO.puts(file, MyRandom.makeJsonStr(name_list, score_list)) end)
```

꽤 많은 시간이 소요되고 나서 sample.txt가 완성된다. 이것의 크기를 확인해 보자.

```
$ ls -alh sample.txt | awk '{print $5}'
133M
```

꽤 큰 파일이 생성되었다.

▌ 큰 파일의 처리

앞서 만든 큰 파일을 효과적으로 처리하는 방법에 대해 알아보자. 앞서 만든 파일은 네 사람의 이름과 랜덤한 점수로 구성되어 있다. 이 데이터에서 점수가 50점인 경우의 수를 세는 프로그램을 만들어 보자.

먼저, 제일 먼저 생각해 볼 수 있는 방법은 File.stream!을 사용하여 큰 파일을 게으르게 처리하는 방법이다.

▶ [/workspace/elixir/flowapp/lazysolution1.ex]

```
data = File.stream!("sample.txt")
map_data = Stream.map(data, fn line -> Poison.decode!(line) end)
filter_data = Stream.filter(map_data, fn item -> item["score"] == 50 end)
res = Enum.count(filter_data)
IO.puts res
```

위 코드를 파이프 연산자(|>)를 사용하여 정리해 보면 다음과 같이 된다.

▶ [/workspace/elixir/flowapp/lazysolution2.ex]

```
res = "sample.txt"
|> File.stream!
|> Stream.map(fn line -> Poison.decode!(line) end)
|> Stream.filter(fn item -> item["score"] == 50 end)
|> Enum.count
IO.puts res
```

다시 한번 엘릭서의 파이프 연산자를 칭찬하지 않을 수 없다. 데이터의 흐름과 변환이 일목요연하게 보이는 것을 알 수 있다. 이제 한번 실행해 보자. 실행할 때는 다음과 같은 bash 스크립트로 실행시켜 실행이 완료되기까지 걸린 시간을 측정해 보자.

▶ **[/workspace/elixir/flowapp/run.sh]**

```
RUNFILE=$1

ts=$(date +%s%N)

mix run $RUNFILE

tt=$((($(date +%s%N) - $ts)/1000000))
echo "Time taken: $tt milliseconds"
```

다음과 같이 실행한다.

```
$ chmod 744 ./run.sh
$ ./run.sh lazysolution2.ex
999282
Time taken: 66463 milliseconds
```

지은이의 컴퓨터에서는 66463밀리초(약 66초)가 소요되었다. 게으른 방법으로 큰 파일을 처리하는 것에 성공한 것이다. 이번에는 **병렬 처리**를 수행해 보자. Flow 모듈을 사용하여 병렬 처리하는 코드는 다음과 같다.

▶ **[workspace/elixir/bigfile/lazysolution3.ex]**

```
res = "sample.txt"
|> File.stream!
|> Flow.from_enumerable
|> Flow.map(fn line -> Poison.decode!(line) end)
|> Flow.partition
|> Flow.filter(fn item -> item["score"] == 50 end)
|> Enum.count
IO.puts res
```

위 코드는 Stream 모듈을 사용한 코드와 비교하여 다음과 같은 차이점이 있다.

1. Stream.map과 Stream.filter 대신에 Flow.map과 Flow.filter를 사용했다.

2. 세 번째 줄에서 Flow.from_enumerable을 호출했다.

3. 다섯 번째 줄에서 Flow.partition을 호출했다.

Flow 모듈의 map과 filter는 의미상으로 Stream이나 Enum 모듈의 것과 동일한데, 자동으로 멀티 스레드를 사용하여 병렬 처리를 수행한다.

세 번째 줄의 Flow.from_enumerable은 병렬 처리를 시작하기 위해 Enum이나 Stream으로부터 복수의 Stage들을 만든다. 하나의 Stage는 병렬 처리를 수행하는 하나의 단위다.

한편, 다섯 번째 줄의 Flow.partition은 데이터를 여러 stage에 재분산한다. 즉, map을 통해 얻어진 결과들에 대해 해시를 통해 비슷한 데이터가 최대한 하나의 스레드에서 처리될 수 있도록 재분배를 하고 있는 것이다.

병렬 처리를 하면 정말로 성능 향상이 있는지 다음과 같이 실행해 보자.

```
$ ./run.sh lazysolution3.ex
999282
Time taken: 48356 milliseconds
```

지은이의 컴퓨터에서는 소요 시간이 66초에서 48초로 줄었다.

마무리

엘릭서는 기발한 센스가 가득한 재밌는 함수형 언어다. 코딩하기에도, 코드를 분석하기에도 도움이 되는 달콤한 문법적 설탕이 곳곳에 있어 즐겁게 프로그래밍할 수 있었다. 그중에서도 파이프 연산자는 마치 리눅스의 파이프처럼 데이터가 함수를 타고 어떻게 변환되는지 보기 좋게 기술할 수 있어 매우 유용한 문법이었다. 그리고 우리는 Flow 모듈을 사용하여 커다란 파일에 대해 병렬 처리하는 방법에 대해 알아봤다. 직접 스레드를 다루지 않아도 데이터에 대한 고차 함수 적용을 병렬로 수행할 수 있었다. 여기서 더 나아가서 여러 스레드에 의해 병렬 처리되던 것이, 여러 머신에서 분산 병렬 처리되는 수준으로 확장된 것이 바로 다음 챕터에서부터 배워볼 하둡 맵리듀스와 아파치 스파크, 아파치 플링크와 같은 빅 데이터 프레임워크들이다. 함수형 프로그래밍이 빅 데이터 문제에 어떻게 활용되었는지 배울 수 있을 것이다.

08

하둡과 맵리듀스

아파치 하둡(Apache Hadoop)은 본격적인 빅 데이터 시대를 개척한 오픈 소스 소프트웨어다. 루씬(Lucene), 너치(Nutch) 등으로도 유명한 더그 커팅이 구글의 분산 파일 시스템(Google File System, GFS 또는 GoogleFS) 논문을 참고하여 만들어 오픈 소스화했고, 10여 년이 지난 지금까지 수많은 빅 데이터 생태계를 만들어 오면서 여전히 그 중심에 자리잡고 있다. 아파치 하둡은 기본적으로 빅 데이터를 큰 덩어리 단위로 쪼개서 여러 컴퓨터에 분산 저장하고, 병렬 처리를 실시하는 기술이다. 우리는 이렇게 저장된 빅 데이터를 큰 리스트라고 봐도 무방하다. 그리고 이 리스트에 적용할 고차 함수 맵과 리듀스를 구현하면, 프레임워크가 알아서 분산 병렬 처리를 수행해 준다고 볼 수 있다. 이름에서 알 수 있듯이 하둡 맵리듀스는 함수형 프로그래밍의 영향을 적잖게 받았다. 지금까지 이 책의 내용을 충실히 따라온 독자라면 빅 데이터의 세계에 어렵지 않게 입문할 수 있을 것이다.

도커 컨테이너 접속

지금까지 사용한 컨테이너에 이어서 실습을 진행하면 된다.

```
$ docker restart fpstudy
$ docker attach fpstudy
```

환경 설정

우리가 실습에 사용할 Hadoop 3.1.1 release의 압축 파일이 컨테이너의 /workspace/hadoop에 배치되어 있다. 다음과 같이 압축을 풀도록 하자.

```
$ cd /workspace/hadoop
$ tar xvf hadoop-3.1.1.tar.gz
chown -R root:root hadoop-3.1.1
$ cd hadoop-3.1.1
```

하둡은 한 개의 머신에서 돌려 볼 수 있는 **로컬 모드**와 여러 머신에서 돌릴 수 있는 **완전 분산 (Fully-Distributed) 모드**가 있다. 압축을 풀면 기본적으로 하나의 자바 프로세스로 돌아가는 로컬 모드로 설정되어 있다. 우리 실습은 이 모드를 사용할 것이므로 특별히 다른 설정은 필요하지 않고 오직 JAVA_HOME 환경 변수만 설정해 주면 된다.

다음과 같이 JAVA_HOME을 설정하는 코드를 etc/hadoop/hadoop-env.sh에 추가하자(실습 도커 이미지에는 이미 작성되어 있다).

```
$ echo "export JAVA_HOME=/usr/lib/jvm/java-8-openjdk-amd64/" >> etc/hadoop/hadoop
-env.sh
```

이어서 hadoop 명령어를 한번 실행해 보자.

```
$ ./bin/hadoop
```

그러면 지정 가능한 옵션이 여러 줄 출력되는데, 이것으로 실습을 위한 준비가 완료되었다.

예제 프로그램 수행 - 정규식 검색

하둡은 REPL을 제공하지 않는다. 또한, 하둡 배치 작업을 만들기 위해 사용하는 언어도 함수형 언어가 아닌 자바다. 아파치 스파크나 아파치 플링크가 스칼라를 중심으로 한 REPL을 제공하는 것에 비하면 다소 아쉬운 부분이다.

여튼 우리는 먼저 하둡을 사용하여 데이터를 처리하는 배치 작업을 돌리는 법에 익숙해질 필요가 있다. 따라서 하둡 프로젝트에 기본으로 포함되어 있는 예제 프로그램을 돌려 보는 방법부터 알아볼 것이다.

하둡에서는 다양한 예제 프로그램을 제공하는데, 우리가 사용해 볼 프로그램은 정규식 패턴을 찾아주는 프로그램이다. 그럼, 먼저 하둡이 설치된 폴더로 이동하도록 한다.

```
$ cd /workspace/hadoop/hadoop-3.1.1
```

input이라는 이름의 폴더를 만들고 정규식 검색을 수행할 파일들을 복사해넣도록 한다.

```
$ mkdir input
$ cp etc/hadoop/*.xml input
```

그리고 다음과 같이 실행한다.

```
$ bin/hadoop jar share/hadoop/mapreduce/hadoop-mapreduce-examples-3.1.1.jar grep
input output 'dfs[a-z.]+'
```

bin/hadoop을 실행하면서 jar이란 옵션과 함께 jar 파일의 위치를 지정해 주었다. 이어서 grep, input, output, 'dfs[a-z.]+'를 프로그램의 입력 인자로 지정해 주었는데 각각의 의미는 다음과 같다. grep은 하둡에 포함된 22개의 예제 프로그램 중 문자열 검색을 수행하는 grep 예제를 수행하겠다고 지정한 것이다. 그리고 이어지는 input과 output은 grep을 수행할 대상 파일이 담긴 폴더 경로와 수행 결과가 저장될 폴더 경로를 의미한다. 마지막으로 'dfs[a-z.]+'는 대상 파일에서 검색할 정규식 패턴이다.

이를 실행하면 배치 처리가 수행되면서 실행 로그가 출력된다. 그리고 실행이 종료되면 출력 폴더로 지정한 output에 다음과 같은 파일들이 생성된 것을 확인할 수 있다.

```
$ ls output
_SUCCESS part-r-00000
```

part-r-00000에는 다음과 같은 내용이 들어 있다.

```
    1    dfsadmin
```

우리가 지정한 정규식 'dfs[a-z.]+'에 해당하는 단어가 하나 발견되었다는 것을 의미한다. 조금 싱거운 결과인데, 리눅스 도구인 grep으로 한번 직접 확인해 보자.

```
$ grep dfs ./input/*
./input/hadoop-policy.xml:    dfsadmin and mradmin commands to refresh the security
policy in-effect.
```

input 폴더에 있는 파일 중에서 dfs[a-z.]+라는 패턴이 들어 있는 문자열은 오직 하나만 있음을 알 수 있다.

예제 프로그램 코드 분석

우리가 방금 돌려본 예제 프로그램 hadoop-mapreduce-examples-3.1.1.jar의 소스 코드는 깃허브(GitHub)에서 확인할 수 있다.

URL https://github.com/apache/hadoop

그러나 별도로 다운로드하지 않아도 되게끔 컨테이너의 /workspace/hadoop/hadoop-3.1.1-src.tar.bz2에 3.1.1의 소스 코드가 압축되어 있다. 다음과 같이 압축 파일을 풀자.

```
$ cd /workspace/hadoop
$ tar jxvf ./hadoop-3.1.1-src.tar.bz2
$ cd /hadoop-3.1.1-src
```

그리고 다음 폴더에 가면 하둡에서 제공하는 예제 프로그램의 소스 코드를 볼 수 있다.

```
$ cd hadoop-mapreduce-project/hadoop-mapreduce-examples/
```

먼저 pom.xml을 보면 다음과 같이 설정되어 있다.

▶ [/workspace/hadoop/hadoop-3.1.1-src/hadoop-mapreduce-project/hadoop-mapreduce-examples/pom.xml]

```xml
<plugin>
    <groupId>org.apache.maven.plugins</groupId>
    <artifactId>maven-jar-plugin</artifactId>
      <configuration>
      <archive>
        <manifest>
          <mainClass>org.apache.hadoop.examples.ExampleDriver</mainClass>
        </manifest>
      </archive>
    </configuration>
</plugin>
```

mainClass가 ExampleDriver라는 클래스로 설정되어 있어 프로그램의 시작 지점인 것을 알수 있다. 해당 클래스의 코드를 보면 main에서 ProgramDriver를 생성하고 run해 주고 있다.

▶ [/workspace/hadoop/hadoop-3.1.1-src/hadoop-mapreduce-project/hadoop-mapreduce-examples/src/main/java/org/apache/hadoop/examples/ExampleDriver.java]

```java
public static void main(String argv[]){
    int exitCode = -1;
    ProgramDriver pgd = new ProgramDriver();
    try {
      pgd.addClass("wordcount", WordCount.class,
                  "A map/reduce program that counts the words in the input files.");
                  ...
      pgd.addClass("grep", Grep.class,
                  "A map/reduce program that counts the matches of a regex in the
input.");
                  ...
      exitCode = pgd.run(argv);
    }
```

그리고 run하기 전에 ProgramDriver.addClass()를 통해 wordcount나 grep을 포함해 22개의 예제 클래스를 추가하고 있다. 우리가 실행해 본 것은 그중에서 grep이었다. 이 grep에 해당하는 코드는 같은 폴더 안의 Grep.java에 기재되어 있다. 107줄짜리의 길지 않은 코드다. 이 코드의 흐름을 요약해 보면 다음과 같다.

▶ [/workspace/hadoop/hadoop-3.1.1-src/hadoop-mapreduce-project/hadoop-mapreduce-examples/src/main/java/org/apache/hadoop/examples/Grep.java]

```java
Job grepJob = Job.getInstance(conf);
grepJob.setMapperClass(RegexMapper.class);
grepJob.setCombinerClass(LongSumReducer.class);
```

```
grepJob.setReducerClass(LongSumReducer.class);
grepJob.waitForCompletion(true);

Job sortJob = Job.getInstance(conf);
sortJob.setMapperClass(InverseMapper.class);
sortJob.setSortComparatorClass(LongWritable.DecreasingComparator.class);

sortJob.waitForCompletion(true);
```

grepJob과 sortJob이라는 2개의 잡을 만들어서 순차적으로 실행하고 있다. 그리고 각각의 job에서는 Mapper, Combiner, Reducer, SortComparator가 구현된 클래스를 지정해 주고 있다.

맵리듀스는 프레임워크다. 프레임워크는 미리 정해진 규칙에 따라 일부 코드를 작성하면 나머지는 프레임워크의 구현에 따라 돌아가게 된다. 그래서 앞 코드에서는 클래스를 지정해 주는 일만을 하고 있는 것이다. 각 클래스는 맵리듀스 프레임워크에서 제공하는 인터페이스에 따라 기능을 구현한 클래스들이다. 그럼 매퍼로 지정된 RegexMapper라는 클래스의 구현을 살펴보자. 코드 자체는 매우 짧다.

▶ [/workspace/hadoop/hadoop-3.1.1-src/hadoop-mapreduce-project/hadoop-mapreduce-client/hadoop-mapreduce-client-core/src/main/java/org/apache/hadoop/mapred/lib/RegexMapper.java]

```java
public class RegexMapper<K> extends MapReduceBase
    implements Mapper<K, Text, Text, LongWritable> {

  private Pattern pattern;
  private int group;

  public void configure(JobConf job) {
    pattern = Pattern.compile(job.get(org.apache.hadoop.mapreduce.lib.map.
              RegexMapper.PATTERN));
    group = job.getInt(org.apache.hadoop.mapreduce.lib.map.RegexMapper.GROUP, 0);
  }

  public void map(K key, Text value, OutputCollector<Text, LongWritable> output,
              Reporter reporter)
    throws IOException {
    String text = value.toString();
    Matcher matcher = pattern.matcher(text);
    while (matcher.find()) {
      output.collect(new Text(matcher.group(group)), new LongWritable(1));
    }
  }
}
```

맨 첫 줄을 보자. RegexMapper는 Mapper라는 인터페이스를 구현하고 있다. 따라서 map이란 함수를 정의해 주고 있는데, map 함수의 코드만을 추려보면 다음과 같다.

```
String text = value.toString();
Matcher matcher = pattern.matcher(text);
while (matcher.find()) {
  output.collect(new Text(matcher.group(group)), new LongWritable(1));
}
```

먼저 입력 파일의 한 줄이 value로 전달되는데, 이를 text라는 변수에 저장한다. 그리고 자바의 정규식 라이브러리를 활용하여 text에서 정규식 패턴에 부합하는 문자열과 1이란 값을 묶어서 output으로 내보내고 있다. 예를 들면, 다음과 같다.

입력 정규식: 'dfs[a-z.]+'
입력 문자열: dfsadmin and mradmin commands to refresh the security policy in-effect.
출력 결과: (dfsadmin, 1)

만약에 문자열 중에 dfs로 시작하는 단어가 더 있었으면 다음과 같았을 것이다.

입력 정규식: 'dfs[a-z.]+'
입력 문자열: dfsadmin dfsuser dfsuser abcd.
출력 결과: (dfsadmin, 1), (dfsuser,1), (dfsuser, 1)

이어서 LongSumReducer.java 코드를 살펴보자. 이 코드도 RegexMapper.java와 같은 위치에 존재한다. 역시 코드는 짧고 간단하다.

▶ [/workspace/hadoop/hadoop-3.1.1-src/hadoop-mapreduce-project/hadoop-mapreduce-client/hadoop-mapreduce-client-core/src/main/java/org/apache/hadoop/mapred/lib/LongSumReducer.java]

```
public class LongSumReducer<K> extends MapReduceBase
    implements Reducer<K, LongWritable, K, LongWritable> {

  public void reduce(K key, Iterator<LongWritable> values,
                     OutputCollector<K, LongWritable> output,
                     Reporter reporter)
    throws IOException {

    // 키에 해당하는 값을 전부 더함
    long sum = 0;
    while (values.hasNext()) {
      sum += values.next().get();
    }

    // 덧셈 결과를 출력
```

```
    output.collect(key, new LongWritable(sum));
  }
}
```

위 코드는 입력으로 들어온 key와 values에 대해 values의 값을 다 더해서 (key, sum) 형태로 output에 넘기고 있다.

예를 들면 다음과 같다.

입력: (dfsuser, [1,1,1,1])
출력 결과: (dfsuser, 4)

아파치 하둡에서 제공하는 예제 프로그램의 소스 코드를 들여다보며 맵리듀스 프레임워크의 흐름을 살펴봤다. 이처럼 오픈 소스는 궁금한 기능의 그 내부 구현을 들여다볼 수 있어 학습에 도움이 된다.

이어서 맵리듀스 프로그램을 직접 작성해 보기 전에 맵리듀스 프레임워크의 동작 원리에 대해 좀 더 자세히 알아보자.

맵리듀스 프레임워크

하둡 맵리듀스 프레임워크는 여러 머신에 분산 저장된 리스트에 대해 고차 함수 map과 reduce를 수행하는 프레임워크로 볼 수 있다. 예를 들어 세 대의 머신에 다음과 같이 데이터가 저장되어 있다고 가정해 보자.

머신1: "I am machine1 I like fp"
머신2: "I am machine2 I like fp too"
머신3: "I am machine3 I like fp very much"

이 데이터에 대해 워드 카운트를 수행한다고 생각해 보자. 제일 먼저 매퍼가 각 머신별로 존재하는 데이터를 다음과 같이 공백을 기준으로 쪼개고 (키, 값)의 리스트로 변환한다.

머신1: (I, 1) (am, 1) (machine1, 1) (I, 1) (like, 1) (fp,1)
머신2: (I, 1) (am, 1) (machine2, 1) (I, 1) (like, 1) (fp,1) (too, 1)
머신3: (I, 1) (am, 1) (machine3, 1) (I, 1) (like, 1) (fp,1) (very,1) (much,1)

이렇게 생성된 (키, 값)의 리스트는 키별로 묶여, 같은 키에 대해서는 같은 리듀서로 전달된다.

```
I, List(1,1,1,1,1,1)
am, List(1,1,1)
machine1, List(1)
machine2, List(1)
machine3, List(1)
like, List(1,1,1)
fp, List(1,1,1)
(too, 1)
(very, 1)
(much, 1)
```

리듀서는 전달받은 키와 값의 리스트를 처리하여 최종 결과를 반환한다.

```
(I, 6)
(am, 3)
(machine1, 1)
(machine2, 1)
(machine3, 1)
(like, 3)
(fp, 3)
(too, 1)
(very, 1)
(much, 1)
```

맵리듀스 프레임워크를 함수형 프로그래밍의 관점에서 분석해 보자면, 먼저 하둡 파일 시스템에 저장된 파일은 문자열의 리스트라고 볼 수 있다. 그리고 매퍼는 이 리스트의 각 요소에 적용되는 함수다. 하나의 문자열에 대해 복수 개의 (키, 값)을 반환하기 때문에 flatMap에 적용될 함수라고 볼 수 있을 것이다. 즉, flatMap을 호출하는 건 맵리듀스 프레임워크이며, 우리가 지정할 수 있는 건 각 리스트의 요소에 적용될 함수다. 그것을 매퍼 클래스에 정의한 것이다. 또한, 리듀서는 매퍼가 방출한 (키, 값)의 리스트를 최종 결과로 변환하는 역할을 수행하기 때문에 함수형 프로그래밍에서의 reduce와 유사하다. 이처럼 맵리듀스는 분산 저장된 데이터에 대해 고차 함수 flatMap과 reduce를 실행해 주는 프레임워크로 볼 수 있다. 60년 전 리스프에서부터 사용되어 온 함수형 프로그래밍의 테크닉이 21세기에 빅 데이터의 시대를 개막한 맵리듀스의 동작 원리에 여전히 흐르고 있다는 것은 참 흥미로운 일이다.

워드 카운트 작성하기

이번에는 자바로 직접 워드 카운트 프로그램을 작성해 보자. 먼저 다음과 같이 프로젝트 폴더를 생성한다.

```
$ cd /workspace/hadoop
$ mkdir wordcount && cd wordcount
```

gradle 프로젝트를 초기화한다.

```
$ gradle init --type java-application
Select build script DSL:
  1: groovy
  2: kotlin
Enter selection (default: groovy) [1..2] 1

Select test framework:
  1: junit
  2: testng
  3: spock
Enter selection (default: junit) [1..3] 1

Project name (default: wordcount):
Source package (default: wordcount):
```

생성된 build.gradle을 다음과 같이 편집한다.

▶ **[/workspace/hadoop/wordcount/build.gradle]**

```
plugins {
  id: 'java'
  id: 'application'
}

repositories {
    mavenCentral()
}

dependencies {
    compile "org.apache.hadoop:hadoop-client:3.1.1"
    compile "org.apache.commons:commons-lang3:3.4"
    testCompile "junit:junit:4.11"
    testCompile "org.apache.mrunit:mrunit:1.1.0mrUnitVersion:hadoop2"
    testCompile "org.apache.hadoop:hadoop-minicluster:3.1.1"
}

mainClassName = 'wordcount.App'
```

하둡과 관련된 라이브러리 의존을 추가하였다. 이어서 프로그램이 시작되는 main에 해당하는 코드를 다음과 같이 작성한다.

```java
package wordcount;

import org.apache.hadoop.conf.*;
import org.apache.hadoop.fs.Path;
import org.apache.hadoop.io.*;
import org.apache.hadoop.util.*;
import org.apache.hadoop.mapreduce.Job;
import org.apache.hadoop.mapreduce.lib.input.FileInputFormat;
import org.apache.hadoop.mapreduce.lib.output.FileOutputFormat;

public class App extends Configured implements Tool {

    @Override
    public int run(String[] args) throws Exception {
        final Configuration configuration = getConf();
        Job job = Job.getInstance(configuration, "MyWordCount");
        job.setJarByClass(App.class);

        FileInputFormat.addInputPath(job, new Path(args[0]));
        FileOutputFormat.setOutputPath(job, new Path(args[1]));

        job.setMapperClass(MyMapper.class);
        job.setReducerClass(MyReducer.class);

        job.setOutputKeyClass(Text.class);
        job.setOutputValueClass(IntWritable.class);

        return job.waitForCompletion(true) ? 0 : 1;
    }

    public static void main(String[] args) throws Exception {
        final App app= new App();
        int exitCode = ToolRunner.run(app, args);
        System.exit(exitCode);
    }
}
```

앞서 하둡 예제 프로그램에서도 살펴봤지만, main에서는 매퍼와 리듀서가 구현된 클래스를
지정해 주고 잡(Job)을 실행시키는 것이 전부다. 그리고 하둡 배치 작업은 HDFS 혹은 로컬 디
스크에서 파일을 읽고 쓰는 것을 전제로 하므로, 입력 폴더와 출력 폴더의 경로를 지정해 주
는 코드가 추가로 기술되어 있다. main에서는 여기까지만 지정하면 하둡 프레임워크가 입력
폴더에 있는 파일들을 읽어 매퍼에게 데이터를 한 줄 단위로 전달한다. 그러면 이어서 매퍼
클래스를 구현해 보자.

▶ [/workspace/hadoop/wordcount/src/main/java/wordcount/MyMapper.java]

```java
package wordcount;

import org.apache.hadoop.io.*;
import org.apache.hadoop.mapreduce.*;
import org.apache.commons.lang.math.NumberUtils;
import java.io.IOException;

public class MyMapper extends
    Mapper<LongWritable, Text, Text, IntWritable> {

    private final static IntWritable one = new IntWritable(1);

    @Override
    protected void map(LongWritable key, Text value, Context context)
        throws IOException, InterruptedException {

        final String line = value.toString();
        String[] words= line.split(" ");

        for (String word : words) {
            context.write(new Text(word), one);
        }
    }
}
```

앞서 설명했듯이 매퍼 클래스는 입력 폴더에 있는 파일들의 데이터가 한 줄씩 전달되는 것을 가정하고 작성하면 된다. 위 코드를 보면 map 함수의 입력 인자가 LongWriteable key, Text value로 되어 있는데, value에는 입력 파일의 데이터가 한 줄 단위로 들어오고, key에는 오프셋(Offset)이 들어온다. 본문에서 보면 알 수 있지만, 우리가 관심 있는 것은 각 줄의 내용이기 때문에 오프셋값인 key는 참조하고 있지 않다.

map 함수의 본문에서는 한 줄에 해당하는 문자열을 공백(" ")을 기준으로 분리하고, 각 단어와 1이란 값을 묶어서 리듀서에게 전달한다. 리듀서에 해당하는 코드는 다음과 같다.

▶ [/workspace/hadoop/wordcount/src/main/java/wordcount/MyReducer.java]

```java
package wordcount;

import org.apache.hadoop.io.*;
import org.apache.hadoop.mapreduce.Reducer;

import java.io.IOException;

public class MyReducer
```

```
extends Reducer<Text, IntWritable, Text, IntWritable> {

    @Override
    protected void reduce(Text key,
                          Iterable<IntWritable> values,
                          Context context)
        throws IOException, InterruptedException {

        int sum = 0;

        for (IntWritable value : values) {
            sum += value.get();
        }

        context.write(key, new IntWritable(sum));
    }
}
```

리듀서는 매퍼가 방출한 (단어, 1)들 중에 같은 단어의 값들이 하나의 리스트로 묶여서 전달받는다. 가령 매퍼가 ("a", 1), ("b", 1), ("a", 1)을 방출했다면, ("a", [1, 1])로 리듀서가 한번 호출되고 ("b", [1])로 다시 한번 호출되는 것이다. 그래서 리듀서가 하는 일은 values로 전달된 값을 다 더하여 각 단어의 출현 빈도를 집계하는 것이다.

매퍼와 리듀서의 클래스를 작성하는 것으로 워드 카운트 프로그램이 완성되었다. gradle로 빌드하고 돌려보도록 하자.

```
$ cd /workspace/hadoop/wordcount
$ gradle clean build -x test
```

그러면 build/libs 폴더에 jar 파일이 만들어진다.

```
$ ls build/libs
wordcount.jar
```

이 jar 파일을 사용하여 하둡 맵리듀스를 돌려 보자. 먼저, 입력 파일을 다음과 같이 준비한다.

```
$ cd /workspace/hadoop/hadoop-3.1.1
$ mkdir input_my_mr
$ echo "a a a b b b" >> input_my_mr/file1
$ echo "a b c" >> input_my_mr/file2
```

이어서 다음과 같이 맵리듀스 작업을 실행시킨다.

```
$ bin/hadoop jar \
/workspace/hadoop/wordcount/build/libs/wordcount.jar \
wordcount.App \
input_my_mr \
output_my_mr
```

그러면 output_my_mr 폴더의 part-r-00000에 결과가 저장된다. 결과를 출력해 보면 다음과 같이 단어별 빈도가 출력된다.

```
$ cat ./output_my_mr/part-r-00000
a       4
b       4
c       1
```

최댓값 구하기

이번에는 이름과 점수가 기재된 복수의 파일에서 가장 높은 점수를 출력하는 맵리듀스 프로그램을 작성해 보자. 먼저, 입력 파일을 엘릭서를 통해 만들어 보자. 다음과 같이 입력 폴더를 준비하고 엘릭서의 REPL을 기동한다.

```
$ cd /workspace/hadoop/hadoop-3.1.1
$ mkdir input_max_score && cd input_max_score
$ iex
```

REPL에서 다음과 같이 임의의 이름과 점수를 파일에 작성하는 함수를 입력한다.

```
> defmodule MyRandom do
  def makeStr(name_list) do
    name = Enum.random(name_list)
    score = Enum.random(1..10000)
    "#{name}:#{score}"
  end
  def writeFile(filename) do
    {:ok, file} = File.open(filename, [:write, :append])
    Enum.each(0..1000, fn x ->
      IO.puts(file,
          makeStr(["JackBauer", "TonyAlmeida", "DavidPalmer", "ReneeWalker",
                  "BillBuchanan"])) end)
    File.close(file)
```

```
    end
end
```

이어서 다음과 같이 2개의 파일을 만든다.

```
> MyRandom.writeFile("input1")
> MyRandom.writeFile("input2")
```

파일의 내용을 앞부분만 확인해 보면 다음과 같다.

```
$ head -n 5 input1
BillBuchanan:9868
TonyAlmeida:8387
JackBauer:8539
ReneeWalker:8937
DavidPalmer:6849
```

이어서 맵리듀스 프로그램을 작성해 보자. 다음과 같이 gradle 프로젝트를 생성한다.

```
$ cd /workspace/hadoop
$ mkdir maxscore && cd maxscore
$ gradle init --type java-application
```

생성된 build.gradle 파일을 다음과 같이 수정한다.

▶ [/workspace/hadoop/maxscore/build.gradle]

```
plugins {
    id 'java'
    id 'application'
}

repositories {
    mavenCentral()
}

dependencies {
    compile "org.apache.hadoop:hadoop-client:3.1.1"
    compile "org.apache.commons:commons-lang3:3.4"
    testCompile "junit:junit:4.11"
    testCompile "org.apache.mrunit:mrunit:1.1.0:hadoop2"
    testCompile "org.apache.hadoop:hadoop-minicluster:3.1.1"
}

mainClassName = 'maxscore.App'
```

프로그램이 시작되는 App 클래스의 코드는 이전 워드 카운트 프로그램과 거의 유사하다.

▶ **[/workspace/hadoop/maxscore/src/main/java/maxscore/App.java]**

```java
package maxscore;

import org.apache.hadoop.conf.*;
import org.apache.hadoop.fs.Path;
import org.apache.hadoop.io.*;
import org.apache.hadoop.util.*;
import org.apache.hadoop.mapreduce.Job;
import org.apache.hadoop.mapreduce.lib.input.FileInputFormat;
import org.apache.hadoop.mapreduce.lib.output.FileOutputFormat;

public class App extends Configured implements Tool {

    @Override
    public int run(String[] args) throws Exception {
        final Configuration configuration = getConf();
        Job job = Job.getInstance(configuration, "MaxScore");
        job.setJarByClass(App.class);

        FileInputFormat.addInputPath(job, new Path(args[0]));
        FileOutputFormat.setOutputPath(job, new Path(args[1]));

        job.setMapperClass(MyMapper.class);
        job.setReducerClass(MyReducer.class);

        job.setNumReduceTasks(1);

        job.setOutputKeyClass(Text.class);
        job.setOutputValueClass(IntWritable.class);

        return job.waitForCompletion(true) ? 0 : 1;
    }

    public static void main(String[] args) throws Exception {
        final App app= new App();
        int exitCode = ToolRunner.run(app, args);
        System.exit(exitCode);
    }
}
```

이어서 매퍼 클래스를 다음과 같이 작성한다.

```java
package maxscore;

import org.apache.hadoop.io.*;
import org.apache.hadoop.mapreduce.*;
import org.apache.commons.lang.math.NumberUtils;
import java.io.IOException;

public class MyMapper
    extends Mapper<LongWritable, Text, Text, IntWritable> {

    String maxScoreName;
    Integer maxScore;

    @Override
    protected void setup(Context context)
            throws IOException, InterruptedException {
        System.out.println("###Mapper Setup###");
    }

    @Override
    protected void map(LongWritable key,
                       Text value,
                       Context context)
        throws IOException, InterruptedException {

        final String line = value.toString();
        String[] splitted= line.split(":");

        String name = splitted[0];
        Integer score = Integer.parseInt(splitted[1]);

        if (maxScore == null) {
            maxScoreName = name;
            maxScore = score;
        }
        else {
            if (score > maxScore) {
                maxScoreName = name;
                maxScore = score;
            }
        }
    }

    @Override
    protected void cleanup(Context context)
            throws IOException, InterruptedException {
        context.write(new Text(maxScoreName), new IntWritable(maxScore));
    }
}
```

이번에는 map 외에도 setup과 cleanup이란 함수를 재정의했다. setup과 cleanup 함수는 각각 매퍼가 처음 만들어질 때와 모든 작업을 종료했을 때 호출된다. 매퍼에게 전달된 데이터 중에서 가장 큰 점수의 데이터만 리듀서에게 보내기 위해 map 함수에서는 데이터를 리듀서에게 보내지 않고, 가장 높은 점수와 이름을 업데이트하다가 마지막 cleanup 시점에서 최종 결과를 리듀서에게 보내도록 작성했다. 이어서 리듀서 코드를 살펴보자.

▶ [/workspace/hadoop/maxscore/src/main/java/maxscore/MyReducer.java]

```java
package maxscore;

import org.apache.hadoop.io.*;
import org.apache.hadoop.mapreduce.Reducer;

import java.io.IOException;

public class MyReducer
    extends Reducer<Text, IntWritable, Text, IntWritable> {

    String maxScoreName;
    Integer maxScore;

    @Override
    protected void reduce(Text key,
                        Iterable<IntWritable> values,
                        Context context)
            throws IOException, InterruptedException {

        for (IntWritable value : values) {
            Integer score = value.get();
            if (maxScore == null) {
                maxScoreName = key.toString();
                maxScore = score;
            }
            else {
                if (score > maxScore) {
                    maxScoreName = key.toString();
                    maxScore = score;
                }
            }
        }
    }

    @Override
    protected void cleanup(Context context)
            throws IOException, InterruptedException {
        context.write(new Text(maxScoreName), new IntWritable(maxScore));
    }
}
```

리듀서에서도 마지막 cleanup 함수에서 최종 결과를 파일에 쓴다. cleanup()이 아니라 reduce()에서 전달받은 데이터를 파일에 쓰면 어떻게 될까? 그럼 파일별로 최대 점수와 이름이 리듀서로 전달되기 때문에 2명의 데이터가 최종 파일에 기재된다. 이는 **파일의 개수만큼 매퍼가 생성되기 때문**이다. 원래 **생성되는 매퍼의 개수는 HDFS에 있는 블록의 개수로 결정**된다. 하지만 우리는 로컬에서 실습하기 때문에 파일의 개수만큼 매퍼가 생성된다.

그럼 작성한 gradle 프로젝트를 빌드하자.

```
$ cd /workspace/hadoop/maxscore
$ gradle clean build -x test
```

그러면 build/libs 폴더에 jar 파일이 만들어진다.

```
$ ls build/libs
maxscore.jar
```

이 jar 파일을 사용하여 하둡 맵리듀스를 돌려 보자.

```
$ cd /workspace/hadoop/hadoop-3.1.1
$ bin/hadoop jar \
/workspace/hadoop/maxscore/build/libs/maxscore.jar \
maxscore.App \
input_max_score \
output_max_score
```

그러면 output_max_score 폴더의 part-r-00000이란 파일에 결과가 저장된다. 또한, 출력 로그를 보면 매퍼의 setup()에서 출력한 ###Mapper Setup###이 정확히 두 번 출력되는 것을 확인할 수 있다. 즉, 두 개의 파일에 대해 두 개의 매퍼 인스턴스가 생성된 것이다.

워드 카운트를 직접 작성하면서 하둡 맵리듀스 프레임워크를 사용해 보았다. 맵리듀스 프로그램을 작성하기 위해 기억해야 될 핵심 포인트는 다음과 같다.

- 로컬에서 실행할 때는 매퍼가 파일 개수만큼 생성된다.
- 각 파일의 데이터가 매퍼에게 한 줄 단위로 전달된다.
- 매퍼 클래스를 작성할 때는 전달된 한 줄의 데이터에 대한 변환만 기술하면 되며, 복수의 (키, 값)을 방출하도록 작성한다.
- 매퍼가 방출한 (키, 값) 쌍은 키별로 값이 묶여서 리듀서에게 전달된다.

- 리듀서는 전달된 키와 값의 리스트를 최종 결과로 변환한다.
- 매퍼와 리듀서가 생성될 때 호출되는 setup()과 종료될 때 호출되는 cleanup()을 잘 활용한다.

위 포인트를 참고하여 다음 문제를 직접 풀어보기 바란다.

연습문제

❶ 대통령 선거 투표를 집계하는 맵리듀스 프로그램을 작성해 보자. 먼저, 좋아하는 함수형 언어를 사용하여 다음과 같은 프로그램을 작성한다. 대통령 후보 리스트를 입력으로 받으면, 5개의 파일에 대통령 후보의 이름을 무작위로 5000번 쓴다. 이어서 이 5개의 파일에 적힌 대통령 후보의 이름을 집계하여 누가 대통령이 되었는지 결과를 출력하는 맵리듀스 프로그램을 작성하라.

❷ 인기 가수 톱 5를 집계하는 맵리듀스 프로그램을 작성해 보자. 먼저, 좋아하는 함수형 언어를 사용하여 다음과 같은 프로그램을 작성한다. 10명의 가수 이름을 입력으로 받으면, 5개의 파일에 각 가수의 이름을 무작위로 5000번 쓴다. 이어서 위 5개의 파일에 적힌 가수의 이름을 집계하여 Top 5를 출력하는 맵리듀스 프로그램을 작성하라.

마무리

하둡 맵리듀스에 대해 알아봤다. 빅 데이터의 세계에 처음으로 입문하기 위한 관문과도 같은 존재가 바로 바로 하둡 맵리듀스다. 하둡의 탄생 이후, 수많은 생태계(Hadoop Eco)가 생겨나서 직접 맵리듀스 코드를 작성하는 경우는 드물어졌다. 하이브(Hive)나 스파크(Spark) 등을 사용하면 좀 더 쉽게 HDFS에 담긴 데이터에 대한 처리를 기술할 수 있기 때문이다. 그러나 함수형 언어에서 리스트 처리를 연습하는 것이 기본기를 다지는 좋은 연습 방법이었듯이, 맵리듀스도 직접 만들어 보는 것이 좋다. 실제 하둡은 몇 천대의 컴퓨터에서 몇 페타바이트(PB)의 데이터를 처리하는 일을 수행한다. 이 정도의 규모의 하둡을 운영할 때 발생할 수 있는 다양한 문제들은 탄탄한 기본기 없이는 감히 범접할 수 없기 때문이다.

한편, 하둡 맵리듀스를 함수형 언어의 관점에서 봤을 때는 분산 저장된 리스트에 고차 함수를 적용하여 데이터를 처리하는 자바 프레임워크로 볼 수 있다. 이 책의 일관된 흐름은 바로 함수와 리스트 처리다. 이어지는 아파치 스파크와 아파치 플링크에서도 역시 동일한 맥락의 인터페이스를 맞이하게 될 것이다.

메모리 기반 고속 분산 병렬
프레임워크
아파치 스파크

아파치 스파크(Apache Spark)는 하둡 맵리듀스가 디스크 기반으로 움직인다는 구조적 단점을 메모리 기반으로 극복하면서 하둡 생태계의 중심에 자리잡게 된 오픈소스 분산 병렬 프레임워크다. 내부적으로 스칼라로 작성되었으며, 자바나 R, 파이썬 등의 인터페이스를 제공하기도 하지만, 스칼라를 사용했을 때 가장 깔끔하게 작성할 수 있다. 우리는 스파크의 가장 기초적인 분산 자료 구조인 RDD(Resilient Distributed Dataset)의 사용법에 대해 알아볼 것이다. RDD를 이용한 병렬 처리는 변경 불가능(Immutable)한 리스트에 대해 고차 함수를 적용한다는 함수형 언어의 기본적인 처리 방식을 따른다. 지난 장에서 살펴본 하둡 맵리듀스도 분산 저장된 리스트에 대한 고차 함수 맵과 리듀스를 수행하는 자바 프레임워크라는 것을 알아봤었다. 하지만 자바라는 언어의 한계상 간단한 맵리듀스 작업도 여러 개의 파일과 클래스를 작성해야 했는데, 스파크는 스칼라를 사용하기 때문에 같은 작업을 훨씬 간결하게 기술할 수 있다. 빅 데이터 처리와 함수형 언어의 만남이 가져다주는 혜택을 만끽할 수 있을 것이다.

도커 컨테이너 접속

스파크를 사용할 때는 **스파크 웹 UI(Spark Web UI)**에 접속하기 위해 다음과 같이 `-p 8080:8080` 옵션을 주어 컨테이너를 기동하도록 한다.

```
$ docker run -p 8080:8080 -it everypreciousday/functionalbigdata:latest /bin/bash
```

환경 설정

우리가 실습에 사용할 Spark 2.4.0 release의 압축 파일이 컨테이너의 /workspace/spark에 배치되어 있다. 다음과 같이 압축을 풀도록 하자.

```
$ cd /workspace/spark
$ tar xvf spark-2.4.0-bin-hadoop2.7.tgz
$ cd spark-2.4.0-bin-hadoop2.7
```

스파크 REPL

스파크는 스칼라를 기반으로 한 REPL을 제공한다. 다음과 같이 실행한다.

```
$ ./bin/spark-shell --master local[2]
```

--master 옵션으로 로컬 환경에서 2개의 스레드로 돌아가는 셸을 구동했다. REPL이 기동되면 다음과 같이 코드를 입력해 보자.

```
> val rdd = sc.parallelize(Array(1, 2, 3))
> rdd.map(x => x +1).foreach(println)
```

예상할 수 있듯이 다음과 같이 출력된다.

```
2
3
4
```

RDD란 무엇인가?

RDD란, Resilient Distributed Dataset의 약자로 함수형 언어를 공부한 우리들은 이것을 분산 병렬 처리될 수 있는 변경 불가한 리스트로 생각하면 좋다. 물론 함수형 언어에서의 링크드 리스트가 가지는 모든 특성을 지원하는 것은 아니지만, 고차 함수와 람다식을 바탕으로 데이터 변환을 기술할 수 있다. RDD는 위 REPL 예에서 살펴봤듯이 SparkContext(sc) 객체의 parallelize 메서드를 통해 만들 수도 있고, 로컬이나 HDFS, HBase 등의 외부 데이터 파일에 대한 참조를 통해 만들 수도 있다. RDD에서 지원하는 메서드 중 우리에게 익숙한 것들을 나열해 보면 다음과 같다.

1. map
2. flatMap
3. filter
4. reduce
5. count
6. distinct
7. foreach

map, flatMap, filter, reduce는 함수형 언어에서 많이 사용되는 대표적인 고차 함수다. 이 책을 통해 충분히 익숙해졌으리라 생각한다. 그럼 위 API들이 실제로 어떻게 동작하는지 REPL에서 확인해 보자.

```
> val rdd = sc.parallelize(Array(1, 2, 3))
> rdd.map(x => x + 1).foreach(println)
2
3
4

> rdd.flatMap(x => Array(x, x)).foreach(println)
1
1
2
2
3
3

> rdd.filter(x => x % 2 == 0).foreach(println)
```

```
2
> rdd.reduce((x,y) => x + y)
6

> val rdd2 = sc.parallelize(Array(1, 2, 3, 3, 2, 1))
> rdd2.distinct.foreach(println)
2
1
3

> rdd2.count
6
```

아직까지는 이것이 정말 분산 병렬 처리 프레임워크인지 실감이 나지 않을 것이다. 그저 함
수형 언어의 REPL과 크게 다르지 않아 보이기 때문이다. 따라서 먼저 스파크의 기본 구조를
알아본 후, **스탠드얼론 클러스터(Stand-alone Cluster)**를 기동하여 분산 처리되는 동작을 직접
확인해 보도록 하자.

스파크의 기본 구조

스파크에서는 크게 드라이버(Driver) 프로그램과 익스큐터(Executor) 프로그램이 협동하여 일
을 처리한다. 드라이버는 main이 돌아가는 프로그램이며, 익스큐터에게 적절히 분산 처리를
명령하면 익스큐터는 그 명령에 따라 실제 병렬 처리를 수행한다. 그렇다면 앞서 돌려봤던 코
드를 다시 한번 살펴보자.

```
> val rdd = sc.parallelize(Array(1, 2, 3))
> rdd.map(x => x + 1).foreach(println)
```

우리는 이 코드를 spark-shell에서 돌렸는데, 이 때는 spark-shell이 드라이버 프로그램이
된다. 그래서 우리가 코드를 입력하면 드라이버는 코드의 내용을 해석해서 익스큐터에게 필
요한 일을 시키고, 필요할 때 그 결과를 돌려받는다. 즉 코드는 spark-shell에서 입력했지만,
실제 일은 다른 머신에서 일어나는 것이다.

한편, rdd의 메서드는 크게 트랜스포메이션(Transformation)과 액션(Action)으로 나눌 수 있
다. map, filter, flatMap, distinct과 같은 트랜스포메이션 연산은 게으르게(Lazy) 동작하여
reduce, collect, foreach, count과 같은 액션 연산이 발생할 때까지 계산을 미룬다. 그래서
map, filter 등을 아무리 중첩해서 적용해도 아무런 계산도 일어나지 않는다.

```
> rdd.map(x => x + 1).filter(x => x % 2 == 0)
```

다음과 같이 액션 연산인 count()가 수행될 때 미뤄뒀던 계산이 한꺼번에 일어나게 된다.

```
> rdd.map(x => x + 1).filter(x => x % 2 == 0).count()
```

이러한 게으른 평가 방식은 연산의 최적화에 도움이 되며, 특히 빅 데이터를 탐색할 때 그 효과를 독톡히 맛볼 수 있다. 가령, spark-shell을 통해 HDFS나 S3에 담긴 대용량의 데이터를 탐색한다고 생각해 보자. 데이터의 크기가 커서 하나의 연산에 몇 분씩 걸리는 상황에서 게으른 평가 방식이 없었다면, 우리는 한 줄의 코드를 입력할 때마다 긴 시간을 기다려야 했을 것이다.

스파크 기동

스파크는 드라이버와 익스큐터 프로그램으로 구성되며, 게으르게 동작하는 트랜스포메이션 연산과 적극적으로 동작하는 액션 연산이 있음을 알아봤다. 이제 스탠드얼론(Stand-alone) 스파크 클러스터를 기동해서 각각의 구성 요소들이 어떻게 동작하는지 살펴보도록 하자. 한 대의 컴퓨터에서 스탠드얼론 클러스터를 구성하기 위해서는 마스터(Master)와 슬레이브(Slave)를 별도의 프로세스로 돌려야 하며, 슬레이브를 기동할 때는 마스터의 URL을 지정해야 한다. 먼저, 다음 명령어를 통해 스파크의 마스터를 기동하도록 한다.

```
$ cd /workspace/spark/spark-2.4.0-bin-hadoop2.7
$ ./sbin/start-master.sh
```

그러면 다음과 같은 메시지가 출력되며 로그가 저장되는 위치가 출력된다.

```
starting org.apache.spark.deploy.master.Master, logging to /workspace/spark/
spark-2.4.0-bin-hadoop2.7/logs/spark--org.apache.spark.deploy.master.Master-
1-c86c09d9c887.out
```

해당 위치의 로그 파일을 열어 보면 마스터의 URL을 확인할 수 있다.

```
$ grep "Spark master at" /workspace/spark/spark-2.4.0-bin-hadoop2.7/logs/spark--org.
apache.spark.deploy.master.Master-1-c86c09d9c887.out 2019-01-19 14:37:32 INFO
Master:54 - Starting Spark master at spark://c86c09d9c887:7077
```

그럼 위 URL을 지정하여 슬레이브를 기동한다.

```
$ ./sbin/start-slave.sh spark://c86c09d9c887:7077

starting org.apache.spark.deploy.worker.Worker, logging to /workspace/spark/spark-
2.4.0-bin-hadoop2.7/logs/spark--org.apache.spark.deploy.worker.Worker-1-
c86c09d9c887.out
```

한 대의 컴퓨터상이지만 마스터와 슬레이브를 각각 기동했다. 특히, 슬레이브를 기동할 때는
마스터의 URL을 지정해서 서로 연결되도록 하였다.

그러면 기동한 스파크 클러스터의 웹 인터페이스에 접속해 보자. 앞서, 도커 컨테이너를 기동
할 때 다음과 같이 8080 포트를 포트 포워딩했다.

```
$ docker run -p 8080:8080 -it everypreciousday/functionalbigdata:latest /bin/bash
```

따라서 8080 포트를 통해 마스터가 제공하는 웹 UI에 접속할 수 있다. 가령, 도커 가상 머신
의 IP가 192.168.99.100인 경우에는 브라우저에서 http://192.168.99.100:8080으로 접속하면
된다. 여러분의 컴퓨터에서 도커 가상 머신의 IP 주소를 확인하려면 도커 퀵스타트 터미널에
서 다음 명령어를 입력하면 된다.

```
$ docker-machine ip
192.168.99.100
```

마스터의 웹 UI를 통해 확인할 수 있는 내용은 다음과 같다.

먼저 Alive Workers:1로 표시되어 있는데, 마스터에 등록된 슬레이브의 개수를 의미한다. 이
어서 Cores in use와 Memory in use에는 등록된 모든 슬레이브에서 사용 가능한 CPU 코어
와 메모리의 합이 각각 표시된다. 그리고 Applications에는 현재 돌고 있는 애플리케이의 개
수와 종료된 개수가 표시된다. 클러스터를 기동하고 아무런 작업도 실행하지 않았기 때문에
0 Running, 0 Completed라고 표시되고 있다.

여기서 spark-shell을 기동하면서 다음과 같이 마스터의 주소를 지정하면 이 스탠드얼론 클러
스터에 연결할 수 있다. 마스터의 주소는 앞서 슬레이브를 기동할 때 지정한 주소를 사용한다.

```
$ ./bin/spark-shell --master spark://c86c09d9c887:7077
```

그러면 기동 시에 다음과 같은 메시지가 뜨면서 우리가 만든 스탠드얼론 클러스터에 접속했음을 확인할 수 있다.

```
Spark context Web UI available at http://c86c09d9c887:4040
Spark context available as 'sc' (master = spark://c86c09d9c887:7077, app id = app-
20190119235940-0000).
Spark session available as 'spark'.
```

그리고 웹 페이지를 확인해 보면 Running Applications에 spark-shell이 자리잡은 것을 알수 있다. 여기서 Cores가 2라고 되어 있는데, 이는 우리가 도커 가상 머신을 만들 때 지정한 Core의 개수가 기본값으로 할당된 것이다. 그럼 다음과 같이 코드를 입력해 보자.

```
> val rdd = sc.parallelize(Array(1, 2, 3))
> rdd.map(x => x + 1).foreach(println)
```

로컬 모드로 실행했을 때와는 다르게 spark-shell에 아무것도 출력되지 않는다. 그 이유는 비록 한 대의 머신이지만 분산 환경의 클러스터를 구축했기 때문이다. 즉, 드라이버와 익스큐터를 별도의 프로세스로 분리했기 때문이다.

RDD는 분산 자료 구조다. 따라서 RDD에 대한 연산은 기본적으로 여러 머신에 분산되어 수행된다. spark-shell, 즉 드라이버에서 명령을 내리면 실제 동작은 익스큐터쪽에서 수행되기 때문에 표준 출력을 볼 수 없는 것이다. 앞 페이지 마지막 코드를 다음과 같이 바꿔서 실행해 보자.

```
> val rdd = sc.parallelize(Array(1, 2, 3))
> rdd.map(x => x + 1).map(println)
```

스파크가 동작하는 구조를 이해하지 못해서 흔히 저지르는 실수가 위와 같은 코드를 입력하고 결과가 출력되기를 목이 빠져라 기다리는 것이다. 그러나 아무리 기다려도 결과는 절대 출력되지 않는다. 일단 RDD에 대한 트랜스포메이션 연산은 게으르게 처리되며, 액션 연산이 수행될 때까지 수행되지 않는다. map은 트랜스포메이션 연산이기 때문에 앞의 코드는 액션 연산을 실행하기 전까지는 계산이 시작되지 않는다. 그럼 다음과 같이 마지막에 액션 연산인 count()를 실행해 보자.

```
> rdd.map(x => x + 1).map(println).count
res1: Long = 3
```

그러면 count에 대한 결과는 확인할 수 있었으나 역시 println을 실행한 결과는 확인할 수 없다. 그 이유는 println이 드라이버에서 실행되지 않고 익스큐터에서 실행되기 때문이다.

그렇다면 RDD의 현재 데이터를 확인하고 싶으면 어떻게 해야 될까? 이때 사용하는 것이 collect라는 함수다. collect 함수를 호출하면 분산되어 있는 RDD의 내용을 드라이버가 수집한다. 따라서 다음과 같이 입력하면 리스트의 내용을 드라이버인 spark-shell에서 확인할 수 있다.

```
> rdd.map(x => x + 1).collect.foreach(println)
2
3
4
```

다만, RDD에 담긴 데이터가 큰 경우, 드라이버의 메모리를 초과할 수 있어 `OutOfMemory` 오류가 발생할 수 있다. 그런 경우에는 다음과 같이 RDD의 일정 개수를 `take()`를 통해 가져와서 출력해주는 패턴이 많이 사용된다.

```
> rdd.map(x => x + 1).take(3).foreach(println)
2
3
4
```

이제 스파크의 스탠드얼론 클러스터가 분산 환경으로 어떻게 동작하는지 조금 감을 잡았을 것이다. 본격적으로 스파크에 대한 탐험을 시작해 보자.

워드 카운트

스파크에서 워드 카운트 프로그램을 만들어 보자. 그러나 그 전에 스파크의 RDD란 근본적으로 무엇인지 확인할 수 있는 예제를 짚고 넘어가도록 하겠다. 스탠드얼론 클러스터에 접속한 spark-shell에서 다음과 같이 입력한다.

```
> val str = "This is a spark world, Welcome to spark"
> val arr = str.split(" ")
> val rdd = sc.parallelize(arr)
> rdd.saveAsTextFile("sample")
```

공백을 기준으로 문자열을 분리하여 리스트를 만든 후 이를 `parallelize`, 즉 RDD로 만들어 `saveAsTextFile` 함수를 통해 `sample`이란 경로에 저장했다. 이제 spark-shell을 나와서 생성된 파일을 확인해 보자.

```
> ls -al | grep sample
drwxr-xr-x 2 root root  4096 Jan 20 00:25 sample
```

잘 저장되었다. 그런데 생성된 `sample`은 파일이 아니라 폴더다! `sample` 폴더 안의 파일은 다음과 같다.

```
> ls ./sample
_SUCCESS  part-00000  part-00001
```

실제 파일의 내용을 확인해 보면 다음과 같다.

```
$ cat ./sample/part-00000
This
is
a
spark

$ cat ./sample/part-00001
world,
Welcome
to
spark
```

RDD에 8개의 데이터가 있었으니 2개의 파일에 정확하게 4개씩 나누어서 저장되었다. 이것이
바로 스파크의 기본 동작 구조를 확인할 수 있는 부분이다. 스파크의 RDD는 익스큐터별로
분산 수행될 수 있도록 데이터를 나눈다. 앞서 우리의 스탠드얼론 클러스터는 1개의 Worker
에 2개의 Core가 있어 2개의 익스큐터가 존재했다. 따라서 part-00000과 part-00001의 두 파
일이 생성되었는데, 이번에는 4개의 익스큐터가 있도록 클러스터를 다시 구성해 보자. 먼저,
slave만 종료한다.

```
$ ./sbin/stop-slave.sh
```

이어서 slave를 다시 기동하는데, 이번에는 core의 개수를 4개로 지정한다.

```
./sbin/start-slave.sh spark://c86c09d9c887:7077 --cores 4
```

이 상태에서 다시 spark-shell을 기동하여 RDD를 파일시스템에 저장해 보자.

```
$ ./bin/spark-shell --master spark://c86c09d9c887:7077
> val str = "This is a spark world, Welcome to spark"
> val arr = str.split(" ")
> val rdd = sc.parallelize(arr)
> rdd.saveAsTextFile("sample2")
```

이어서 spark-shell을 나와서 sample2 폴더의 파일을 확인해 보면 다음과 같이 4개의 파일이
생성된 것을 확인할 수 있다.

▎ _SUCCESS   part-00000   part-00001   part-00002   part-00003

각 파일에는 요소가 2개씩 담겨 있다. 이상의 실습을 통해 알 수 있는 것은 **RDD란 여러 머신에서 병렬 처리될 수 있도록 분산된 리스트**라는 것이다. 분산과 관련된 기능은 스파크가 제공해 주므로 우리는 그저 리스트라고 생각하고 데이터 처리를 기술하면 된다.

그렇다면 스파크에서 파일을 읽어 워드 카운트를 수행해 보자. 먼저, spark-shell을 다시 기동한다.

```
$ ./bin/spark-shell --master spark://c86c09d9c887:7077
```

앞서 저장한 파일을 읽어 들여 RDD로 만든다.

```
> val rdd = sc.textFile("sample2")
```

이어서 워드 카운트를 수행하는 다음 코드를 입력한다.

```
> val wc = rdd.flatMap(line => line.split(" ")).
          map(word => (word, 1)).
          reduceByKey((x,y) => x+y)
```

스파크에서의 워드 카운트는 단 3줄이면 된다. 참고로, 자바로 작성한 맵리듀스 워드 카운트의 코드는 91줄이었다.

이 코드는 분산 리스트라 할 수 있는 RDD에 대해 고차 함수인 flatMap, map, reduceByKey를 수행하고 있다. flatMap을 통해 RDD의 각 문자열을 공백을 기준으로 분리하여 단어의 리스트로 변환하고, 각 단어들을 1이란 값과 묶어서 튜플의 리스트로 변환한 후, 단어가 같은 것들끼리 값을 더해서 단어별 빈도수를 계산하고 있다. RDD에 대한 실제 연산은 익스큐터에서 수행되기 때문에 드라이버로 collect해서 그 결과를 확인해 보면 다음과 같다.

```
> wc.collect.foreach(println)
(spark,2)
(a,1)
(is,1)
(Welcome,1)
(This,1)
(world,,1)
(to,1)
```

최댓값 구하기

이번에는 이름과 점수가 기재된 복수의 파일에서 최댓값을 구하는 프로그램을 스파크로 작성해 보도록 하자. 이번에는 클로저를 사용해서 입력 데이터를 만들어 보겠다. 먼저, input 폴더를 만들고 클로저의 REPL을 기동한다.

```
$ cd /workspace/spark/spark-2.4.0-bin-hadoop2.7
$ mkdir input_maxscore && cd input_maxscore
$ lein repl
```

이어서 다음과 같이 이름 리스트를 지정한다.

```
> (def name-list '("Jack" "Tony" "Palmer" "Nina" "Audrey"))
```

그리고 리스트에서 하나의 요소를 랜덤하게 반환하는 함수 random-from-list를 정의한다.

```
> (defn random-from-list [list]
      (nth list
           (rand-int (count list))))
```

random-from-list 함수를 활용하여 랜덤한 이름과 점수로 구성된 문자를 반환하는 함수 random-data를 정의한다.

```
> (defn random-data [name-list score-range]
    (str
      (random-from-list name-list)
      ":"
      (random-from-list (range 0 score-range))))
```

그럼 이어서 랜덤한 데이터의 무한 리스트를 반환하는 함수 infinite-data를 정의한다.

```
> (defn infinite-data [name-list score-range]
    (cons (random-data name-list score-range)
        (lazy-seq (infinite-data name-list score-range))))
```

다음으로 무한 리스트에서 n개의 데이터를 뽑아 지정한 파일에 저장하는 함수 write-random-data를 정의한다.

```
> (defn write-random-data
    [name-list score-range filename n]
    (with-open
      [w (clojure.java.io/writer filename)]
        (doseq
          [data (take n (infinite-data name-list score-range))]
          (.write w (str data "\n")))))
```

그럼 write-random-data 함수를 사용하여 다음과 같이 2개의 파일을 생성하도록 한다.

```
> (write-random-data name-list 10000 "input1" 5000)
> (write-random-data name-list 10000 "input2" 5000)
```

생성된 파일의 내용을 일부 확인하면 다음과 같다.

```
$ head -n 5 input1
Audrey:8771
Jack:5354
Audrey:871
Jack:9802
Audrey:5904
```

클로저의 무한의 개념과 파일을 쓰는 방법에 대한 자세한 내용은 클로저를 설명한 장을 참고하기 바란다. 그럼 이어서 만들어진 파일에서 가장 큰 점수를 획득한 사람을 찾아내는 스파크 프로그램을 만들자. 먼저, spark-shell을 기동한다.

```
$ cd /workspace/spark/spark-2.4.0-bin-hadoop2.7
$ ./bin/spark-shell
```

앞서 생성한 입력 파일을 읽어 들여 RDD로 만든다.

```
> val rdd = sc.textFile("input_maxscore")
```

이어 워드 카운트를 수행하는 다음 코드를 입력한다.

```
// :paste 모드를 종료하기 위해서는 마지막에 Ctrl+D를 입력한다.
> :paste
rdd
  .map(line => line.split(":"))
  .map(arr => (arr(0), arr(1).toInt))
  .max
^D
```

자바로 작성한 맵리듀스 코드가 126줄이었던 것에 비해 스파크에서는 단 3줄로 해결되었다. 첫 줄에서 RDD의 각 문자열을 구분자(:)로 분리하여 Array[String]의 RDD로 변환한다. 두 번째 줄에서는 Array[String]의 RDD를 (String, Integer) 튜플의 RDD로 변환한다. 마지막으로 RDD에 기본으로 있는 max 함수를 적용하여 최댓값을 출력하였다.

톱 5 구하기

이번에는 점수가 제일 높은 다섯 건을 출력하는 프로그램을 작성해 보자. 앞서 최댓값 구하기에서 활용한 입력 데이터를 그대로 활용하겠다.

먼저, spark-shell을 기동한다.

```
$ cd /workspace/spark/spark-2.4.0-bin-hadoop2.7
$ ./bin/spark-shell
```

앞서 생성한 입력 파일을 읽어 들여 RDD로 만든다.

```
> val rdd = sc.textFile("input_maxscore")
```

이어 다음과 같이 상위 다섯 건을 출력하는 코드를 입력한다.

```
> rdd.map(line => line.split(":")).
    map(arr => (arr(0), arr(1).toInt)).
    sortBy(-_._2).
    take(5).
    foreach(println)
```

역시나 간결하게 데이터 처리를 기술할 수가 있었다. 이번에는 (String, Integer) 튜플의 RDD로 변환한 후에 sortBy를 사용해서 정렬을 수행했다. 이때 튜플의 두 번째 값(_._2)에 의해 정렬하되, 내림차순으로 정렬하도록 앞에 -를 붙여 주었고, take(5)를 통해 상위 5개만을 가져와서 출력해 주고 있다.

마무리

스파크를 배우고 나면 더 이상 하둡 맵리듀스 코드를 작성하기 싫어지는 부작용이 생긴다. 동일한 예제 프로그램에 대한 코딩의 양이 거의 몇십 배나 차이가 나는 데다, 스파크 홈페이지를 보면 성능면에서도 무려 100배나 빠르다고 나와 있다. 심지어 자바, 스칼라, 파이썬, R 등의 대표적인 인기 언어들을 지원하니 많은 사람들이 선호할 수밖에 없다.

우리는 스파크의 RDD가 분산 처리 가능한 리스트임을 알아봤다. 그래서 일반 함수형 언어에서처럼 리스트에 대한 고차 함수를 적용하여 데이터 변환을 기술할 수 있었다. 한편, 스파크는 보다 쉽게 데이터 처리를 기술할 수 있도록 **데이터 프레임(Data Frame)**이라는 것도 제공한다. 데이터 프레임을 사용하면 SQL 쿼리를 통해 데이터 처리를 기술할 수 있게 된다. 이 책은 함수형 프로그래밍이라는 주제에 집중하기 위해 데이터 프레임에 대해서는 다루지 않았는데, 실제 현업에서는 데이터 프레임을 많이 사용한다.

그러나 역시 스파크를 바르게 이해하기 위해서는 RDD의 기초 동작을 이해하는 것이 가장 중요하다. 드라이버와 익스큐터, 트랜스포메이션과 액션 연산이 분산 환경에서 동작하는 원리를 이해해야 성능과 안정성을 고려하며 스파크를 활용할 수 있기 때문이다.

10

스트리밍 프로세싱하는 재간둥이
아파치 플링크

아파치 플링크(Apache Flink)는 아파치 스톰(Apache Storm)이나 스파크 스트리밍(Spark Streaming)의 뒤를 이어 주목받는 차세대 빅 데이터 분산 스트리밍 처리 플랫폼이다. 끊임없이 유입되는 대량의 데이터에 대해 상태를 포함한 연산을 수행할 수 있으며, 장애 복구 메커니즘도 우수하다. 또한 스칼라를 통해 매우 간결하게 데이터 처리를 기술할 수 있으며, map, flatMap 등 우리에게 익숙한 함수형 언어의 기본 요소들을 기반으로 분산 스트리밍 처리 프로그램을 작성할 수 있다. 우리의 마지막 여정인 플링크를 통해 함수형 언어가 얼마나 빅 데이터 처리 플랫폼에 지대한 영향을 미쳤는지를 다시금 체감할 수 있게 될 것이다.

상태를 포함한 스트리밍 처리란?

아파치 플링크의 공식 홈페이지에서는 다음과 같은 문구로 자신을 선전하고 있다.

"Stateful Computations over Data Streams"

데이터 스트림(Data Stream), 즉 끊임없이 발생하는 데이터에 대해 **상태를 포함한 연산**을 수행할 수 있는 빅 데이터 처리 플랫폼인 것이다. 끊임없이 발생하는 데이터에 대한 스트림 처리란 무엇을 의미하는 걸까? 이와 반대되는 개념이 앞서 살펴본 하둡의 배치 처리다. 하둡 맵리듀스는 HDFS에 저장된 **시작과 끝이 있는 데이터**에 대한 배치 처리를 수행한다. 한편, 플링크는 끊임없이 생성되는 데이터, 예를 들면 IoT 센서 데이터, 웹 서버에서 발생하는 로그 등을 끊임없이 가져오거나 받아들여서 연산을 수행하고, 그 결과를 어딘가에 저장한다. 따라서 플링크의 스트리밍 잡(Streaming Job)은 명시적으로 종료하기 전까지는 무한히 돌아간다. 단순히 생각하자면 무한 루프를 돌면서 데이터를 읽어서 변환하고 어딘가에 저장하는 프로그램이라 볼 수 있다. 다만 플링크는 여러 컴퓨터에서 병렬로 돌아가며, 심지어 상태를 포함한 연산을 수행할 수 있다.

그렇다면 상태를 포함한 연산이란 무엇일까? 예를 들면 다음과 같은 기능을 개발한다고 생각해 보자.

> 가정에 있는 냉장고의 센서 데이터를 클라우드로 수집하여 5분 동안 냉장고의 문이 열려 있으면 고객의 스마트폰으로 알려 주자.

냉장고에 센서가 들어가 있고 그 센서 값이 네트워크를 통해 서버에 주기적으로 전달된다고 가정해 보자. 이는 전형적인 IoT 환경이며, 위 기능을 제공하기 위해서는 서버로 전달된 수많은 냉장고의 데이터에 대해 각 냉장고가 마지막으로 열린 시간과 현재도 열려 있는지를 계산해서 5분 동안 열려 있다는 사실을 감지해내야 한다.

스트림 데이터를 처리할 때 한번에 하나의 이벤트(레코드)만을 보고 처리해도 된다면 문제는 쉽다. 그러나 이 문제는 하나의 데이터가 아니라 이전의 상태와 현재의 값을 결합해서 판단해야만 한다. 이는 함수형 언어에서 리스트에 적용하는 고차 함수 map과 reduce의 차이와 비슷하다. map 함수는 리스트의 각 요소별로 독립적으로 함수를 적용하면 되는데, reduce는 현재 요소뿐만 아니라 이전 요소에 대해 함수를 적용한 결과를 참고하여 계산을 수행해야 한다.

또한 실제 냉장고를 열고 닫는 일이 발생한 시간과 그 정보가 시스템에 도착했을 때의 시간 사이에는 차이가 있기 마련이다. 단말이나 네트워크 등의 문제로 한참 지나서야 시스템에 도착하는 경우도 발생한다.

여기에 분산 클러스터에서 발생할 수 있는 현실적인 문제도 함께 고려해야 한다. 몇십 대의 컴퓨터가 병렬 처리를 수행할 때 일부 머신의 디스크가 고장나거나 네트워크가 끊기는 등의 예기치 못한 장애를 맞이할 수 있다. 그러면 해당 머신에서 돌던 작업의 중간 결과를 분실하게 되는 문제가 발생한다. 이러한 다양한 상황까지 고려해서 상태를 포함한 스트리밍 처리를 제공하는 것이 바로 플링크다.

대규모로 유입되는 스트리밍 데이터에 대한 실시간 처리의 요구 사항은 점점 늘어나고 있다. 냉장고가 5분 동안 열려 있다는 사실을 하루가 지나서야 알려 주는 건 의미가 없기 때문이다. 그럼 플링크가 어떻게 이 어려운 문제를 풀어나가는지 실습을 통해 살펴보자.

도커 컨테이너 접속

지금까지 사용한 컨테이너에 이어서 실습을 진행하면 된다.

```
$ docker restart fpstudy
$ docker attach fpstudy
```

환경 설정

우리가 실습에 사용할 Flink 1.6.3 release의 압축 파일이 컨테이너의 /workspace/flink에 배치되어 있다. 다음과 같이 압축을 풀도록 한다.

```
$ cd /workspace/flink
$ tar xvf flink-1.6.3-bin-scala_2.11.tgz
$ cd flink-1.6.3
```

플링크 REPL

spark-shell과 비슷하게 플링크에도 REPL이 존재한다. 다음과 같이 실행한다.

```
$ ./bin/start-scala-shell.sh local
```

REPL이 기동하면 먼저 다음과 같이 코드를 입력해 보자.

```
> val list = benv.fromElements(1, 2, 3)
> list.map(x => x + 1).print()
2
3
4
```

이 책을 처음부터 여기까지 읽은 독자라면, 위 코드를 이해하는 데 큰 어려움이 없을 것이다.
리스트의 각 요소에 람다식을 적용하는 매우 기초적인 코드다.

▎ `val list = benv.fromElements(1, 2, 3)`

첫 번째 줄에서 benv라는 변수를 사용했는데, 플링크 REPL에서는 스트리밍(Streaming) 처리
를 위해 senv를, 배치(Batch) 처리를 위해 benv라는 변수를 제공한다. benv.fromElements로
생성된 list의 타입을 확인해 보자.

```
> list
res1: org.apache.flink.api.scala.DataSet[Int] =
org.apache.flink.api.scala.DataSet@412440c1
```

DataSet[Int]이다. 이 클래스에서는 어떤 메서드를 제공하는지 확인하기 위해 REPL에서
list.까지만 치고 탭을 눌러 보면 몇십 개의 메서드가 출력된다. 그중 우리가 알 만한 함수만
추려 보면 다음과 같다.

```
map
flatMap
reduce
filter
first
count
max
min
sum
writeAsText
writeAsCsv
```

이름만 봐도 어떤 일을 수행하는지 감이 올 것이다. 함수형 언어를 공부한 우리들은 **DataSet
을 일종의 리스트라고 봐도 무방하다.** 그리고 이 일종의 리스트에 대해 `map`, `filter`, `reduce` 등

의 고차 함수를 적용하며 데이터를 변환하고 집계를 내는 것이다. 리스프에서 했던 리스트 처리 프로그래밍 테크닉이 여기까지 그대로 이어지는 것을 알 수 있다.

그렇다면 이번에는 파일에서 데이터를 읽는 실습을 진행해 보자.

배치 파일 처리

먼저, 다음과 같이 REPL에서 나와서 읽어 들일 파일을 작성한다.

```
$ cat <<EOT >> file.txt
A
A B
A B C
A B C D
EOT
```

다시 REPL을 기동하고, 다음과 같이 코드를 입력한다.

```
> val string_list = benv.readTextFile("file.txt")
> val result = string_list.flatMap { _.split(" ") }.
                         map { (_, 1) }.
                         groupBy(0).
                         sum(1)
> result.print()
(A,4)
(B,3)
(C,2)
(D,1)
```

이번에는 benv의 readTextFile 메서드를 사용해서 파일을 읽고 워드 카운트를 수행했다.

▌ `val string_list = benv.readTextFile("file.txt")`

string_list의 타입은 DataSet[String]이다. 즉, 우리는 파일을 읽어서 String의 리스트를 얻은 것이다.

▌ `string_list.flatMap { _.split(" ") }.`

이어서 각 문자열에 대해 공백을 기준으로 단어들로 분리한 후,

▌ `map { (_, 1) }.`

각 분리한 단어와 1이란 정숫값을 묶어서 튜플로 만든 다음,

▌ groupBy(0).

튜플의 첫 번째 단어를 기준으로 그룹을 만들고,

▌ sum(1)

그 그룹에 있는 튜플의 두 번째 값을 다 더한다.

파일의 데이터가 변환되는 과정을 단계별로 살펴보면 다음과 같다. 처음에는 파일 한 줄이 하나의 문자열이므로 총 4개의 문자열이 존재한다.

```
"A"
"A B"
"A B C"
"A B C D"
```

이어서 split을 수행하면 다음과 같이 4개의 문자열이 총 10개의 문자열로 바뀐다.

```
"A"
"A" "B"
"A" "B" "C"
"A" "B" "C" "D"
```

그리고 map을 통해 각 단어가 튜플이 된다. 총 10개의 튜플이 만들어진다.

```
("A",1)
("A",1) ("B",1)
("A",1) ("B",1) ("C",1)
("A",1) ("B",1) ("C",1) ("D", 1)
```

groupBy(0)을 통해 각 튜플의 0번째 인덱스에 있는 값을 기준으로 그룹이 형성된다.

```
1번 그룹
("A",1), ("A",1), ("A",1), ("A",1)
2번 그룹
("B",1),("B",1),("B",1)
3번 그룹
("C",1),("C",1)
4번 그룹
("D",1)
```

4개의 그룹이 만들어졌는데, 각 그룹별로 튜플의 첫 번째 인덱스에 있는 값을 모두 더한다.

```
1번 그룹
("A", 4)
2번 그룹
("B", 3)
3번 그룹
("C", 2)
4번 그룹
("D", 1)
```

이와 같이 데이터가 순차적으로 변환된다.

스트리밍 처리 - 준비

이번에는 끝없이 들어오는 데이터를 처리하기 위한 스트리밍 처리 환경인 senv를 사용해 보자. senv는 Streaming Environment의 약자다. 스트리밍 데이터는 기본적으로 데이터를 끊임없이 읽어올 수 있는 데이터 원천(소스)이 있어야 한다. 보통 kafka, kinesis, RabbitMQ 등이 사용되는데, 다음과 같이 메모리상의 유한한 데이터에 대해서도 코드를 돌려볼 수가 있다.

```
> val memStreaming = senv.fromElements(1, 2, 3)
> val mapStreaming = memStreaming.map { _ * 2 }
> mapStreaming.print()
> senv.execute("Streaming Test")
```

리스트의 각 요소에 람다식을 적용하고 print()를 통해 출력하고 있다. senv를 사용할 때의 가장 큰 특징은 execute를 호출하기 전까지는 처리가 시작되지 않는다는 점이다.

스트리밍 처리

이제 본격적으로 스트리밍 처리를 실습해 보자. 이번 실습에서는 클로저에서도 사용한 tmux라는 도구를 사용할 것이다.

먼저, 다음과 같이 tmux를 기동한 후 터미널을 2개로 분리한다.

```
$ tmux
$ Ctrl+b, "
```

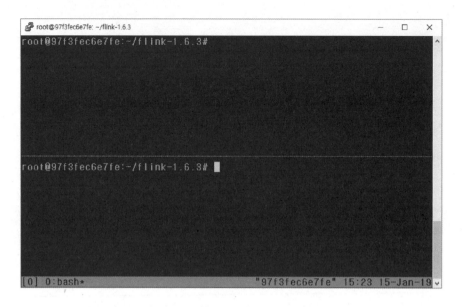

그럼 위 화면과 같이 2개의 화면이 보이게 된다. 아직 tmux가 익숙하지 않은 독자는 다음 커맨드를 반복하며 화면 간 이동을 연습하도록 하자.

```
$ tmux에서 0번 화면으로 이동하기 (Ctrl+b, q, 0)
$ tmux에서 1번 화면으로 이동하기 (Ctrl+b, q, 1)
$ tmux에서 0번 화면으로 이동하기 (Ctrl+b, q, 0)
```

이어서 두 화면 중 한 화면에서는 다음과 같이 netcat을 기동한다.

```
$ nc -l -p 9000
```

netcat에 입력한 문자열은 9000번 포트에 연결된 소켓으로 전달된다. 이어서 tmux의 다음 화면으로 넘어가서 플링크의 REPL을 기동한다.

```
# tmux에서 1번 화면으로 이동하기
$ /workspace/flink/flink-1.6.3/bin/start_scala_shell.sh local
```

그리고 다음 코드를 입력한다.

```
> val text = senv.socketTextStream("localhost", 9000, '\n')

> case class WordWithCount(word: String, count: Long)

> :paste
```

```
val windowCounts = text
  .flatMap { w => w.split("\\s") }
  .map { w => WordWithCount(w, 1) }
  .keyBy("word")
  .timeWindow(Time.seconds(5), Time.seconds(1))
  .sum("count")
// Ctrl+D

> windowCounts.print().setParallelism(1)

> senv.execute("Socket Window WordCount")
```

그리고 다시 netcat의 화면으로 돌아가서 다음과 같이 hello world라고 입력한다.

```
$ nc -l -p 9000
hello world
```

그러면 플링크의 셸 화면에서는 다음과 같은 화면이 출력된다.

```
WordWithCount(hello,1)
WordWithCount(world,1)
WordWithCount(world,1)
WordWithCount(hello,1)
WordWithCount(hello,1)
WordWithCount(world,1)
WordWithCount(world,1)
WordWithCount(hello,1)
WordWithCount(hello,1)
WordWithCount(world,1)
```

1초 간격으로 이전 5초 동안 들어온 데이터의 단어 빈도가 출력된 결과다. 우리는 5초 동안 hello world를 한 번만 입력했기 때문에 (hello,1)과 (world,1)이 다섯 번 반복되어 출력되었다.

코드의 흐름을 처음부터 살펴보자.

▌ `val text = senv.socketTextStream("localhost", 9000, '\n')`

먼저, localhost의 9000번 포트에서 데이터를 읽어 들이는 데이터 스트림을 만들었다.

▌ `text.flatMap { w => w.split("\\s") }`

이어서 읽어 들인 데이터에 대한 처리를 기술하는데, 맨 처음 하는 처리는 들어온 문자열에 대해 공백을 기준으로 분리하여 단어의 리스트로 만드는 일이다.

```
.map { w => WordWithCount(w, 1) }
```

그리고 각 단어와 1이란 값을 묶어서 WordWithCount라는 케이스 클래스의 객체로 변환하고 있다.

```
.keyBy("word")
```

이어서 keyBy의 인자로 "word"를 지정했는데 이는 케이스 클래스의 word라는 필드를 기준으로 그룹을 형성하라는 의미다.

```
.timeWindow(Time.seconds(5), Time.seconds(1))
.sum("count")
```

그리고 timeWindow 함수를 통해 1초 간격으로 이전 5초 동안 들어온 데이터에 대해 집계하도록 지정했고, 집계 함수는 sum을 사용했다. sum의 인자로는 "count"를 지정했는데, 케이스 클래스에서 count라는 필드를 더하라는 뜻이다.

```
windowCounts.print().setParallelism(1)
```

마지막으로 결과를 출력하기 위해 print()를 호출했고, 하나의 스레드에서 수행되도록 하였다.

중간 결과를 확인하기

앞서 살펴본 스트리밍 처리에 대해 더 직관적으로 이해하고 싶다면 다음과 같이 코드의 중간 결과를 출력해 보는 것이 좋다. 먼저, 다음과 같이 처음에 나오는 flatMap만을 수행한 결과를 출력해 본다.

```
> val text = senv.socketTextStream("localhost", 9000, '\n')

> case class WordWithCount(word: String, count: Long)

> :paste
val windowCounts = text
  .flatMap { w => w.split("\\s") }
  .map { w => WordWithCount(w, 1) }
^D

> windowCounts.print().setParallelism(1)

> senv.execute("Socket Window WordCount")
```

그러면 netcat을 통해 입력한 문자열이 공백 단위로 쪼개져서 출력이 되는 것을 확인할 수 있다.

```
[netcat 입력]
hello world

[flink 출력]
hello
world
```

이어서 셸을 재기동한 후 이번에는 다음과 같이 flatMap과 map까지 수행한 결과를 출력해 보자.

```
> val text = senv.socketTextStream("localhost", 9000, '\n')

> case class WordWithCount(word: String, count: Long)

> :paste
val windowCounts = text
  .flatMap { w => w.split("\\s") }
  .map { w => WordWithCount(w, 1) }
^D

> windowCounts.print().setParallelism(1)

> senv.execute("Socket Window WordCount")
```

이번에는 다음과 같이 출력된다.

```
[netcat 입력]
hello world

[flink 출력]
WordWithCount(hello,1)
WordWithCount(world,1)
```

분리된 각각의 단어에 대해서 케이스 클래스인 WordWithCount의 객체로 변환된 것을 알 수 있다.

하지만 같은 방식으로 이어지는 keyBy("word")까지 수행하고 출력해 보면 그 전과 출력 결과가 다르지 않다는 것을 확인할 수 있다. 이는 keyBy()란 함수는 데이터 스트림에 대해 어떻게 그룹을 형성할지를 지정할 뿐이고, 각 그룹별 집계 함수가 호출되어야 의미가 있다.

timeWindow도 비슷한 이유로 중간 결과를 확인하기 어렵다. 대신에 다음과 같이 timeWindow를 없애고 바로 집계 함수인 sum을 실행해 보자.

```
> val text = senv.socketTextStream("localhost", 9000, '\n')

> case class WordWithCount(word: String, count: Long)

> :paste
val windowCounts = text
  .flatMap { w => w.split("\\s") }
  .map { w => WordWithCount(w, 1) }
  .keyBy("word")
  .sum("count")
^D

> windowCounts.print().setParallelism(1)

> senv.execute("Socket Window WordCount")
```

그러면 이번에는 시간과 관계없이 hello world를 반복해서 입력하면 그 값이 누적되어 출력된다.

```
[netcat 입력]
hello world
hello world
hello world

[flink 출력]
WordWithCount(hello,1)
WordWithCount(world,1)
WordWithCount(hello,2)
WordWithCount(world,2)
WordWithCount(hello,3)
WordWithCount(world,3)
```

새로운 입력에 대한 처리를 할 때 이전에 입력된 결과(누적값)가 활용되고 있다. 이것이 플링크가 강조하고 있는 기능인 Stateful Computations over Data Streams(데이터 스트림에 대한 상태를 포함한 연산)의 직접적인 예라고 볼 수 있다.

jar submit

지금까지 플링크 REPL에서 배치 처리 및 스트리밍 처리하는 방법에 대해 알아봤다. REPL에서는 코드를 한 줄씩 입력하며 어떻게 동작하는지 바로 확인할 수 있었는데, 이는 테스트에 적합한 방법이다. 일반적으로는 소스 코드에 처리를 기술하고 빌드하여 jar을 만들어 클러스터에 제출하는 방식이 사용된다. 따라서 이번에는 sbt를 이용해서 jar을 만들고 **플링크 클러스터(Flink Cluster)**에 제출(Submit)하는 방법에 대해 알아보자.

▌ 예제 돌려 보기

먼저 플링크에서 기본으로 제공하는 예제를 클러스터에서 돌려보도록 하자. 예제가 담긴 jar을 플링크에서 돌려 보기 위해서는 플링크 클러스터가 먼저 돌고 있어야 한다. 다음과 같이 플링크를 기동시킨다.

```
$ ./bin/start-cluster.sh
```

jar을 플링크 클러스터에 제출하는 방법은 다음과 같다.

▌ /bin/flink run $JAR_PATH {$ARG1...}

따라서 다음과 같이 실행하면 jar에 담긴 예제를 돌려볼 수 있다.

```
$ ./bin/flink run examples/batch/WordCount.jar --input README.txt
```

flink run 명령어에 이어 jar 파일의 경로를 지정했고, 이어서 단어 세기를 수행할 대상 파일을 지정하고 있다

▌ sbt로 플링크 애플리케이션 만들기

다음과 같이 sbt 명령어를 사용하면 기본적인 **플링크 애플리케이션(Flink Application)**이 만들어진다.

```
$ cd /workspace/flink
$ sbt new tillrohrmann/flink-project.g8
```

다음과 같이 정보를 입력한다.

```
A Flink Application Project Using sbt

name [Flink Project]: flinkapp
organization [org.example]:basic
version [0.1-SNAPSHOT]:
scala_version [2.11.12]:
```

```
flink_version [1.7.1]: 1.6.3
```

그러면 다음과 같이 초기 프로젝트 파일들이 생성된다.

```
$ ls flinkapp/
README.md  build.sbt  idea.sbt  project  src
```

특히, src/main/scala/test에는 다음과 같은 예제 프로그램이 생성된다.

```
$ ls src/main/scala/test
Job.scala
WordCount.scala
SocketTextStreamWordCount.scala
```

이 중 SocketTextStreamWordCount.scala 파일을 열어서 다음과 같이 코드를 입력한다.

▶ [/workspace/flink/flinkapp/src/main/scala/basic/SocketTextStreamWordCount.scala]

```scala
package basic

import org.apache.flink.streaming.api.scala._
import java.lang.System.currentTimeMillis

object SocketTextStreamWordCount {

  def main(args: Array[String]) {
    if (args.length != 1) {
      System.err.println("USAGE:<outputPath>")
      return
    }

    val outputPath= args(0)

    val env = StreamExecutionEnvironment.getExecutionEnvironment

    val text = env.socketTextStream("localhost", 9000)
    val wordCountDataStream = text
      .flatMap { _.split("\\s") }
      .map { (_, 1) }
      .keyBy(0)
      .sum(1)

    wordCountDataStream.writeAsText(outputPath)

    env.execute("Scala SocketTextStreamWordCount Example")
  }
}
```

코드의 내용은 앞서 REPL에서 살펴봤던 내용과 변함이 없다. 다만, 다음과 같이 명시적으로 ExecutionEnvironment를 얻어 왔다.

```
val env = StreamExecutionEnvironment.getExecutionEnvironment
```

그리고 파일에 결과를 출력하고 있다.

```
wordCountDataStream.writeAsText(outputPath)
```

그럼 빌드하기 위해 다음과 같이 입력한다.

```
$ sbt clean assembly
```

그러면 target/scala-2.11 폴더에 jar 파일이 생성된다. 이 jar 파일을 플링크 클러스터에 제출하면 된다. 이번에도 tmux를 활용하여 돌려 보자.

```
$ tmux
# tmux에서 화면 쪼개기(Ctrl+b, ")
$ nc -l -p 9000
$ tmux에서 화면 이동하기(Ctrl+b, q, 0)
$ ./bin/flink run -q -c test.SocketTextStreamWordCount \
/workspace/flink/flinkapp/target/scala-2.11/flinkapp-assembly-0.1-SNAPSHOT.jar \
output_file_1
```

여기서 플링크에 job을 제출하면서 main이 되는 class를 -c 옵션으로 지정했다. 그리고 제출할 jar의 위치를 지정했고, 마지막으로 출력 파일의 경로를 인자로 넘겨주었다.

실행하면 다음과 같은 문구가 나온다.

```
Starting execution of program
```

여기서 netcat 쪽으로 창을 이동하여 문자들을 입력한다.

```
hello flink
hello flink
hello flink
```

어느 정도 입력을 마치고, netcat에서 Ctrl + c를 입력하여 종료시키면 플링크 프로세스도 자동으로 종료된다. output_file_1을 열어 보면 입력한 단어에 대한 집계 결과를 확인할 수 있다.

체크포인트와 세이브포인트

플링크는 **상태가 있는 연산(Stateful Computation)**을 지원하며, 지금까지의 예제를 통해 그 동작을 확인할 수 있었다. 그런데 플링크에서 돌아가는 스트리밍 작업을 잠시 중단했다가 다시 기동해야 되는 상황에서는 어떻게 될까? 종료하기 전까지 쌓아온 상태를 다시 활용할 수 있을까? 여기서 등장하는 개념이 바로 체크포인트(CheckPoint)와 세이브포인트(SavePoint)다.

어제 하던 롤플레잉 게임을 오늘 다시 이어서 할 수 있는 것은 중간 상태를 저장했기 때문이다. 바로 이 게임을 끄기 전에 저장을 하는 것과 비슷한 기능이 바로 플링크의 세이브포인트다. 플링크의 작업을 종료시킬 때 세이브포인트를 저장하도록 옵션을 줄 수 있다.

한편, 플링크의 작업이 30대의 머신에서 돌아가고 있을 때, 이 중 일부 머신에서 예기치 못한 장애가 발생할 수 있다. 체크포인트는 플링크가 자체적, 주기적으로 상태를 저장하여 장애에 대한 자동 회복을 수행할 때 사용한다.

이번에 우리는 플링크의 세이브포인트와 체크포인트의 동작을 확인할 수 있는 실습을 진행해 볼 것이다. 먼저, 데이터를 주기적으로 소켓으로 보내는 프로그램을 작성해 보자.

소켓 클라이언트 작성

앞선 예제에서는 netcat이란 프로그램을 사용해서 소켓에 대한 입력을 테스트했는데, 이번에는 주기적으로 소켓을 열고 접속한 클라이언트에서 데이터를 주기적으로 보내는 스칼라 프로그램을 만들어서 활용해 보자.

```
$ cd /workspace/flink
$ sbt new sbt/scala-seed.g8
A minimal Scala project.

name [Scala Seed Project]:socketsever
```

src/main/scala/example/Hello.scala에는 다음과 같이 코드를 입력한다.

▶ [/workspace/flink/socketsever/src/main/scala/example/Hello.scala]

```
package example

import java.net.{Socket, ServerSocket}
import java.util.concurrent.{Executors, ExecutorService}
import java.io.PrintStream
```

```scala
class Handler(socket: Socket) extends Runnable {
  def run() {
    val out = new PrintStream(socket.getOutputStream)
    while (true) {
      out.println("hello")
      out.flush
      Thread.sleep(1000)
    }
  }
}

object Hello {
  def main(args: Array[String]): Unit = {
    val port = 9000
    val poolSize = 10
    val server = new ServerSocket(port)

    val pool: ExecutorService = Executors.newFixedThreadPool(poolSize)

    try {
      println("server waiting in 9000...")
      while (true) {
        val socket = server.accept
        println("connected")
        pool.execute(new Handler(socket))
      }
    } catch {
      case e: Exception => println(e.getStackTrace)
    }
  }
}
```

이 프로그램은 9000번 포트에 소켓 서버를 만들고, 접속해 온 클라이언트에게 hello라는 문자열을 1초 단위로 전송한다. 먼저, tmux에서 이 소켓 서버 프로그램을 기동하자.

```
$ tmux
# tmux에서 화면 분할(ctrl + b, ")
$ sbt run
server waiting in 9000...
```

세이브포인트 동작 확인

플링크에 JAR(Java ARchive) 파일을 제출하며 실행시키는 방법은 다음과 같다.

```
▌ /bin/flink run $JAR_PATH {$ARG1...}
```

위와 같이 아무런 옵션도 주지 않고 실행하면 포어그라운드(Foreground)로 돌아가게 되는데, -d라는 옵션을 부여하면 백그라운드(Background)에서 돌아가게 된다. 그럼 앞서 만든 플링크 애플리케이션에 -d 옵션을 부여하여 기동해 보자.

```
$ Ctrl-b,q,1 (tmux 창 이동)
$ ./bin/flink run -d -c basic.SocketTextStreamWordCount \
/workspace/flink/flinkapp/target/scala-2.11/flinkapp-assembly-0.1-SNAPSHOT.jar \
output_file_2
```

그럼 다음과 같은 메시지가 출력된다.

```
$ Job has been submitted with JobID e44e6a4a2cc266da7256afa21e0ac5ff
```

그리고 서버 소켓 화면에서는 connected라는 메시지가 출력되어 정상 동작함을 확인할 수 있다. 리눅스의 tail 명령어를 사용해 출력 파일을 다음과 같이 출력해 보자.

```
$ tail -f output_file_2
(hello, 1)
(hello, 2)
...
```

플링크 잡이 잘 돌아가고 있음을 확인할 수 있다. 현재 돌아가고 있는 플링크 잡의 리스트는 다음과 같이 확인할 수 있다.

```
$ ./bin/flink list
------------------- Running/Restarting Jobs -------------------
18.01.2019 15:38:09 : e44e6a4a2cc266da7256afa21e0ac5ff : Scala
SocketTextStreamWordCount Example (RUNNING)
---------------------------------------------------------------
```

이제 이 잡은 우리가 정지시키기 전까지는 계속해서 돌아간다. 종료시키기 위해서는 앞서 출력된 JobID를 지정하여 다음과 같이 명령어를 입력한다.

```
$ ./bin/flink cancel e44e6a4a2cc266da7256afa21e0ac5ff
Cancelling job e44e6a4a2cc266da7256afa21e0ac5ff.
Cancelled job e44e6a4a2cc266da7256afa21e0ac5ff.
```

잡이 종료되었다. 그럼 출력 파일을 다시 확인해 보자.

```
$ tail output_file_2
(hello,599)
(hello,600)
(hello,601)
(hello,602)
(hello,603)
(hello,604)
(hello,605)
(hello,606)
(hello,607)
(hello,608)
```

마지막 10줄이 출력되었다. 마지막 숫자 608의 의미는 플링크 애플리케이션이 608개의 hello 를 입력받았다는 뜻이다. 즉, 이것이 마지막 상태다. 그럼 다시 한번 기동해 보자.

```
$ ./bin/flink run -d -c test.SocketTextStreamWordCount \
/workspace/flink/flinkapp/target/scala-2.11/flinkapp-assembly-0.1-SNAPSHOT.jar \
output_file_3
Starting execution of program
Job has been submitted with JobID 8e828aac82fa866a3cda271f186383c3
```

이번에는 output_file_3에 저장하도록 했고, 새로운 JobID로 플링크 잡이 시작되었다.

그럼 output_file_3를 확인해 보자.

```
$ head output_file_3
(hello,1)
(hello,2)
(hello,3)
(hello,4)
(hello,5)
(hello,6)
(hello,7)
(hello,8)
(hello,9)
(hello,10)
```

안타깝게도 608에 이어서 시작된 게 아니라 1부터 시작되었다. 즉, 이전에 돌던 상태가 전부 없어진 것이다. 이는 우리가 플링크 잡을 종료할 때 세이브포인트를 저장하도록 옵션을 지정 하지 않았기 때문이다. 이번에 돌고 있는 잡에 대해서는 옵션을 부여해서 종료해 보자.

```
$ ./bin/flink cancel -s ./savepoint 8e828aac82fa866a3cda271f186383c3
Cancelling job 8e828aac82fa866a3cda271f186383c3 with savepoint to ./savepoint.
Cancelled job 8e828aac82fa866a3cda271f186383c3. Savepoint stored in file:/workspace/
flink/flink-1.6.3/savepoint/savepoint-8e828a-5068571a7dbf.
```

-s 옵션을 부여하면 지정한 경로에 세이브포인트를 저장한다. 그럼 output_file_2의 마지막 숫자를 확인하고, 저장된 세이브포인트에서 다시 잡을 시작해 보자.

```
$ tail output_file_3 -n 1
(hello, 151)
$ ./bin/flink run -s \
/workspace/flink/flink-1.6.3/savepoint/savepoint-8e828a-5068571a7dbf \
-d -c test.SocketTextStreamWordCount \
/workspace/flink/flinkapp/target/scala-2.11/flinkapp-assembly-0.1-SNAPSHOT.jar \
output_file_4
```

이번에는 -s 옵션을 통해 세이브포인트의 경로를 지정했다. 그럼, output_file_4의 시작 값을 확인해 보자.

```
$ head output_file_4
(hello,152)
(hello,153)
(hello,154)
(hello,155)
(hello,156)
(hello,157)
(hello,158)
(hello,159)
(hello,160)
```

152부터 시작되었다. 이전에 저장된 상태에 이어서 작업이 다시 시작된 것을 알 수 있다. 이처럼 세이브포인트를 사용하면 스트리밍 처리를 잠시 멈췄다가 다시 이어서 할 수 있다.

마무리

이 책의 마지막 여정인 플링크에 대한 실습을 마쳤다. 플링크에서도 함수형 프로그래밍의 기본 테크닉인 고차 함수 map, reduce, filter 등이 활용되는 것을 확인할 수 있었다. 이를 통해 함수형 프로그래밍의 테크닉이 빅 데이터 플랫폼을 다루는 기본기에 해당한다는 것을 다시 한번 느꼈으리라 생각한다.

또한, 플링크가 **상태가 있는 처리(Stateful Process)**를 지원하기 위한 기본 메커니즘인 세이브포인트의 동작을 직접 확인해 보았다. 이 책에서는 다루지 못했지만, 체크포인트의 동작을 직접 확인해 보는 것도 추천한다.

플링크는 주로 카프카(Kafka)나 AWS 키네시스(AWS Kinesis)와 같은 메시지 브로커에서 데이터를 읽으면서 실시간 ETL이나 집계를 수행하고, HDFS나 일래스틱서치(Elasticsearch) 등에 저장하는 용도로 많이 사용된다. 본격적인 빅 데이터 시스템을 다뤄보기 원하는 독자들은 위에 언급한 소프트웨어를 설치해 보고 플링크의 커넥터들을 연동해 보는 것을 추천한다.

책을 마치며

이 책의 전반부에서는 리스프, 이맥스, 클로저, 하스켈, 스칼라, 엘릭서라는 각각의 개성 강한 함수형 언어들을 통해 함수형 프로그래밍의 주요 문법과 개념, 철학에 대해 살펴봤다. 함수형 프로그래밍의 기본 테크닉을 서로 다른 함수형 언어들을 통해 배워 본다는 측면에서 공통적으로 반복해서 다룬 부분도 있고, 그 언어만의 특징을 소개하고 싶어 심화된 기능을 다루기도 했다. 이 중 흥미가 느껴지는 언어가 있다면 별도로 더 공부해 보기를 추천한다. 여러분이 이 책을 통해 새로운 프로그래밍 언어와 프레임워크를 탐구하는 것에 흥미와 재미를 느꼈다면 저자로서 더할 나위 없는 기쁨이다.

그리고 이 책의 후반부에서는 아파치 하둡, 아파치 스파크, 아파치 플링크를 통해 빅 데이터를 다루는 대표적인 오픈 소스 프레임워크들의 사용법에 대해 알아봤다. 이들은 모두 한 대의 머신이 아닌 여러 머신에서 데이터를 처리하는 기술을 포함하고 있는데, 그 인터페이스의 중심에는 함수형 프로그래밍의 테크닉이 자리 잡고 있다.

이제는 대부분의 프로그래밍 언어가 함수형 프로그래밍을 모르고는 그 문법을 온전히 이해할 수 없는 지경에 이르렀다. 함수형 프로그래밍의 패러다임을 이해하고 그 장점을 충분히 살린 코드를 작성하고 싶은 개발자에게 이 책이 도움이 되었기를 바란다.

APPENDIX

부록

도커 명령어

▼ 도커 허브에서 이미지 검색하기

docker search 검색어

▼ 도커 이미지 내려받기

docker pull 이미지_리포지토리[:태그]

▼ 로컬에 있는 도커 이미지 리스트

docker images

▼ 컨테이너 리스트(종료된 컨테이너 포함)

docker ps -a

▼ 컨테이너 기동하여 터미널 접속하기

docker run -it 이미지_리포지토리:태그 /bin/bash

▼ 호스트와 디스크 공유하며 컨테이너 기동하기

docker run -v /호스트상_경로:컨테이너상_경로 -it 이미지_리포지토리:태그 /bin/bash

▼ 포트포워딩 설정하여 컨테이너 기동하기

docker run -p 호스트상_포트:컨테이너상_포트 -it 이미지_리포지토리:태그 /bin/bash

▼ 종료된 컨테이너 재기동

docker restart 컨테이너_ID

▼ 기동 중인 컨테이너에 터미널 접속

docker attach 컨테이너_ID

▼ 컨테이너를 이미지로 만들기

docker commit 컨테이너_ID 이미지_이름:태그

▼ 로컬의 모든 도커 컨테이너 지우기

```
docker ps -a | awk '{print $1}' | xargs docker rm
```

▼ 로컬의 모든 도커 이미지 지우기

```
docker images | awk '{print $3}' | xargs docker rmi -f
```

▼ 도커 컨테이너의 데이터를 호스트로 복사하기

```
docker cp 컨테이너_ID:파일_경로 로컬_경로
```

▼ 호스트의 데이터를 도커 컨테이너에 copy하기

```
docker cp 로컬_경로 컨테이너_ID:파일_경로
```

tmux

프리픽스 키 변경하기

tmux는 프리픽스 키를 기반으로 조작을 하게 되며, 기본적으로 Ctrl + b가 프리픽스 키로 설정되어 있다. Ctrl 키와 b 키의 간격이 멀어 다소 불편할 수 있는데, ~/.tmux.conf에 다음과 같이 기재하면 Ctrl + a로 바꿀 수 있다.

```
set -g prefix C-a
```

세션

동작	명령어
새로운 세션 시작하기	tmux
세션 이름을 지정하여 시작히기	tmux new -s 세션_이름
현재 접속한 세션 끝내기	exit
현재 접속한 세션 잠시 나가기	prefix, d
세션 리스트 확인	tmux ls
특정 세션에 접속하기	tmux a -t 세션_이름
특정 세션 종료하기	tmux kill-session -t 세션_이름

█ 화면 쪼개어 작업하기

단축키	동작
prefix + %	양 옆으로 화면 쪼개기
prefix + "	위 아래로 화면 쪼개기
prefix + q	화면별 번호 확인하기
prefix + q, 번호	원하는 화면 번호로 포커스 이동하기
prefix + q, z	현재 화면 확대/축소해서 보기
prefix + [	현재 화면 스크롤 모드 시작
q	현재 화면 스크롤 모드 종료

█ 화면 스크롤 모드에서 vi/이맥스 단축키를 사용하도록 설정

~/.tmux.conf에 vi 혹은 emacs 설정을 기재한다.

```
setw -g mode-keys vi
```

```
setw -g mode-keys emacs
```

Windows AutoHotKey

이맥스 단축키를 윈도우에서 사용하고 싶은 경우에는 AutoHotKey라는 유틸리티를 사용하는 것이 좋다. 그러면 MS 워드를 포함한 각종 에디터를 사용할 때 이맥스 단축키를 사용할수 있다. 먼저, 다음 웹 페이지에서 AutoHotKey를 다운로드하여 설치한다.

URL https://www.autohotkey.com/

AutoHotKey 문법에 맞게 스크립트를 작성하여 .ahk 확장자로 저장한 후 실행하면 해당 단축키가 매크로로 동작하게 된다. 지은이의 emacs용 스크립트는 다음과 같다.

```
sc03A & n::
Send {Down}
return

sc03A & p::
Send {Up}
return
```

```
sc03A & b::
Send {Left}
return

sc03A & f::
Send {Right}
return

!f::
Send {Ctrl down}{Right}{Ctrl up}
return

!b::
Send {Ctrl down}{Left}{Ctrl up}
return

sc03A & a::
Send {Home}
return

sc03A & e::
Send {End}
return

sc03A & d::
Send {Delete}
return

sc03A & k::
Send {Shift down}{End}{Delete}{Shift up}
return

sc03A & y::
Send {Shift down}{End}{Shift up}{Ctrl down}c
return
```

문법을 간단히 설명하자면 다음과 같다. 먼저, sc03A는 Caps Lock 키를 의미한다. 그래서 sc03A & n::이 의미하는 것은 Caps Lock 키와 n이라는 글자를 눌렀을 때를 의미하며, 이어지는 Send {Down}은 아래 방향키를 누르는 것과 같은 효과가 일어나도록 하라는 뜻이다.

그리고 !는 Alt 키를 의미한다. 따라서 !f::가 의미하는 것은 Alt + f를 눌렀을 때를 의미한다.

스크립트를 작성할 때 주의할 점은 {Shift down}이나 {Ctrl down}처럼 특수키를 누르도록 했으면, 마지막에 {Shift up} 및 {Ctrl up}으로 반드시 해제해 주어야 한다는 점이다. 그렇지 않으면 계속 Shift나 Ctrl을 누른 상태가 지속된다.

찾아보기